21世纪全国高等院校采购与供应链管理专业系列教材

出入境商品质量检验与管理

陈 静 王 超 沈 丽 编著

内 容 简 介

本书全面系统地介绍了出入境商品质量检验的理论与实务。全书共分为 8 章，包括出入境商品质量检验概述、出入境商品质量检验依据与项目、出入境商品质量检验抽样方法、出境商品检验与管理规范、入境商品检验与管理规范、出入境商品强制性产品认证与管理、出入境商品报关管理、重要出入境商品质量检验与管理。

本书提供了与出入境商品质量检验有关的大量案例、知识拓展阅读资料以及形式多样的练习题，以供读者阅读、练习使用，便于学生对所学知识的巩固和对出入境商品质量检验的管理能力的培养。本书在实用性和操作性方面都具有很强的指导作用。

本书可作为高等院校经济、管理类专业的本科教材，也可作为进出口商品检验机构和培训质量检验人员的参考用书。

图书在版编目(CIP)数据

出入境商品质量检验与管理/陈静，王超，沈丽编著. —北京：北京大学出版社，2017.6
(21 世纪全国高等院校采购与供应链管理专业系列教材)
ISBN 978-7-301-28653-1

Ⅰ. ①出… Ⅱ. ①陈…②王…③沈… Ⅲ. ①进出口贸易—商品检验—高等学校—教材 Ⅳ. ①F740.43

中国版本图书馆 CIP 数据核字（2017）第 199679 号

书　　　名	出入境商品质量检验与管理 Churujing Shangpin Zhiliang Jianyan yu Guanli
著作责任者	陈　静　王　超　沈　丽　编著
策划编辑	刘　丽
责任编辑	翟　源
标准书号	ISBN 978-7-301-28653-1
出版发行	北京大学出版社
地　　　址	北京市海淀区成府路 205 号　100871
网　　　址	http://www.pup.cn　新浪微博：@北京大学出版社
电子信箱	pup_6@163.com
电　　　话	邮购部 62752015　发行部 62750672　编辑部 62750667
印刷者	北京富生印刷厂
经销者	新华书店
	787 毫米×1092 毫米　16 开本　12.75 印张　288 千字 2017 年 6 月第 1 版　2017 年 6 月第 1 次印刷
定　　　价	32.00 元

未经许可，不得以任何方式复制或抄袭本书之部分或全部内容。
版权所有，侵权必究
举报电话：010-62752024　电子信箱：fd@pup.pku.edu.cn
图书如有印装质量问题，请与出版部联系，电话：010-62756370

丛 书 序

全球经济一体化进程的加快，促使资源在全球范围内流动和优化配置，这直接推动了全球化采购的发展。许多跨国公司纷纷建立其全球采购网络与市场，利用全球采购方式来实现资源的最佳配置和使用，以此来提高绩效和市场竞争力。采购管理作为企业价值链中的重要一环，无论从成本、质量的角度，还是从交货期和敏捷性上考虑，都对企业竞争力的提升具有重要意义。

伴随着外包的兴起以及采购管理战略性贡献提升，企业对职业采购人员的需求越来越大。采购从业人员逐步向职业化、高要求、复合型方向发展。我国目前极其缺乏专业采购人才，国内从事采购职业的人员大多为"半路出家"，未接受过系统的专业化教育。国内以往的高等教育体系中也未设立专门的采购学科，未能培养出专业采购人员的梯队。当前，采购专门人才的稀缺问题日益凸现，采购人才的市场价值存在较大上升空间。

自 2002 年开始，北京物资学院就在工商管理专业下设置采购与供应链管理方向，为社会培养了一批采购专业人才。2010 年，北京物资学院获得教育部批准设置采购管理专业，成为我国第一个设立采购管理专业的高校，这成为我国培养高端采购管理人才的一个重要里程碑。北京物资学院教师在专业建设过程中，形成了众多科研成果与教学经验，本系列教材正是这些成果与经验的转化，它将为采购管理理论与实践的知识宝库添砖加瓦。

由北京物资学院和北京大学出版社为推动新专业的发展而合作推出的"21 世纪全国高等院校采购与供应链管理专业系列教材"将陆续推出，共计 11 本，包括：《采购供应管理》《供应战略》《供应商管理》《采购洽商》《项目采购管理》《采购合同管理》《库存管理》《商品检验与质量认证》《卓越采购绩效系统》《供应链管理》《质量管理》，展现了 21 世纪的采购管理前沿理论与实践，其主要特点表现在以下几个方面。

(1) 面向采购流程。本系列教材的知识体系覆盖采购与供应链总流程，这些流程要素包括设计采购组织结构、制定采购战略、明确需求与制订采购计划、进行供应商管理、获取选择报价和谈判、采购合同管理、库存控制以及采购绩效管理等。本系列教材通过这些采购流程要素，向大家展现了采购管理知识体系的全貌。

(2) 更注重实用性。采购管理理论最终要指导企业采购实践。本系列教材在撰写过程中，除了理论阐述之外，更注重实践操作指导。通过学习，企业采购人员以及在校学生能够掌握具体的采购实践方法，提升采购操作技能，使学生更好地了解企业，使采购从业者提升采购效率与效果。

(3) 与国际化接轨。本系列教材在撰写过程中，为了规范采购专业术语与工具，对照了美国供应管理协会(Institute for Supply Management，ISM)、英国皇家采购与供应学会(Chartered Institute of Purchasing and Supply，CIPS)及世界贸易中心(World Trade Center，WTC)的采购研究成果，以确保本系列教材的研究成果与国际主流采购研究成果接轨。

(4) 丰富练习与案例。每个章节均制定了学习目标、设置了练习题并精选了案例。这些内容为读者深入掌握采购管理的理论并形成自己的专业能力提供了很大的帮助。

本系列教材是采购管理专业教师对采购管理的认识与感悟，它既是对老一辈采购管理研究的学术继承，也有对国外采购管理新理论、新观点、新方法的引入。它是在总结国内外优秀企业采购管理经验的基础上对实际运作方法的传播，可供企业管理人员借鉴使用，也可作为工商管理、物流管理与工程类专业教材使用。

在本系列教材编写过程中，参阅了国内外许多同行的学术研究成果，在此一并表示衷心的感谢！

2011 年 11 月

前　言

　　商检在现代市场经济条件下，逐步向现代化的检验服务产业迈进。商检工作的质量关系着国家的兴衰荣辱。自改革开放以来，我国逐渐加快对外开放的步伐，尤其是在 2001 年我国正式加入世界贸易组织（WTO）以后，国际贸易量逐年都有较大增幅，国外客户对检验的各项需求大大地推动了我国商检工作的进展。近年来，国际商品的频繁交易更加提升了出入境商品质量检验的力度和要求，是当代国际贸易活动的重要组成部分。出入境商品质量检验不仅有效保障国内生产安全与人民身体健康，维护国家对外贸易的合法权益，而且可以提高中国产品质量及其在国际市场上的竞争能力，以利扩大出口。此外，在满足进口国各种规定要求同时，也是突破国外贸易技术壁垒和建立国家技术保护屏障的重要手段。

　　出入境商品质量检验工作涉及面广、内容复杂、政策性和技术性强。出入境商品质量检验业务不仅关系到国际贸易双方的切身利益，而且还涉及运输、仓储、海关、保险、银行等与贸易活动相关部门的工作。因此，了解和掌握商品检验的政策、内容、程序和方法是从事涉外贸易工作者必须掌握的业务知识，它是保证商品质量、使对外贸易活动能够顺利进行的必要保障。

　　为了便于广大进出口贸易工作者、商品质量检验人员、进出口企业人员以及高等院校的师生了解和掌握有关出入境商品质量检验的内容、程序、政策、方法和技术，提高检验工作质量，更好地保证出入境商品的质量，提供出入境商品质量检验的系统知识就显得更加紧迫和重要。本书就是为了满足这方面的需求编写的。本书内容系统连贯、简明扼要、通俗易懂并具有实用价值为指导思想，使读者通过自学也可以看得懂、学得会、用得上，有利于普及出入境商品质量检验知识和方法。

　　编者在编写本书的过程中，得到了柳晓蓉、蒋雅慧、孙宇、张宇帆、谢淼雪等人在资料提供与整理方面的帮助，同时，得到了张旭凤教授、姜旭教授的指导和帮助，在此一并表示衷心感谢！

　　由于编者水平所限，时间仓促，书中遗漏、不当之处在所难免，恳请广大读者朋友不吝赐教、指正。

编　者
2017 年 3 月

目　　录

第 1 章　出入境商品质量检验概述 1
- 1.1　出入境商品概述 3
- 1.2　出入境商品质量检验职权部门及其职责范围 5
- 1.3　出入境商品检验的地位和作用 8
  - 1.3.1　出入境商品检验的地位 8
  - 1.3.2　出入境商品检验的作用 9
- 1.4　法定检验 9
  - 1.4.1　法定检验的概念 9
  - 1.4.2　出入境商品法检目录 10
  - 1.4.3　法定检验项目 11
- 1.5　出入境商品检验合格证书的作用 12
- 本章小结 13
- 习题 14

第 2 章　出入境商品质量检验依据与项目 15
- 2.1　出入境商品检验项目 17
  - 2.1.1　出入境商品质量检验依据 17
  - 2.1.2　出入境商品质量检验项目 18
- 2.2　进出口商品检验程序 24
  - 2.2.1　进出口商品的受理报检范围 24
  - 2.2.2　进出口商品的条件及检验方式 25
  - 2.2.3　进出口商品检验流程 26
- 2.3　电子报检 28
  - 2.3.1　电子报检概述 28
  - 2.3.2　电子报检的申请 29
  - 2.3.3　实施电子报检后的工作流程 29
- 本章小结 30
- 习题 31

第 3 章　出入境商品质量检验抽样方法 33
- 3.1　抽样检验概述 35
  - 3.1.1　抽样检验的概念 35
  - 3.1.2　衡量商品质量的方法 37
- 3.2　抽样检验的类型 39
- 3.3　随机抽样技术 41
  - 3.3.1　随机抽样技术概述 41
  - 3.3.2　商品检验的抽样程序 42
- 本章小结 44
- 习题 44

第 4 章　出境商品检验与管理规范 46
- 4.1　出境商品的检验与管理依据 48
  - 4.1.1　我国商品出口现状 48
  - 4.1.2　出境商品检验的依据 50
- 4.2　出境商品的报检环节 51
  - 4.2.1　出境商品报检的概念 51
  - 4.2.2　出境商品报检的范围 52
  - 4.2.3　出境商品报检的单位 52
  - 4.2.4　出口商品报检的时间与地点 ... 54
  - 4.2.5　出口商品报检的报检手续 54
- 4.3　出境商品检验实施环节 58
  - 4.3.1　商检自验与共同检验 58
  - 4.3.2　出口检验与预先检验 58
  - 4.3.3　驻厂检验 59
  - 4.3.4　产地检验 59
  - 4.3.5　内地检验与口岸查验 59
  - 4.3.6　免检 60
- 4.4　出境商品的签证与放行 61
  - 4.4.1　出口商检的签证 61
  - 4.4.2　法定检验出口商品的放行 62
- 4.5　出境商品的检验与管理程序实例分析 63
  - 4.5.1　未在规定时间检验货物失去索赔权 63
  - 4.5.2　货物的复验权与最终检验权 ... 64
- 本章小结 66

习题 67

第 5 章　入境商品检验与管理规范 69

5.1　入境商品的检验、检疫 71
5.1.1　入境商品检验、检疫的概念 71
5.1.2　入境商品检验、检疫的必要性 72
5.1.3　我国入境商品检验、检疫工作的发展 74
5.1.4　我国入境商品检验、检疫工作的内容 75

5.2　入境商品检验与管理流程 75
5.2.1　入境商品检验、检疫的意义 75
5.2.2　入境商品检验、检疫报检方式 77
5.2.3　不同商品的入境检验及管理 77

5.3　入侵生物的危害与入境商品的对外索赔 83
5.3.1　入侵生物的危害 83
5.3.2　入境商品的对外索赔 86

5.4　入境商品的检验与管理程序实例分析 88
5.4.1　进口商品检验检疫管理制度存在的问题 88
5.4.2　完善我国进口商品检验制度的建议 90

本章小结 93
习题 93

第 6 章　出入境商品强制性产品认证与管理 97

6.1　强制性产品认证概述 99
6.1.1　强制性产品认证的定义 99
6.1.2　强制性产品的认证范围 100
6.1.3　强制性产品的认证内容 106
6.1.4　强制性产品的认证机构及其业务范围 107

6.2　强制性产品认证与管理制度 111
6.2.1　强制性产品认证在我国实施的必然性 111

6.2.2　强制性产品认证制度 112
6.2.3　强制性产品认证的管理体制 115

6.3　强制性产品认证实施程序 116
6.3.1　认证实施规则 117
6.3.2　认证流程 117

6.4　机电商品强制性认证实例分析 ... 118

本章小结 119
习题 120

第 7 章　出入境商品报关管理 122

7.1　出入境商品报关管理制度 124
7.1.1　出入境商品报关管理制度概述 124
7.1.2　出入境商品报关管理制度的作用 124
7.1.3　我国报关管理制度的产生和发展 124

7.2　出入境商品征收关税种类以及流程 127
7.2.1　关税的概述 127
7.2.2　关税的主要种类 128
7.2.3　关税的征收与退补流程 130
7.2.4　关税的税率及计算 130

7.3　保税物流园区与保税物流中心 ... 134
7.3.1　保税物流园区 135
7.3.2　保税物流中心 138

7.4　出入境商品报关程序 140
7.4.1　报关的基本工作过程及要求 140
7.4.2　报关规范 141
7.4.3　报关程序 141

本章小结 144
习题 145

第 8 章　重要出入境商品质量检验与管理 147

8.1　粮食食品质量检验与管理程序 ... 149
8.1.1　粮食质量检验概述 149

8.1.2 我国的粮食检验与
　　　　 监管工作 149
　　8.1.3 进出口粮谷检验检疫
　　　　 操作规程 150
　　8.1.4 切实加强粮食质量管理 154
　　8.1.5 认真履行粮食质量
　　　　 监管职责 155
8.2 果蔬类食品质量检验与管理程序 159
　　8.2.1 国际水果贸易和检验检疫准入
　　　　 总体状况 159
　　8.2.2 中国进口水果检疫
　　　　 准入情况 159
　　8.2.3 中国出口水果检疫
　　　　 准入情况 161
8.3 日化品质量检验与管理程序 164
　　8.3.1 日化商品 164
　　8.3.2 日化产品发展的概况 165
　　8.3.3 日化产品在化学检验中的
　　　　 注意事项 165

　　8.3.4 日化产品的化学检验应用 165
8.4 石油化工类产品质量检验与
　　管理程序 167
　　8.4.1 油品检验的现状 167
　　8.4.2 检验工作内容的调整 169
　　8.4.3 制定和执行统一的标准 170
　　8.4.4 检验市场的激烈竞争，检验检疫
　　　　 面临更大挑战 170
　　8.4.5 研究和实行出口油品新的检验
　　　　 监管模式 170
　　8.4.6 油品质量检验中的
　　　　 几个误区 170
　　8.4.7 汽柴油质量检验中应注意的
　　　　 几个问题 171
本章小结 174
习题 174

习题参考答案 176

参考文献 191

第1章 出入境商品质量检验概述

【教学目标和要求】

☞ 掌握出入境商品及法定检验的概念。
☞ 掌握出入境商品质量检验的范畴。
☞ 熟悉出入境商品质量检验职权部门及其职责范围。
☞ 了解出入境商品质量检验的地位和作用。

【知识架构】

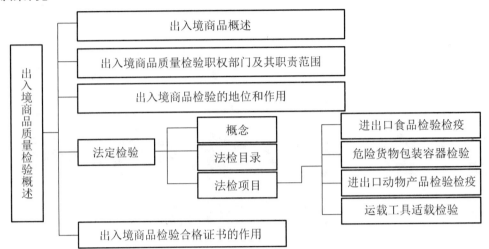

天津东疆检验检疫局连续截获苍耳属检疫性杂草

2015年11月份，从天津出入境检验检疫局官网获悉，天津东疆检验检疫局在对进口玉米实施现场查验过程中，连续发现多批疑似苍耳的杂草，经取样送实验室检疫鉴定，所截获的杂草为两种苍耳属检疫性杂草，分别为刺苍耳和宾州苍耳。

据介绍，这些截获的苍耳属检疫性杂草是从 3 批次进口玉米中发现的，这些进口玉米总重共计3400多吨，货值75万余欧元，均进口自保加利亚。经现场查验筛除取样和实验室植物检疫鉴定，从1批次玉米中截获刺苍耳，从另外2批次玉米中同时截获了刺苍耳和宾州苍耳。

苍耳原产于南美洲，为一年生草本，果实表面有钩刺，是一种在世界上广泛蔓延且入侵性极强的检疫性杂草，常随人和动物传播，或混在作物种子中散布，扩散至农田中，不易被去除，混入籽粒较大的农作物(玉米等)种子中，降低种子纯度，对入侵地的牧业也会产生负面影响。

宾州苍耳是苍耳属检疫性杂草，为各国常年重点关注的恶性有毒杂草，植株强健、根系发达、不易铲除，入侵性极强，一旦传入定植，将对国内农牧业生产及生态安全造成严重威胁。

随着进境饲料加工业不断发展，检疫性杂草随货物传入的风险逐步加大，天津东疆检验检疫局还多次从进口自保加利亚、乌克兰的玉米中截获假高粱、豚草、三裂叶豚草等检疫性杂草。针对这些情况，天津检验检疫局将加强进境粮谷加工后续监管，严密监督下脚料销毁，严防杂草及杂草籽蔓延传播，消除外来有害生物威胁。

此次发现问题的玉米将在东疆检验检疫局工作人员的监管下进行粉碎加工，消除杂草危害。

资料来源：http://www.cqn.com.cn.

出入境商品质量检验不仅有效保障国内生产安全与人民身体健康，还维护了国家对外贸易的合法权益，同时提高中国产品质量及其在国际市场上的竞争能力，以利扩大出口；在满足进口国各种规定要求的同时，也是突破国外贸易技术壁垒和建立国家技术保护屏障的重要手段。

1.1 出入境商品概述

出入境商品(entry and exit goods)是指通过中华人民共和国海关需要出口或者进口的产品或物品，出入境产品一般是指需要参与到出入境贸易的范畴，而出入境物品通常是指依据个人需要而随行的生活物品、学习物品及工作物品等。此外，出入境商品还包括出入境邮寄物。出入境邮寄物是指通过国家、地区邮政运递渠道，以各种运输方式运递出入境的各类物品，主要包括普通邮寄包裹物品、特快专递物品、邮政快件物品以及国际邮车专列物品。

近年来，我国进出口贸易总额逐年上升，在 2009 年时出口贸易总值为 12016.7 亿美元，而到了 2014 年，出口贸易总值达到 23432.26 亿美元(图 1.1)。对于进口而言，2009 年进口总值为 10056 亿美元，而在 2014 年也有大幅提升，进口总值达到 19631.28 亿美元。由此可以看出，我国在进出口贸易方面逐渐加大力度，无论在涉及产品总额还是产品类别方面均有显著变化。目前，在我国的对外贸易活动中，主要经营和进口产品类型包括机电类产品、高新技术产品、集成电路、原油、铁矿砂及其精矿、农产品以及液晶显示板等(表 1-1)。

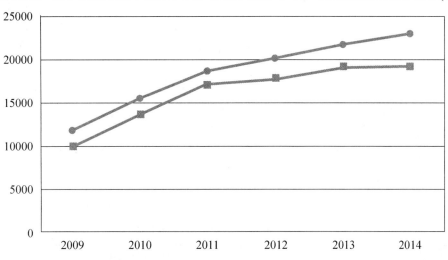

图 1.1　我国 2009—2014 年进出口贸易总值(单位：亿美元)

注：数据来源于海关总署统计数据。　　●— 出口　　■— 进口

表 1-1　我国 2011—2014 年主要出入境商品类型以及贸易值(单位：亿美元)

产品类别 \ 年份	进口				出口			
	2014	2013	2012	2011	2014	2013	2012	2011
机电类产品	8543.38	8400.8	7823.8	7532.9	13109.0	12655.3	11794.2	10855.9
高新技术产品	5514.11	5581.9	5067.5	4629.9	6605.34	6603.3	6012	5487.9
集成电路	2176.16	2313.4	1920.6	1702.0	608.65	877.0	534.3	1762.8
原油	2283.12	2196.5	2206.66	1966.6	4.90435	14.5621	22.26	1532.2

续表

年份 产品类别	进口				出口			
	2014	2013	2012	2011	2014	2013	2012	2011
铁矿砂及其精矿	936.42	1057.3	956.1	1124.1	—	500.52	—	946.7
农产品	1215.71	1179.9	1124.8	938.9	713.40	671.0	632.9	648.0
液晶显示板	437.75	495.8	503	471.9	317.85	358.6	362.5	601.1

注：数据来源于海关总署统计数据。

根据《中华人民共和国进出口商品检验法》(以下简称《商检法》)及其实施条例、《中华人民共和国进出境动植物检疫法》(以下简称《进出境动植物检疫法》)及其实施条例、《中华人民共和国国境卫生检疫法》(以下简称《国境卫生检疫法》)及其实施细则、《中华人民共和国食品卫生法》(以下简称《食品卫生法》)等有关法律、行政法规的规定，以下对象在出入境时必须向检验检疫机构报检，由检验检疫机构实施检验检疫或鉴定工作：①列入《出入境检验检疫机构实施检验检疫的进出境商品目录》(以下简称《法检目录》)内的货物；②入境废物、进口旧机电产品；③出口危险货物包装容器的性能检验和使用鉴定；④进出境集装箱；⑤进境、出境、过境的动植物、动植物产品及其他检疫物；⑥装载动植物、动植物产品和其他检疫物的装载容器、包装物、铺垫材料；进境动植物性包装物、铺垫材料；⑦来自动植物疫区的运输工具；装载进境、出境、过境的动植物、动植物产品及其他检疫物的运输工具；⑧进境拆解的废旧船舶；⑨出入境人员、交通工具、运输设备以及可能传播检疫传染病的行李、货物和邮包等物品；⑩旅客携带物(包括微生物、人体组织、生物制品、血液及其制品、骸骨、骨灰、废旧物品和可能传播传染病的物品以及动植物、动植物产品和其他检疫物)和携带伴侣动物；⑪国际邮寄物(包括动植物、动植物产品和其他检疫物、微生物、人体组织、生物制品、血液及其制品以及其他需要实施检疫的国际邮寄物)；⑫其他法律、行政法规规定需经检验检疫机构实施检验检疫的其他应检对象。

此外，我国部分物品禁止或限制进出境，具体见表1-2。

表1-2　我国禁止及限制进出境物品

禁止/限制	进/出境	具体物品类项
禁止进出境物品	禁止进境物品	①各种武器、仿真武器、弹药及爆炸物品；②伪造的货币及伪造的有价证券；③对中国政治、经济、文化、道德有害的印刷品、胶卷、照片、唱片、影片、录音带、录像带、激光视盘、计算机存储介质及其他物品；④各种烈性毒药；⑤鸦片、吗啡、海洛因、大麻以及其他能使人成瘾的麻醉品、精神药物；⑥带有危险性病菌、害虫及其他有害生物的动物、植物及其产品；⑦有碍人畜健康的、来自疫区的以及其他能传播疾病的食品、药品或其他物品
	禁止出境物品	①列入禁止进境范围的所有物品；②内容涉及国家秘密的手稿、印刷品、胶卷、照片、唱片、影片、录音带、录像带、激光视盘、计算机存储介质及其他物品；③珍贵文物及其他禁止出境的文体；④濒危的和珍贵的动物、植物(均含标本)及其种子和繁殖材料

续表

禁止/限制	进/出境	具体物品类项
限制进出境物品	限制进境物品	①无线电收发信机、通信保密机；②烟、酒；③濒危的和珍贵的动物、植物(均含标本)及其种子和繁殖材料；④国家货币；⑤海关限制进境的其他物品
	限制出境物品	①金银等贵重金属及其制品；②国家货币；③外币及其有价证券；④无线电收发信机、通信保密机；⑤贵重中药材；⑥一般文物；⑦海关限制出境的其他物品

1.2 出入境商品质量检验职权部门及其职责范围

中华人民共和国国家质量监督检验检疫总局(以下简称国家质检总局)是中华人民共和国国务院主管全国质量、计量、出入境商品检验、出入境卫生检疫、出入境动植物检疫、进出口食品安全和认证认可、标准化等工作，并行使行政执法职能的直属机构。国家质检总局内部设立17个司(厅、局)，负责包括法规制定、质量管理、计量、通关业务、卫生检疫、动植物检疫、检验监管、进出口食品、特种设备监管、产品质量监督、食品生产监管等在内的业务范畴。同时，国家质检总局下设35个直属出入境检验检疫局(以下简称检验检疫局)和31个省(自治区、直辖市)质量技术监督局。我国在设立直属检验检疫局时主要以省、自治区、直辖市作为基本单位，如北京检验检疫局、天津检验检疫局、河北检验检疫局等；此外，对于一些进出口贸易活动较为活跃的地区或地级市也设立了直属检验检疫局，如宁波检验检疫局、深圳检验检疫局以及珠海检验检疫局。国家商检部门许可的检验机构，可以接受对外贸易关系人或者外国检验机构的委托，办理进出口商品检验鉴定业务。

国家质检总局作为承担全国范围内的商品质量监管工作，其主要职责范围如下所述。

(1) 制定法律法规。国家质检总局负责组织起草有关进出口商品质量监督检验检疫方面的法律、法规草案，制定和发布有关质量监督检验检疫方面的规章和制度。负责组织实施与质量监督检验检疫相关的法律法规，指导和监督质量监督检验检疫的行政执法工作。各地检验检疫局贯彻执行出入境卫生检疫、动植物检疫和进出口商品检验法律、法规和政策规定及工作规程，负责所辖区域的出入境检验检疫、鉴定和监督管理工作。

(2) 计量管理。根据《中华人民共和国计量法》(以下简称《计量法》)及其实施条例，国家质检总局对进出口计量器具进行检验和监督管理，主要包括进口计量器具的型式批准、进口计量器具的审批和进口计量器具的检定等。负责推行法定计量单位和国家计量制度，组织建立、审批和管理国家计量基准和标准物质，制定计量器具的国家检定系统表、检定规程和计量技术规范，组织量值传递。负责规范和监督商品量的计量行为。

(3) 通关管理。国家质检总局参加国家对外开放口岸的规划和验收等有关工作，依法制定《出入境检验检疫机构实施检验检疫的进出境商品目录》，对涉及环境、卫生、动植物健康、人身安全的出入境货物、交通工具和人员实施检验检疫通关管理，在口岸对出入境货物实行"先报检，后报关"的检验检疫货物通关管理模式。出入境检验检疫机构(以下简称检验检疫机构)负责实施进出口货物法定检验检疫，并签发《入境货物通关单》和《出境货物通关单》，海关凭此放行；依法对出入境检验检疫标志和封识进行管理；负责签发普惠制原产地证、一般原产地证、区域性优惠原产地证和专用原产地证及注册等相关业务。

(4) 出入境动植物检疫管理。根据《进出境动植物检疫法》及其实施条例，进出口商品检验部门对进出境和旅客携带、邮寄的动植物及其产品和其他检疫物，装载动植物及其产品和其他检疫物的装载容器、包装物、铺垫材料，来自疫区的运输工具，以及法律、法规、国际条约、多双边协议规定或贸易合同约定应当实施检疫的其他货物和物品实施检疫和监管，防止动物传染病、寄生虫病和植物危险性病、虫、杂草以及其他有害生物传入传出，保护农、林、牧、渔业生产和人体健康，促进对外贸易的发展。

(5) 进出口商品检验管理。根据《进出口商品检验法》及其实施条例，对进出口商品及其包装和运载工具进行检验和监管。对列入《出入境检验检疫机构实施检验检疫的进出境商品目录》中的商品实施法定检验和监督管理；对《法检目录》外商品实施抽查；对涉及安全、卫生、健康、环保的重要进出口商品实施注册、登记或备案制度；对进口许可制度民用商品实施入境验证管理；对法定检验商品的免检进行审批；对一般包装、危险品包装实施检验；对运载工具和集装箱实施检验检疫；对进出口商品鉴定和外商投资财产价值鉴定进行监督管理；依法审批并监督管理从事进出口商品检验鉴定业务的机构。

(6) 进出口食品安全管理。根据《中华人民共和国食品安全法》(以下简称《食品安全法》)和《进出口商品检验法》及相关规定，对进出口食品和化妆品安全、卫生、质量进行检验监督管理，组织实施对进出口食品和化妆品及其生产单位的日常监督管理。对进口食品(包括饮料、酒类、糖类)、食品添加剂、食品容器、包装材料、食品用工具及设备进行检验检疫和监督管理。建立出入境食品检验检疫风险预警和快速反应系统，对进出口食品中可能存在的风险或潜在危害采取预防性安全保障和处理措施。

对于国家直属出入境检验检疫局而言，其职责范围主要是负责辖区内的商品在进口与出口时的质量监管，如北京市出入境检验检疫局主要负责北京地区内的进出口贸易活动，具体包括出入境商品的卫生检疫，动植物检验检疫，进出口商品检验，食品、化妆品检验检疫，通关业务管理以及认证监管(表1-3)。

表1-3　出入境检验检疫职责范畴

职责范畴	具 体 细 则
卫生检疫	① 出入境尸体、骸骨的卫生检疫； ② 出入境集装箱卫生检疫； ③ 出入境列车卫生检疫； ④ 出入境航空器卫生检疫
动植物检验检疫	动物： ① 出口食用动物饲用饲料生产企业备案审核； ② 携带出境犬猫检验检疫； ③ 出境饲料及饲料添加剂检验检疫； ④ 出境非食用动物产品、其他检疫物检验检疫； ⑤ 出境动物(含供中国香港、澳门的活牛)检验检疫。

续表

职责范畴	具体细则
动植物检验检疫	植物： ① 入境检验检疫熏蒸、消毒处理机构及人员申请审核； ② 出境转基因产品检验检疫； ③ 入境转基因产品检验检疫； ④ 出境货物木质包装加施专用标识要求； ⑤ 出境货物木质包装除害处理方法要求； ⑥ 出境货物木质包装除害处理标识加施要求
进出口商品检验	机电产品进出口检验检疫： ① 进口机床到货检验； ② 进口成套设备检验； ③ 进出口机电一起产品现场检验； ④ 进出口电器类产品检验； ⑤ 出口小家电产品管理(出口自行车、灯具、洗衣机、插头插座、收录音机等)。 轻纺产品进出口检验检疫： ① 进口轻纺产品检验； ② 出口轻纺产品检验。 化矿产品进出口检验检疫： ① 出口危险货物运输包装性能鉴定； ② 出口危险货物运输包装使用鉴定； ③ 进出口化矿金产品检验； ④ 进口可用作原料的固体废物国内收货人注册登记。 进出口工业产品检验检疫综合业务： ① 市场采购出口商品检验； ② 对外援助物资检验； ③ 对埃及、埃塞俄比亚出口工业产品装运前监装； ④ 对埃及、埃塞俄比亚出口工业产品装运前价格核准； ⑤ 出口工业产品生产企业质量管理综合评价申报指南
食品、化妆品检验检疫	进出口食品检验检疫： ① 出口食品检验检疫管理； ② 进口食品检验检疫管理。 进出口化妆品检验检疫： ① 出口化妆品检验检疫管理； ② 进口化妆品检验检疫管理
通关业务管理	① 检务； ② 产地证(原产地证、使馆认证)； ③ 检验检疫标志(标识)、封志管理； ④ 检验检疫收费
认证监管	① 出口商品注册登记； ② 强制性产品认证

1.3 出入境商品检验的地位和作用

1.3.1 出入境商品检验的地位

世界各国的法律法规和国际通行做法、有关规则、协定等，都赋予检验检疫机构以公认的法律地位；国际贸易合同中对检验检疫一般也有明确的条款规定，使检验检疫工作受到法律保护，所签发的证件具有法律效力。

1. 我国法律规定赋予了出入境检验检疫的法律地位

由于出入境检验检疫在国家涉外经济贸易中的地位十分重要，全国人民代表大会常务委员会(以下简称"全国人大常委会")先后制订了《中华人民共和国进出口商品检验法》《中华人民共和国进出境动植物检疫法》《中华人民共和国国境卫生检疫法》以及《中华人民共和国食品卫生法》等法律，分别规定了出入境检验、检疫的目的和任务、责任范围、授权执法机关和管辖权限、检验检疫的执行程序、执法监督和法律责任等重要内容，从根本上确定了出入境检验检疫工作的法律地位。当事人依据国际贸易惯例和有关法律法规签订的合同，一经有效成立，我国法律规定赋予了出入境检验检疫的法律地位的，必须承担法律责任。在一份完善的国际贸易合同文本中，除了规定有商品的名称、质量、规格、数量、重量、包装、单价和总值、交货日期、支付条件、运输、保险条款外，还应明确规定有检验条款。一般在这些检验条款中都明确规定商品的质量、数量、重量和包装等由第三方公证检验机构检验鉴定并签发证书。有的合同中还明确了凭商检证书检验确定的质量等级、数量、重量进行结算；有的在合同中列明了如发生质量变异、残损等，凭商检证书进行索赔等内容。这就在买卖双方的合同中，确定了商品检验工作的法律地位，合同中规定的检验机构签发的检验鉴定证书对当事人具有法律约束力。

2. 出入境商品鉴定人的地位

进出口商品检验机构(以下简称"商检机构")除有出入境商品检验主管机关的地位外，还具有第三方的公证鉴定人的地位。商检机构对外签发的各种检验鉴定证明书，是国际贸易中办理出入境商品交换、结算、计费、结汇、通关、计税、索赔、仲裁、运输、保险等的有效凭证。在国际上起到公证的证明作用，便于对外经济贸易的顺利进行，维护有关各方的合法权益和国家信誉，促进生产和对外经济贸易的发展。

3. 出入境商品检验在国民经济中的地位

商检机构最初是为履行某种政府职能而设立的。但商检这一新兴产业的独立与壮大却是商品经济发展的必然产物。商检业务最初是在流通领域对最终产品实施检验，以维护贸易关系人的合法权益。随着国际贸易的增长和商品买与卖的分离，使得国际买卖双方风险增大。于是贸易关系人不仅要求商检机构对进出口商品提供有关品质、数量、包装等方面的证明，更需商检深入到生产过程中进行指导和监督，把质量隐患消灭在萌芽状态，从根本上减少经济损失。商检业务从现代经济产业分类来说，是属于第三产业中为生产和交换提供技术服务的部门。在新形势下，商检的政府管理将转向加强宏观调控，由检验市场为基础性调节作用，以检验实体为依托，形成商检的产业地位，发挥其在国民经济中应有的作用。

1.3.2 出入境商品检验的作用

1. 出入境商品质量检验体现了一个国家的权威性

商检在现代市场经济条件下，逐步向现代化的检验服务产业迈进。商检工作质量关系着国家的兴衰荣辱。我国对外经贸工作任务艰巨，商检部门作为对外贸易的重要组成部分，在促进和保证我国外贸出口顺利发展方面，担负着重要责任。做好出境商品检验工作，对维护国家利益和信誉有重要意义，从而促进对外贸易的顺利发展。加强入境商品检验，不仅能发现不合格商品，向国外索赔，挽回经济损失，还维护了国家经济利益。

2. 出入境商品质量检验是提供国际贸易间证明、推动国际贸易顺利进行的需要

自改革开放以来，我国逐渐加快对外开放的步伐，尤其是在2001年我国正式加入WTO以后，国际贸易量逐年都有较大增幅，相应进口国外商品和推出国内本土商品的机会变得非常频繁，尤其是在加入WTO初期，国外客户对检验的各项需求大大推动了我国商检工作的进展。近年来，国际商品的频繁交易更加增大了进出口商品质量检验的力度并提高了要求，这无疑为我国境内企业在商品出口环节提供有效证明，同时也加强进口商品的质量监控与管理。

3. 出入境商品质量检验是提高本国出口产品质量、扩大对外出口的需要

国际市场竞争非常激烈，竞争的焦点是商品质量。在对外贸易中，只有坚持"质量第一""以质取胜"，才能在国际市场竞争中立于不败之地。商检机构从事出入境商品检验工作，拥有多方面的技术人才和仪器设备，比较了解国外有关法令、法规和标准等要求，也比较了解国内出口商品质量等方面存在的问题；因此，能够利用这些有利条件，把出口商品检验工作做到生产过程中去，从根本上保证出口商品质量，真正起到对进出口商品的验收和质量把关的作用。

4. 出入境商品质量检验为国际商品进入我国提供质量保障

我国是发展中国家，需要大量进口先进技术设备和部分原材料。如果进口商品质量不合格，会影响用货单位再生产的进行。有了商检这种特殊的第三产业，就能把住进口商品质量关，保证国内急需的进口商品的质量及其先进性、可靠性等要求。

1.4 法定检验

1.4.1 法定检验的概念

法定检验是指商检机构根据国家法律法规，依据《法检目录》，对规定的出入境商品或有关的检验检疫项目实施强制性的检验或检疫。根据《中华人民共和国进出口商品检验法》(以下简称《商检法》)规定，法定检验只能由出入境检验检疫机构实施。法定检验的内容是指确定列入《法检目录》的出入境商品是否符合国家技术规范的强制性要求的合格评定

活动[①]。属于法定检验的出口商品，未经检验合格的，不准出口；属于法定检验的进口商品，未经检验的，不准销售、使用。法定检验的目的是保证进出口商品、动植物(或产品)及其运输设备的安全、卫生符合国家有关法律法规规定和国际上的有关规定；防止有害商品、动植物(或产品)以及危害人类和环境的病虫害和传染病源输入或输出，保障生产建设安全和人类健康。国家出入境检验检疫部门对进出口商品实施法定检验检疫的范围包括：列入《法检目录》内的商品；《食品安全法》规定，应施卫生检验检疫的进出口食品；危险货物的包装容器、危险货物运输设备和工具的安全技术条件的性能和使用鉴定；装运易腐烂变质食品、冷冻品的船舱、货仓、车厢和集装箱等运载工具；国家其他有关法律、法规规定须经出入境检验检疫机构检验的进出口商品、物品、动植物等。

1.4.2 出入境商品法检目录

国家质检总局依据对外贸易发展的需要，对涉及社会公共利益的进出口商品，制定、调整并公布《法检目录》，对列入《法检目录》的商品在进出口贸易活动时施行法定检验。对于列入《法检目录》内的商品遵循的原则是：出口方面，与人畜安全、健康密切相关的商品；大宗传统商品；质量长期不稳定，国外反映强烈的商品；需要在国际市场上打开销路的新商品。进口方面，有关国计民生的大宗商品；重要的原材料；经常发生质量问题的商品；与人畜安全有关的商品。国家质检总局发布实施的 2012 年《出入境检验检疫机构实施检验检疫的进出境商品目录》中实施进出境检验检疫和监管的 HS 编码有 5401 个，其中实施进境检验检疫和监管的 HS 编码 4377 个，实施出境检验检疫和监管的 HS 编码 4700 个，海关与检验检疫联合监管的 HS 编码 3 个。

知识拓展

HS 编码

海关编码即 HS 编码，为编码协调制度的简称，其全称为《商品名称及编码协调制度的国际公约》(The Harmonized Commodity Description and Coding System)简称"协调制度"(Harmonized System，HS)。1983 年 6 月海关合作理事会(现名世界海关组织)主持制定的一部供海关、统计、进出口管理及与国际贸易有关各方共同使用的商品分类编码体系。

案例

关于确定某种商品是否属于《法检目录》，可以在我国质检总局网站或地方出入境检验检疫局的网站上直接进行查询。例如，在上海出入境检验检疫局网站中"HS 法定检验检疫查询"系统输入"苹果"，系统会出现表 1-4 中的查询结果。

表 1-4　与苹果相关的 HS 法定检验检疫查询结果

HS 编码	商品中文名	海关监管条件	检验检疫类别
813300000	苹果干(税号 08010806 的干果除外)	A/B	P.R/Q.S

---

① 中华人民共和国进出口商品检验法[M]. 北京：中国法制出版社，2002.

续表

HS 编码	商品中文名	海关监管条件	检验检疫类别
808100000	鲜苹果	A/B	P.R/Q.S
2009790000	白利糖浓度超过20的苹果汁(未发酵及未加酒精的)	A/B	R/S
2009710000	白利糖浓度不超过20的苹果汁(未发酵及未加酒精的)	A/B	P.R/Q.S

目录中"海关监管条件"项下的代码分别表示：
A：实施进境检验检疫
B：实施出境检验检疫
目录中"检验检疫类别"项下的代码分别表示：
M：进口商品检验
N：出口商品检验
P：进境动植物、动植物产品检疫
Q：出境动植物、动植物产品检疫
R：进口食品卫生监督检验
S：出口食品卫生监督检验
L：入境民用商品认证

资料来源：http://www.shciq.gov.cn.

1.4.3 法定检验项目

1. 进出口食品检验检疫

在 2009 年颁布的《中华人民共和国食品安全法》中明确规定，进口的食品、食品添加剂、食品容器、包装材料和食品用工具及设备，必须符合国家卫生标准和卫生管理办法的规定。并由口岸进口食品卫生监督检验机构进行卫生监督、检验。检验合格的，方准进口。海关凭检验合格证书放行。出口食品由国家进出口商品检验部门进行卫生监督、检验。海关凭国家进出口商品检验部门出具的证书放行。

食品安全检验检疫内容包括：①食品添加剂检验。包括对食品防腐剂、甜味剂、着色剂、乳化剂、增稠剂、营养强化剂、抗氧化剂、组织改良剂及香精香料等含量检测。②食品微生物学检验。重点包括菌落总数和大肠菌群测定。对于疫区进口或出口的食品需要做有针对性的微生物检验。③食品理化成分检验。对于我国或外方进口国有明确规定的食品质量指标需要对理化成分检验。④重金属、微生物毒素检验。包括对铅、镉、锌、砷、汞等有毒有害金属的检验，以及包括黄曲霉毒素在内的 20 多种可致癌霉菌毒素严格检查。⑤农药、兽药残留检测。检测包括有机氯农药、有机磷农药等的数百种农药、兽药残留量。⑥特殊成分检测。有的国家对有些食品还要求检验抗生素、雌激素、荧光素、亚硝胺、苯并芘等有害物。⑦食品接触容器检验。对于食品包装、盛放等用具，需按照我国相应规定或者外方进口国要求进行有害成分检验。

2. 出口危险货物包装容器的性能检验和使用鉴定

危险货物是指具有自燃、易燃、爆炸、腐蚀、毒害、放射性等性质的货物，一般分为以下几种：爆炸品、氧化剂、压缩气体、自燃物体、遇水燃烧物体、易燃液体、毒害品、腐蚀性物品、放射性物品等[①]。危险货物如果处置不当，就会对人和环境造成损害。为了保证在国际贸易运输中的安全，不同国际组织分别制定了危险品的运输建议或规则，包括由联合国危险货物运输专家小组委员会制定的《联合国危险货物运输建议书-规章范本》和《联合国危险货物运输建议书-试验和标准手册》；国际海事组织(IMO)在1960年制定通过的《国际海运危险货物运输规则》(IMDG Code)(以下简称《国际危规》)，我国自1982年10月1日起在我国国际航线上(包括港口装卸)执行；国际民航组织(ICAO)制定的《危险物品航空安全运输技术细则》(Doc9284-AN/905)；国际铁路运输政府间组织(OTIF)制定的《国际铁路危险货物运输规则》(RID)；欧洲危险货物国际公路运输协定(ADR)及欧洲危险货物国际内河运输协定(ADN)。

我国《商检法》中规定，为确保出口危险货物的安全运输，为出口危险货物生产包装容器的企业，必须申请商检机构进行包装容器的性能鉴定。生产出口危险货物的企业，必须申请商检机构进行包装容器的使用鉴定。使用未经鉴定合格的包装容器的危险货物，不准出口。

3. 进出口动物产品检验检疫

对出口动物产品的检疫，除必须符合我国有关规定外，还必须符合进口国政府的有关法令要求。进口国一般要求由出口国官方兽医、检疫部门出具的检疫证书。我国统由商检机构办理证明出口的有关产品畜禽等系来自生长在、暂养在、宰杀在(野生动物捕杀在)、加工分割在、储存在一定半径范围之内(如50千米或100千米半径内等)、一定期限内(如3个月、6个月等)未发生过某些指定的传染病的非疫区。检疫对象主要有猪水泡病、非洲猪瘟、口蹄疫、牛瘟、牛肺疫、马鼻瘟、传染性贫血病、鸡鸭瘟、白痢、新城疫、马立克病、野兔热病、兔黏液瘤和蜂瘟等。

4. 对装运出口易腐烂变质食品、冷冻品的集装箱等运载工具的适载检验

为保证出口食品的卫生质量，装运食品的船舱、集装箱等运载工具必须清洁卫生，进出口商检部门对出入境交通运载工具和集装箱及容器实施卫生监督、检疫监督及有关适载检验、鉴定，同时对出入境交通运载工具、集装箱、包装物及铺垫材料和货物卫生除害处理实行管理。依据我国《商检法》的规定，对上述运载工具实施强制性检验，承运人或托运人必须在装货前申请商检机构进行检验，经检验符合装运技术条件，发给检验证书，才能装运食品出口，以确保出口食品的卫生质量。

1.5 出入境商品检验合格证书的作用

商检机构出具的各种证书、证明，一般称为商检证书或检验证书，在国际贸易活动中进出口商品的检验检疫主要表现为经济效用，具体包括以下7个方面。

(1) 作为报关验放的有效证件。许多国家的政府为了维护本国的政治经济利益，对某些进出口商品的品质、数量、包装、卫生、安全、检疫制定了严格的法律法规，在有关货

---

① 钱大琳. 国内外危险货物运输安全管理[M]. 北京：人民交通出版社，2011.

物进出口时，必须由当事人提交检验机构符合规定的检验证书和有关证明手续，海关当局才准予进出口。

(2) 买卖双方结算货款的依据。检验部门出具的品质证书、重量或数量证书是买卖双方最终结算货款的重要依据，凭检验证书中确定的货物等级、规格、重量、数量计算货款，这是买卖双方都接受的合理公正的结算方式。

(3) 计算运输、仓储等费用的依据。检验中货载衡量工作所确定的货物重量或体积(尺码吨)，是托运人和承运人间计算运费的有效证件，也是港口仓储运输部门计算栈租、装卸、理货等费用的有效文件。

(4) 办理索赔的依据。检验机构在检验中发现货物品质不良，或数量、重量不符，违反合同有关规定，或者货物发生残损、海事等意外情况时，检验后签发的有关品质、数量、重量、残损的证书是收货人向各有关责任人提出索赔的重要依据。

(5) 计算关税的依据。检验检疫机构出具的重量、数量证书，具有公正、准确的特点，是海关核查征收进出口货物关税时的重要依据之一。残损证书所标明的残损、缺少的货物可以作为向海关申请退税的有效凭证。

(6) 作为证明情况、明确责任的证件。检验检疫机构应申请人申请委托，经检验鉴定后出具的货物积载状况证明、监装证明、监卸证明，集装箱的验箱、拆箱证明，对船舱检验提供的验舱证明、封舱证明、舱口检视证明，对散装液体货物提供的冷藏箱或舱的冷藏温度证明、取样和封样证明等，都是为证明货物在装运和流通过程中的状态和某些环节而提供的，以便证明事实状态，明确有关方面的责任，也是船方和有关方面免责的证明文件。

(7) 作为仲裁、诉讼举证的有效文件。在国际贸易中发生争议和纠纷，买卖双方或有关方面协商解决时，商检证书是有效的证明文件。当自行协商不能解决，提交仲裁或进行司法诉讼时，商检证书是向仲裁庭或法院举证的有效文件。

本 章 小 结

出入境商品质量检验不仅有效保障国内生产安全与人民身体健康，维护国家对外贸易的合法权益。同时提高中国产品质量及其在国际市场上的竞争能力，以利扩大出口；在满足进口国各种规定要求的同时，也是突破国外贸易技术壁垒和建立国家技术保护屏障的重要手段。

法定检验是指商检机构根据国家法律法规，依据《法检目录》，对规定的出入境商品或有关的检验检疫项目实施强制性的检验或检疫。《商检法》规定，法定检验只能由出入境检验检疫机构实施。法定检验的内容是指确定列入《法检目录》的出入境商品是否符合国家技术规范的强制性要求的合格评定活动。属于法定检验的出口商品，未经检验合格的，不准出口；属于法定检验的进口商品，未经检验的，不准销售、使用。

出入境商品(entry and exit goods)

出入境商品质量检验(quality inspection of entry and exit goods)
法定检验(statutory inspection)

习　题

一、判断题

1. 出口危险货物时只需要对盛装危险货物的包装容器做性能鉴定。（　）
2. 属于法定检验的出口商品，未经检验合格的，不准出口。（　）
3. 对于出口食品而言，其中的食品添加剂检验属于法定检验项目。（　）
4. 出口易腐烂变质食品及冷冻食品时，需要严格检查食品自身的各项规定指标要求，但是不包含对运载工具的检验。（　）
5. 质检机构检验后签发的有关品质、数量、重量、残损的证书是收货人向各有关责任人提出索赔的重要依据。（　）

二、单项选择题

1. 下列不属于出入境商品范畴的是（　）。
   A．通过海关进口、出口的产品或物品
   B．出入境物品
   C．出入境邮寄物
   D．运输工具
2. 出入境商品检验合格证书可以用来作为（　）的依据。
   A．报关验放　　　　　　　　B．结算货款
   C．计算运费　　　　　　　　D．公路收费
3. 列入《法检目录》内的商品一般遵循的原则，不包括（　）。
   A．新技术产品
   B．质量长期不稳定，国外反映强烈的商品
   C．需要在国际市场上打开销路的新商品
   D．传统大宗出口商品
4. 食品安全检验检疫内容包括（　）。
   A．食品添加剂检验　　　　　B．食品微生物检验
   C．食品标识检验　　　　　　D．食品理化成分检验

三、简答题

1. 简述出入境检验检疫的范围。
2. 简述国家质检总局的主要职责范围。
3. 简述我国出入境商品检验的地位。
4. 简述出入境商品检验的作用。

第 2 章 出入境商品质量检验依据与项目

【**教学目标和要求**】

☞ 掌握商品质量检验依据及检验项目。
☞ 掌握商品质量检验程序。
☞ 熟悉电子报检申请及工作流程。

【知识架构】

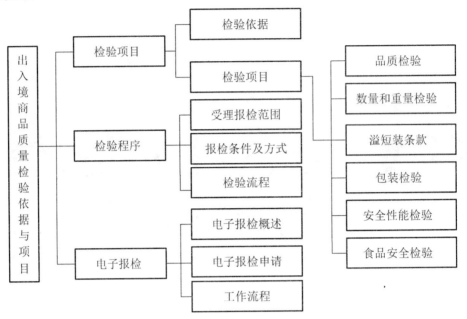

案例导入

欧盟进口茶叶农药残留检测项目达227项

近日,知名品牌"立顿"茶叶被爆有禁用农药残留(以下简称"农残"),但生产商认为,其茶叶农残量符合中华人民共和国国家标准(以下简称"国家标准")要求,因此,国内农残标准滞后受到消费者高度关注。南方农村报记者详细查阅相关资料,对欧盟、日本和国内的农药残留标准进行了对比。

将欧盟和日本制定的茶叶农残标准与我国现行标准对比可以发现,欧盟、日本制定明确残留标准的农药品种比国内多很多,对可检测的农药几乎都设定了最大残留量,因而农药检测都有规可依。据了解,1999年,欧盟曾大幅度扩大茶叶农残检测的范围,检测品种由原先的7种增至目前的227种。日本的农残检测项目也高达200项。根据《食品安全国家标准食品中农药最大残留限量标准》(GB 2763—2016),当前我国对茶叶农残的检测项目仅7项,只有灭多威、硫丹等可以查询到最大农残限量数值。国家标准中,毒死蜱、吡虫啉、百草枯等常用农药均没有规定最大农残限量,这意味着执法部门无法对检测结果进行判定。

在农残限量数值方面,欧盟采取的是"零容忍"的原则,在可对比项目中,农残限量普遍比国内低很多,如灭多威在欧盟标准中要求不超过0.1mg/kg,国家标准则是3mg/kg,高出30倍。更显著的差距体现在杀螟丹和除虫脲的限量标准上,这两项国家标准分别是欧盟标准的200倍和400倍。值得注意的是,欧盟对除草剂草甘膦的限量是一个例外,国家标准不得超过1mg/kg,而欧盟则定为2mg/kg。不过,由此并不能得出发达国家的茶叶农残要求比中国更严格的结论,日本标准就与国家标准相近并相对宽松。在日本标准中,硫丹、草甘膦的残留限量分别是国家标准的1.5倍和20倍。

除了通过检测农残来遏制农药不规范使用外,在茶叶生产过程中禁用某些农药品种也可以起到一定的控制作用。对于灭多威、硫丹等高毒农药,欧盟和中国均禁止在茶叶上施用,三氯杀螨醇虽是低毒,但因高残留的特性也被列入了黑名单。不过,禁止施用并不等同于禁止检出,现行国家标准只规定了以上禁用农药的最大残留限量，只有经检测超过残留限量才可以判定为不合格茶叶。

但由于国内外、国内不同产区间禁止在茶叶上使用的农药种类有差别，也使得果农在茶叶用药选择上较为混乱。例如安溪县人民政府于2009年发布通告规定，禁止在该地区销售和使用甲胺磷、甲基对硫磷(甲基1605)、对硫磷(1605)、久效磷、磷胺、三氯杀螨醇、氰戊菊酯(杀灭菊酯、速灭杀丁)、乙酰甲胺磷、DDT、六六六、水胺硫磷、氧化乐果、丙溴磷、阿维菌素、三唑磷、氯水胺、灭幼脲等高毒、高残留以及含有以上成分的农药，并禁止使用除草剂、植物生长激素、叶面肥。这些禁用规定就比国家和其他产区严厉很多。

资料来源：http://www.nfncb.cn/2012/nongyao_0403/52335.html。

出入境商品质量检测是对出口和进口商品的良好把关，如果没有质量的监管与控制就造成了国与国之间外贸交易的混乱，因此而言，质量检测是形成顺畅、良好的外贸关系的首要环节。针对不同种类的进出口商品，由于其产品类别不同而需要遵循各自相应的检验依据，同时由于每种产品的特性不同，需要开展的检测项目不尽相同。

2.1 出入境商品检验项目

国家质检总局、地方出入境检验检疫局及国家认可的进出口商品检验部门根据商品出入境的不同特点，依据法律、法规规定的不同内容，或是根据合同中的具体规定，有关技术标准的规定，以及根据申请委托人的意愿，商检机构对于出入境商品检验、鉴定的具体内容将有所差别。

2.1.1 出入境商品质量检验依据

国家商检部门在出入境商品质量检验工作中的具体执行依据有以下4种。

(1) 中国政府与输入国家或地区政府签订的双边检验检疫协议、议定书、备忘录等规定的检验检疫要求。
(2) 中国法律、行政法规和国家质检总局规定的检验检疫要求。
(3) 输入国家或地区入境粮食和饲料检疫要求和强制性检验要求。
(4) 贸易合同或信用证订明的其他检验检疫要求。

阅读资料

支树平与俄罗斯联邦兽医与植物卫生监督局局长签署质检合作协议

2015年12月17日，在中国国务院总理李克强与俄罗斯总理梅德韦杰夫的见证下，中国国家质检总局支树平局长与俄罗斯联邦兽医与植物卫生监督局丹克维尔特局长在人民大会堂共同签署了《中华人民共和国国家质量监督检验检疫总局和俄罗斯联邦兽医和植物卫生监督局关于俄罗斯小麦输华植物检疫要求议定书》以及《中华人民共和国国家质量监督检验检疫总局和俄罗斯联邦兽医和植物卫生监督局关于俄罗斯玉米、水稻、大豆和油菜籽输华植物检疫要求议定书》，成为第二十次中俄总理定期会晤重要成果。

近年来，在两国元首的亲自推动下，中俄全面战略协作伙伴关系得到了快速发展，2014年俄罗斯与中国双边贸易额达952.8亿美元，同比增长6.8%。为中俄双边关系健康发展，中国国家质检总局多年来一直积极推进与俄罗斯在质检领域的合作，尤其在国家相关战略指导下，充分发挥中俄总理定期会晤框架中俄质检合作机制的作用，推动两国质检合作全面深化发展，取得多项合作成果。

此次签署的两份俄罗斯粮食输华议定书，规定了俄罗斯小麦、玉米、水稻、大豆和油菜籽进入中国市场必须满足的检验检疫要求，确保输往中国的俄罗斯小麦、玉米、水稻、大豆和油菜籽的安全健康，同时也为我国农业"走出去"提供了重要支持。

资料来源：http://www.aqsiq.gov.cn/zjxw/zjxw/zjftpxw/201512/t20151218_456885.htm.

2.1.2 出入境商品质量检验项目

1. 品质检验

商品品质又称商品质量，它是用来评价商品优劣程度的多种有用属性的综合，是衡量商品使用价值的尺度。商品质量一般包括外观质量和内在质量。

1) 外观质量

国家商检部门根据我国相应法律规定、国际贸易合同协约以及国际通用法规要求，对进出我国边境的商品进行外观质量检验，具体包括商品的外观形态、包装、标识、规格、样式、花色、造型、表观缺陷、表面加工装饰水平，以及视觉、嗅觉、味觉等。

 阅读资料

纺织服装类商品在进出口时执行外观质量检验，主要从三方面进行检验：①产品标识：注册商标须经授权，纤维成分及产地唛应如实标注。②面料质量：无破损、无明显的粗纱、色档、油纱等缺陷，面料用力拉不破裂，手搓不褪色。③服装外观：不应存在缝制、整烫、规格、包装等批量性的严重缺陷，现场手拉后缝制处没有划移。

资料来源：《进出口纺织品标识检验规范》SNT 2872—2011

玩具类商品在进出口时的外观质量检验，主要从两方面进行检验：①标识和产品说明：注册商标须经授权，应标明产品适用或不适用的年龄范围、警示标志、使用说明、合格证等项目。②外观和功能：不应有可触及利尖、爆缝、小零件松脱等现象存在，填充类玩具的填充料应符合卫生要求，产品使用功能应基本正常。

资料来源：《国家玩具安全技术规范》(GB 6675—2014)

2) 内在质量

(1) 成分检验。包括有效成分的种类和含量、杂质及有害成分的限量检测等。

(2) 性能检验。包括商品应具备的强度、硬度、弹性、伸长率、耐热性等物理性能；耐酸、耐碱、抗腐蚀性、抗溶解性、化学相容性等化学性能；抗压、抗拉、冲击、振动、跌落等机械性能，以及对商品内在质量产生影响的其他性能。

(3) 使用性能检验。包括完成规定的动作，特定的使用效果。如汽车的车速、刹车要求；电机的声响、图像效果；机器生产出完好的产品等。

(4) 特定质量检验。该检验项目是指为了安全、卫生、环境保护等目的，针对不同商品而特别要求的质量检验。如对食品卫生质量的检验，检验食品中有害微生物、食品添加剂、农药残留、重金属含量等；对动植物的检疫检验；对危险货物的安全性能检验；对飞机、车辆、船舶的安全防护质量检验、废气检验、噪声检验、废水的限量检验等。

 阅读资料

《进出口滑板车机械安全性能检验规程》(SN/T 1365—2004)中规定了滑板车安全性能相关的质量指标要求，如锐边、突出物、车闸的制动系统、手闸及脚闸的制动性能、车架/前叉组合件的静负荷、锁定装置以及折叠、伸缩机构等。

《进出口电梯安全性能检验规程》(SN/T 0814—1999)中要求，在进行安全开关电梯动作试验时，电梯以检修速度上下运行时，人为动作下列安全开关两次，电梯均应立即停止，其安全开关包括：安全窗开关、轿底、底坑的紧急停止开关，限速器松绳开关。

2. 数量和重量检验

商品的数量或重量是进出口贸易合同中的重要内容，因为它直接涉及该笔贸易的成交金额，与双方的利益最为直接，因此，数量或重量检验是商品检验的主要内容之一。

检验检疫机构实施数量、重量检验的范围是：①列入检验检疫机构实施检验检疫的进出境商品目录内的进出口商品；②法律、行政法规规定必须经检验检疫机构检验的其他进出口商品；③进出口危险品和废旧物品；④实行验证管理、配额管理，并需由检验检疫机构检验的进出口商品；⑤涉嫌有欺诈行为的进出口商品；⑥双边、多边协议协定及国际条约规定，或者国际组织委托、指定的进出口商品；⑦国际政府间协定规定，或者国内外司法机构、仲裁机构和国际组织委托、指定的进出口商品。

1) 数量检验及计数方法

商品的数量检验是商品检验的一个重要内容，按照对外贸易合同及有关检验依据，根据不同商品的计价单位，对商品的数量进行检验。由于计价单位的不同，一般商品的数量检验内容如图2.1所示。

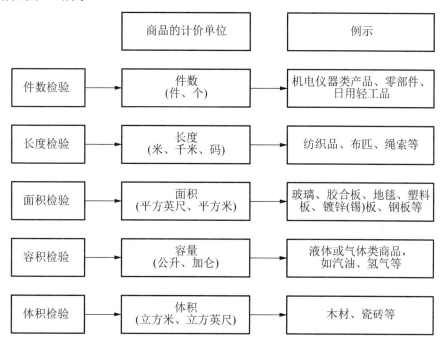

图 2.1 进出口商品数量检验种类、计价单位及例示

2) 重量检验

在国际贸易中,对商品进行重量检验时的常用计重术语包括:①毛重(gross weight,GW)是指商品本身的重量加包装物的重量,一般适用于低值商品。②净重(net weight,NG)是指商品本身的重量,即商品的毛重减去包装重量(皮重)的重量。按照国际惯例,如果合同中对重量的计算没有其他规定,则应以净重计量;但具体计算时也有以毛重作净重的情况。③以商品的毛重作为净重,即不必再扣除皮重,一般用于包装相对于货物本身而言重量很轻,或包装本身不便计量等情况。

公　量

有些商品,如棉花、羊毛、生丝等有较强的吸湿性,所含的水分受客观环境的影响较大,其重量也就很不稳定。为了准确计算这类商品的重量,国际上通常采用公量计算。

公量是指用科学方法抽去商品中的水分,再加上标准含水量所得的重量。公量适用于价值较高而水分含量不稳定的商品,其计算公式有以下两种。

公量=商品净重×(1+公定回潮率)

公量=商品实际重量×(1+公定回潮率)/(1+实际回潮率)

3) 计重方法

在国际贸易中,通常采用以下的计重方法:①衡量计重。这是使用最多的一种计重方式,使用小到天平、台秤,大到汽车衡、轨道衡、料斗秤等衡器,经校准后对不同商品衡重。天平的精密度很高,精密天平的误差在十万分之一或更小,大型衡器的允许误差为±0.2%。②水尺计重。水尺计重是利用阿基米德原理,测量出船只在装货前、后或卸货前、后的吃水差,计算出船舶的排水量,扣除船上其他物料的重量及修正后得出所装货物的重量,是适用于散装矿石、粮谷等低值散装物料重量检验的一种快速方法,其允许误差为±0.5%。③容量计重。容量计重分为船舱计重、岸罐计重、槽罐计重3种方式。容量计重是用于散装液体商品,如原油、成品油、植物油等的一种计重方式,通过测量油舱、油罐在装货前、后,或卸货前、后的液位,计算出装货或卸货的实际重量,计算时要考虑液体物料的温度、密度、罐体变形等因素,其允许误差为±0.4%。④流量计计重。这是一种仪器计重方式,通过流量计直接测得装或卸的液体或气体商品的重量,使用简单方便,其允许误差为±0.4%。

3. 溢短装条款

溢短装条款(more or less clause)是指在矿砂、化肥、粮食、食糖等大宗散装货物的交易中,由于受商品特性、货源变化、船舱容量、装载技术和包装等因素的影响,要求准确地按约定数量交货,有时存在一定困难,为了避免因实际交货不足或超过合同规定而引起的法律责任,方便合同的履行,对于一些数量难以严格限定的商品,通常是在合同中规定交货数量允许有一定范围的机动幅度,这种条款一般称为溢短装条款[①]。它一般包括机动幅度、

---

① 金海水. 进出口商品检验实务[M]. 北京:化学工业出版社,2007.

机动幅度的选择权以及计价方法。

溢短装条款是国际货物买卖合同中最常见的规定数量机动幅度的条款,主要由3部分组成,即数量机动幅度的范围、溢短装的选择权和溢短装部分的作价办法,数量机动幅度的范围通常用百分比表示。在机动幅度范围内是多交货物还是少交货物,该选择权一般由卖方来决定。单在采用海洋运输的情况下,由于交货的数量与载货船舶的舱容有着非常密切的关系,因此溢短装的选择权应由安排货物运输的一方掌握。至于溢短装部分的作价办法,如果合同中没作相反的规定,一般按合同价格计算。但也有的合同规定按装船日或卸货日的市场价格计算,其目的是防止有权选择溢短装的一方为获取额外利益而有意多交或少交货物。

4. 包装检验

包装是实现商品价值和使用价值并增加商品价值的一种手段。在国际贸易中,包装是保证商品数量、质量完好无损的重要条件。除散装货物、裸装货物无须包装外,商品都需包装。商品的外包装必须符合清洁、干燥、坚固、适于长途运输的要求。包装检验就是根据外贸合同、标准和其他有关规定,对商品的内、外包装以及包装标志进行检验。

1) 普通商品的包装检验

(1) 包装标识检验。检验人员对货物包装的外层所用文字或图形制作的特定记号,如主要标记(发货人向收货人表示该批货物的特定记号)、体积和重量标记(货物包件上的长、宽、高实际尺寸和货物重量)、原产国标记(货物是哪个国家或地区的产品)等进行的检验鉴定。

(2) 包装材料检验。涉及对进出口商品实行包裹的包装物的材料成分、助剂构成、生产工艺、卫生指标及生物源指标等进行检验。具体到所包装的商品还会有相应特殊要求。

(3) 运输包装检验。出口商品应进行运输包装性能检验,经申请后,检验合格的签发出口商品运输包装性能合格单,准予装运商品出口,并规定了不同包装容器的合格单有效期。性能检验不合格者签发不合格通知单。

 阅读资料

国家质检总局要求设在各地的检验检疫机构负责所辖地区进境货物木质包装的检疫监督管理工作,进境木制包装检验内容如下:

进境货物使用木质包装的,应当在输出国家或者地区政府检疫主管部门监督下按照《国际植物保护公约》(以下简称 IPPC)的要求进行除害处理,并加施 IPPC 专用标识。除害处理方法和专用标识应当符合国家质检总局公布的检疫除害处理方法和标识要求。

进境货物使用木质包装的,货主或者其代理人应当向检验检疫机构报检。检验检疫机构按照以下情况处理:①对已加施 IPPC 专用标识的木质包装,按规定抽查检疫,未发现活的有害生物的,立即予以放行;发现活的有害生物的,监督货主或者其代理人对木质包装进行除害处理。②对未加施 IPPC 专用标识的木质包装,在检验检疫机构监督下对木质包装进行除害处理或者销毁处理。③对报检时不能确定木质包装是否加施 IPPC 专用标识的,检验检疫机构按规定抽查检疫。经抽查确认木质包装加施了 IPPC 专用标识,且未发现活的有害生物的,予以放行;发现活的有害生物的,监督货主或者其代理人对木质包装进行除害处理;经抽查发现木质包装未加施 IPPC 专用标识的,对木质包装进行除害处理或者销毁处理。

资料来源:中国通关网:http://www.e-to-china.com.cn/knowledge/inspection/2010/0318/74693.html

2) 危险品的包装检验

危险品的包装检验与普通商品的包装检验要求不一样，必须要进行单独的包装检验鉴定工作后才能放行。在对危险品包装实行检验鉴定时需遵循以下依据：①《国际海上危险货物运输规则》规定，进入国际海域的货物隶属于危险品类别的，需进行包装检验鉴定后方可进入。②《商检法》第十七条规定，为出口危险货物生产包装容器的企业，必须申请商检机构进行包装容器的性能鉴定。生产出口危险货物的企业，必须申请商检机构进行包装容器的使用鉴定。使用未经鉴定合格的包装容器的危险货物，不准出口。③《中华人民共和国进出口商品检验法实施条例》(以下简称《商检法实施条例》)第二十九条规定，出口危险货物包装容器的生产企业，应当向出入境检验检疫机构申请包装容器的性能鉴定。包装容器经出入境检验检疫机构鉴定合格并取得性能鉴定证书的，方可用于包装危险货物。出口危险货物的生产企业，应当向出入境检验检疫机构申请危险货物包装容器的使用鉴定。使用未经鉴定或者经鉴定不合格的包装容器的危险货物，不准出口。④《危险化学品安全管理条例(征求意见稿)》(2008 版)第五条第三款明确规定，质检部门负责发放危险化学品及其包装物、容器的生产许可证，对危险化学品包装物、容器生产企业的产品质量实施监督，负责对进出口危险化学品分类、标签、包装及安全数据表实施符合性检验。

目前，根据《常用危险化学品的分类及标志》(GB 13690—2009)和《危险货物分类和品名编号》(GB 6944—2012)等国家标准将危险品进行分类，如图 2.2 所示。

图 2.2　危险品分类及标识

第六类 有毒品

第6.1类 有毒物质　　　　第6.2类 感染性物质

第七类 放射性物质

Ⅰ级—白色　　　　Ⅱ级—黄色

Ⅲ级—黄色　　　　第7类 裂变性物质

第八类 腐蚀性物质　　第九类 杂类危险物质和物品

图2.2　危险品分类及标识(续)

5. 安全性能检验

世界各国对于商品的安全性能检验都极为重视，对于不符合安全标准和法律规定的商品禁止进口，甚至规定由于商品安全性能方面存在问题而发生危及生命财产的事故时，可以不受外贸合同规定的索赔有效期的限制，提出极高的赔偿要求，不仅向卖方索赔，还可以向安全负责的直接责任方追赔，还可以向法院提出起诉。商品的安全性能检验是强制性的，根据我国法律的规定，船舶及主要船用设备材料和锅炉压力容器等的安全性能检验由有关检验单位负责，其他涉及安全性能方面的项目，由商检机构根据外贸合同和有关的法律规定进行检验。出口商品涉及安全性能的项目，包括易燃、易爆、易触电、易受毒害和易受伤害等。例如，家用电器通过漏电和耐压绝缘试验，考核其安全性能；儿童玩具和用品要注意检验玩具和玩具的填充物是否含有有毒、有害物质，玩具的棱角是否会刺伤或划伤儿童，玩具和用品的拉力是否合格等安全性能，纺织品、服装的耐燃等安全性能检验；各种机动车辆的稳定性、操纵系统、照明装置及车的其他各部的安全性能检验；烟花爆竹、体育用品等的安全性能检验等。

6. 食品安全检验

食品安全是关乎国计民生的重要工作内容，因此国家质检总局下设的进出口食品安全局总管我国进出口食品及化妆品安全、质量监督和检验检疫，承担进出口食品、化妆品的检验检疫、监督管理以及风险分析和紧急预防措施工作，同时按规定权限承担重大进出口食品、化妆品质量安全事故查处工作。

按照《食品卫生法》和《商检法》的规定，出口食品由国家进出口商品检验部门进行卫生监督、检验，海关凭商检机构的证书放行。出口食品必须经商检机构检验，未经检验或检验不合格的，不准出口。目前经商检机构进行兽医卫生检验和监督检验的商品主要有：①动物源性食品是指全部可食用的动物组织以及蛋和奶，包括肉类及其制品(含动物脏器)、水生动物产品等[①]。②植物源性食品包括粮食(稻谷、小麦、大麦、玉米、黑麦、大豆除外)及其各种粮食加工制品(如面粉、淀粉等)、蔬菜及其制品(马铃薯、木薯除外)、油籽油料类(油菜籽除外)及其制品、中药材、干果和坚果与籽仁类(如核桃、各种瓜子等)、转基因食品、植物油(如花生油、大豆油等)、茶叶、可可咖啡原料类、麦芽、啤酒花、水果制品、调味料(指植物原料及粗加工品如胡椒、胡椒粉、大、小茴香及其粉面等调味料)、酱腌制品(指用盐、酱、糖等腌制的发酵或非发酵类植物源制品)、烟草制品类(烟叶除外)、辐照食品[②]。③预包装食品。

2.2 进出口商品检验程序

2.2.1 进出口商品的受理报检范围

1. 出口商品的受理报检范围

出口商品及其运载工具属下列情况之一者必须向商检机构申请报检，受理报检的范围包括：①列入《法检目录》内的出口商品。②出口食品的卫生检验。③出口危险货物包装容器的性能鉴定和使用性能鉴定。④装运出口易腐烂变质食品、冷冻品的船舱、集装箱等运输工具的适载检验。⑤对外贸易合同(包括信用证、购买证等)规定由商检机构检验出证的出口商品。⑥出口动物产品的检疫和监督消毒。⑦其他法律或行政法规规定须经商检机构检验出证的出口商品。⑧《法检目录》内出口商品的包装容器的性能鉴定。⑨与进口国政府有约定，必须凭我国商检机构签发的商检证书方准进口的商品。⑩边境小额贸易、边境民间贸易、边民互市贸易和边境地区的地方贸易等贸易方式出境商品。

对于下列情况之一者，商检机构不受理商品检验的报检申请：①实施法定检验的出口商品，未经检验已装运出口的。②已被吊销质量许可证、卫生注册证书的。③按分工规定，不属于商检工作范围的。④其他不符合商检机构检验和签证规定的商品。

2. 进口商品的受理报检范围

进口商品及其运载工具属下列情况之一者必须向商检机构申请报检，受理报检的范围如下。

(1) 商检机构检验的进口商品：①列入《法检目录》内的进口商品。②实施强制性产品认证产品目录内的商品。③外贸合同规定须由商检机构检验证书计价、结算的进口商品。④其他法律、行政法规规定必须由商检机构检验的进口商品。⑤其他需要由商检机构签发

---

① 李志荣，丁双阳. 动物源性食品安全与兽药残留检测技术[M]. 天津：天津科学技术出版社，2008.
② 刘雄，陈宗道. 食品质量与安全[M]. 北京：化学工业出版社，2009.

证书的进口商品。⑥边境小额贸易、边境民间贸易、边民互市贸易和边境地区的地方贸易等贸易形式，凡列入《法检目录》的进口商品和法律、行政法规规定，必须经商检机构检验的进口商品以及边境贸易合同规定，由商检机构检验出证的商品等。

(2) 有关专业检验机构检验的进口商品：①进口商品的卫生质量检验。②计量器具的量值检定。③锅炉压力容器的安全监督检验。④船舶(包括海上平台、主要船用设备及材料)和集装箱的规范检验。⑤飞机(包括飞机发动机、机载设备)的适航检验。⑥核承压设备的安全检验。⑦进口食品的卫生检验及检疫。⑧进口动植物的检疫等。

2.2.2 进出口商品的条件及检验方式

1. 报检基本条件

(1) 报检单位。从事报检的工作单位需符合以下几项条件：①有进出口经营权的国内外企业；②进出口商品生产企业；③对内、外贸易关系人；④中外合资、中外合作和外商独资企业；⑤国外企业、商社常驻中国代表机构等。

(2) 报检时间与地点。进出口商品报检的时间是关系到检验、出证放行、履行合同的关键，因此要求进出口商品最迟应报关或装运进口、出口前10天报检人向商检机构申请报检，对个别检验周期较长的商品，如棉花、羊绒等，还应留有相应的抽样、检验等方面的时间。

(3) 报检手续。①填写《出口检验申请单》《进口商品检验申请单》。②申请报检时需提供的相应单证和资料。③其他规定。

2. 检验方式

(1) 商检自验。商检机构在受理了对外贸易关系人提出检验鉴定申请后，自行派出检验技术人员进行抽样、检验鉴定，并出具商检证、单，这种检验形式就是商检自验。

(2) 共同检验。商检机构在接受了对外贸易关系人对出口商品提出的检验申请后，与有关单位商定，由双方各派检验人员共同检验，最后出具检验结果证、单。或者是商检机构与有关单位各承担商品的某部分项目的检验鉴定，共同完成该批商品的全部项目的检验工作，最后出具检验鉴定证单。

(3) 预先检验。预先检验是商检机构为了方便对外贸易，根据需要和可能，对某些经常出口的商品接受预先检验。

(4) 驻厂检验。商检机构对某些特定的出口商品(如法定检验出口商品或习惯上国外买主经常要求商检机构检验出证的商品，或出口数量大、质量要求高的商品，或生产、加工工艺过程复杂，环节多要求严，对商品品质影响因素较多的商品)，派出检验人员驻在生产加工单位执行检验和监督管理。

(5) 产地检验。产地检验是商检机构为了配合生产加工单位和出口经营单位做好出口检验，派出检验人员到出口商品的生产产地进行检验。

(6) 口岸查验。口岸查验是指经产地商检机构检验合格，运往口岸待运出口的商品，运往口岸后申请出口换证的，口岸商检机构派人进行的查验工作。

(7) 装船前检验（Preshipment Inspection，PSI）。装船前检验是国际贸易中经常采用的检验方式，主要是根据各进口国或进口商的要求，对进口商品在出口国进行发运前的检验，验证进口商品的品质、数量、包装等能符合合同要求。

2.2.3 进出口商品检验流程

1. 出口商品检验检疫、鉴定流程

商品在通过我国海关进行出口时,需执行出口商品检验流程(图 2.3)。首先企业需要针对所出货物对我国商检机构提出报检并提交相应需审核的单据、表、证件等,待商检部门对提交的报检材料进行审核,如果审核不合格需要企业重新完善材料后再进行报检;若报检材料符合商检机构要求则根据报检品种会提交相应检验部门确认施检方式、拟定检验方案后,实施检验检疫,检验合格后出具检验检疫鉴定结果,然后检务部门复审检验结果后进行计费、收费,最后出具书面证书,办理放行手续。如商检部门对出口商品检验检疫不合格时,会出具不合格单,如果根据我国标准及相应规定可以返工处理的,在处理之后再进行检验检疫,合格后仍会出具书面证书,办理放行,如果不适于返工修改或者调整后仍然不合格的,则不准出口。

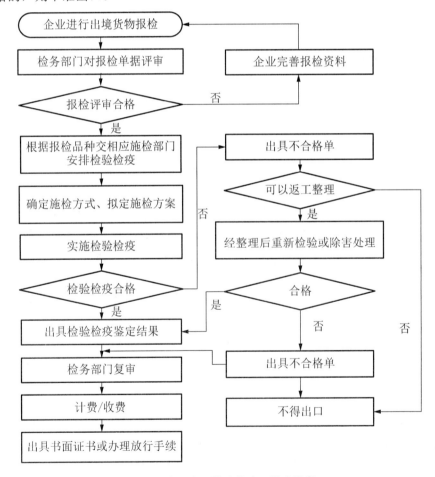

图 2.3　出口商品检验检疫、鉴定流程

2. 进口商品检验检疫、鉴定流程

商品在通过我国海关进入我国国境时,需执行进口商品检验流程(图 2.4)。首先入境货品经营单位要向我国商检部门进行报检,并提交相应需审核的单据、表、证件等,待商检部门对提交的报检材料进行审核，如果审核不合格需要企业重新完善材料后再进行报检；若报检材料符合商检机构要求，则根据报检货品及检验项目进行计费/收费，确认检验方式，如果需要现场检验，商检部门须派专门人员到货物所在场地进行现场查验，查验不合格的需要进行销毁或退运，如果查验符合要求，则开始判断是否属于法定检验，如不属于《法检目录》内的商品，则只需商检部门执行监督管理功能即可，如果是位于《法检目录》内的商品，则需商检部门确定施检方案、施检方式，实施检验检疫鉴定，检验合格以后出具检验结果合格单，并经检务部门复审后，出具证书；如果是需要进行法检的商品，经商检部门检验不合格后，要出具检验不合格单，对于检验不合格的货品，根据具体规定及相应要求，判断是否需要扩大检验或者除害处理，经二次调整后，再次检验合格同样可以颁发合格证，如果不合格则不准进口。

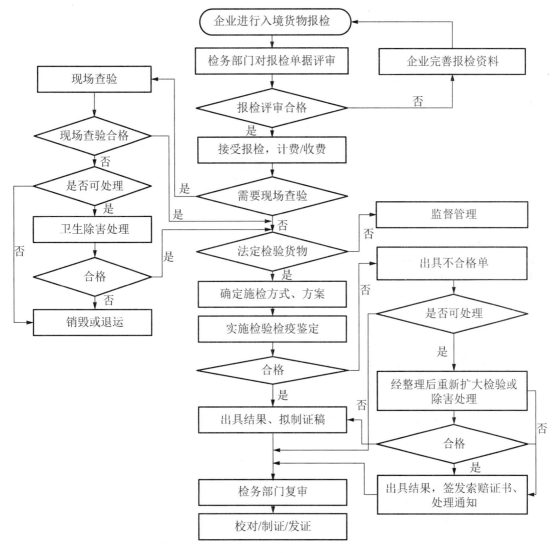

图 2.4　进口商品检验检疫、鉴定流程

出入境商品质量检验与管理

2.3 电子报检

为进一步加强产品质量和食品安全监管工作,按照全国质量工作会议要求以及国务院《关于加强产品质量和食品安全工作的通知》文件精神,海关总署、国家质检总局决定自2008年1月1日推广完善通关单联网核查工作,通过联合执法,共同打击逃漏检行为,严防有问题的商品非法进出境,特别防止有毒、有害物质和疫病进入我国,规范进出口秩序,全面提升我国产品质量水平。

根据海关总署与国家质检总局商定的电子报文格式,质检按照有关法律法规的规定对法定检验检疫货物签发通关单,实时将通关单电子数据通过质检电子业务平台、经电子口岸信息平台传输给海关,海关凭通关单电子数据验放,并在办结海关手续后实时将通关单使用情况反馈质检。

2.3.1 电子报检概述

电子报检是检验检疫实施新"三电工程"——电子申报、电子监管、电子放行中的重要组成部分。电子报检是指报检人使用报检软件通过检验检疫电子业务服务平台将报检数据以电子方式传输给检验检疫机构,经检验检疫业务管理系统和检务人员处理后,将受理报检信息反馈报检人,实现远程办理进出口检验检疫报检的行为[①]。报检单位通过安装企业端电子申报软件将报检数据经互联网进入检验检疫综合管理系统,检验检疫机构对报检数据的审核是采取"先机审,后人审"的程序进行,对报检数据企业发送电子报检数据,电子审单中心按计算机系统数据规范和有关要求对数据进行自动审核,对不符合要求的,反馈错误信息;符合要求的,将报检信息传输给受理报检人员,受理报检人员人工进行再次审核,符合规定的将成功受理报检信息同时反馈报检单位和施检部门,并提示报检企业与相应的施检部门联系检验检疫事宜。

(1) 出境货物受理电子报检后,报检人应按受理报检回执的要求,在检验检疫机构施检时,提交报检单和随附单据。

(2) 入境货物电子申报后,报检人应按受理报检信息的要求,在报检时提交报检单和随附单据。对口岸已报检通关再到货物到货地检验检疫的,应在报检时提交《入境货物通关单》副本(《入境货物调离通知单》)或复印件,不必再进行电子申报。

(3) 电子报检人对已发送的报检申请需要更改或撤销报检时,应到检验检疫机构申请,检验检疫机构按有关规定办理。

(4) 报检企业接到报检成功的信息后,按信息中心的提示与施检部门联系检验检疫。在现场检验检疫时,持报检软件打印的报检单和全套随附单据交施检人员审核,不符合要求的,施检人员通知报检企业立即更改,并将不符合情况反馈受理报检部门。

(5) 计费由电子审单系统自动完成,接到施检部门转来的全套单据后,对照单据进行计费复核。报检单位逐票或按检验检疫规定的时间缴纳检验检疫等有关费用。

(6) 签证放行由签证部门按规定办理。

---

① 出入境检验检疫电子报检管理办法. 国家质检总局. 2002.

(7) 电子报检人应确保电子报检信息真实、准确，不得发送无效报检信息。报检人发送的电子报检信息应与提供的报检单及随附单据有关内容保持一致。在规定的报检时限内将相关进出口货物的报检数据发送至报检地检验检疫机构。对合同或信用证中涉及检验检疫特殊条款和特殊要求的，电子报检人须在电子报检申请中同时提出。

(8) 实行电子报检的报检人的名称、法定代表人、经营范围、经营地址等变更时，应及时向当地检验检疫机构办理变更登记手续。

2.3.2 电子报检的申请

报检单位根据国家相应规定实施电子报检，目前能够进行电子报检的业务包括出境货物报检、入境货物报检、产地证书报检和出境包装报检等。其他类型商品进行报检时仍然执行传统报检方式，不能进行电子报检。

1. 报检人

根据国家质检总局 2001 年 7 月发布的《出入境检验检疫电子报检管理办法(试行)》第七条规定，"检验检疫机构应及时对申请开展电子报检业务的报检人进行审查。经审查合格的报检人可以开展电子报检业务。"第八条规定，"实行电子报检的报检人(以下简称'电子报检人')的名称、法定代表人、经营范围、经营地址等变更时，应及时当地检验检疫机构办理变更登记手续。"第五条规定，"电子报检人应具备下列条件：①遵守报检的有关管理规定；②已在检验检疫机构办理报检人登记备案或注册登记手续；③具有经检验检疫机构培训考核合格的报检员；④具备开展电子报检的软硬件条件；⑤在国家质检总局指定的机构办理电子业务开户手续。"

2. 报检单位

申请电子报检的报检单位应具备下列条件：①遵守报检的有关管理规定；②已在检验检疫机构办理报检人登记备案或注册登记手续；③具有经检验检疫机构培训考核合格的报检员；④具备开展电子报检的软硬件条件；⑤在国家质检总局指定的机构办理电子业务开户手续。

3. 报检文件

报检单位申请电子报检时应提供的资料：①在检验检疫机构取得的报检人登记备案或注册登记证明复印件；②《电子报检登记申请表》；③《电子业务开户登记表》。

2.3.3 实施电子报检后的工作流程

(1) 报检环节。①电子报检对报检数据的审核采取"先机审，后人审"的程序进行。②出境货物受理电子报检后，报检人应按受理报检信息的要求，在检验检疫机构施检时，提交报检单和随附单据。③入境货物受理电子报检后，报检人应按受理报检信息的要求，在领取《入境货物通关单》时，提交报检单和随附单据。④电子报检人对已发送的报检申请需更改或撤销报检时应发送更改或撤销报检申请。

(2) 施检环节。在现场检验检疫时，持报检软件打印的报检单和全套随附单据交施检人员审核，不符合要求的，施检人员通知报检企业立即更改，并将不符合情况反馈受理报检部门。

(3) 计费、收费。计费由电子审单系统自动完成，接到施检部门转来的全套单据后，对照单据进行计费复核。报检单位逐票或按月缴纳检验检疫等有关费用。

(4) 签证放行。签证部门按相应规定办理，具体规定如下：①电子报检人应确保电子报检信息真实、准确，不得发送无效报检信息。报检人发送的电子报检信息与提供的报检单及随附单据有关内容保持一致。②电子报检人须在规定的报检时限内将相关进出口地货物的报检数据发送至报检地检验检疫机构。③对于合同或食用证中涉及检验检疫特殊条款和特殊要求的，电子报检人须在电子报检申请中同时提出。④实行电子报检的报检人的名称、法定代表人、经营范围、经营地址等变更时，应及时进行当地检验检疫机构办理变更登记手续。

本 章 小 结

进出口商品质量检验在国际贸易中发挥着至关重要的作用，在我国由商检部门负责制定进出口检验法律法规、计量管理、通关管理、进出口商品检验管理等工作，同时对检验通过商品颁发进出口商品检验合格证书，作为报关验放的有效证件。

我国颁布的《法检目录》中提出明确规定，凡列入《法检目录》的商品均需执行法定检验。法定检验项目包括：进出口食品检验检疫，出口危险货物包装容器的性能检验和使用鉴定，进出口动物产品检验检疫，对装运出口易腐烂变质食品、冷冻品的集装箱等运载工具的适载检验等。

国家商检部门依据相应法律法规、检验协议、备忘录等对进出口商品执行检验，所涉及的检验项目包括：品质检验、数量和重量检验、溢短装条款、包装检验、安全性能检验和食品安全检验。并且需遵守相应的法定检验程序，其中包括符合受理报检范围、报检基本条件、采取何种检验方式以及具体的进出口商品检验检疫、鉴定流程。

此外，自 2008 年开始，我国实现了电子报检，报检单位中的报检人提交相应报检文件即可实现在线报检，商检部门根据报检材料实施检验，确认合格后会颁发证书，海关凭此证书放行。

关键术语

法定检验(statutory inspection)

危险货物(dangerous goods)

以毛作净(gross for net)

溢短装条款(more or less clause)

装船前检验(preshipment inspection)

电子报检(declaring CIQ online)

习 题

一、判断题

1. 法定检验检疫的进口货物的货主或其代理人应当在检验检疫机构规定的时间和地点向报关地的检验检疫机构报检，未经检验检疫的，不准销售、使用。（   ）
2. 入境货物的检验检疫工作程序是先放行通关，后实施检验检疫。（   ）
3. 在使用电子报检系统进行申报时，对报检数据的审核是采取"先人审，后机审"的程序进行。（   ）
4. 船舶(包括海上平台、主要船用设备及材料)和集装箱的规范检验是由商检部门自己执行检验。（   ）
5. 普通商品的包装检验包括包装标识、包装材料及运输包装检验。（   ）

二、单选选择题

1. 对进出口容器中重金属等有毒物质的检测属于(   )。
   A．品质检验   B．安全性能检验
   C．卫生检验   D．包装检验
2. 下列不属于国家法定检验的是(   )。
   A．出口苹果的卫生检验   B．出口冷藏果蔬食品船舱的干燥度检查
   C．出口仪器配套氢气瓶   D．进口牛肉的病原菌检验
3. 通过测量盛装原油油舱在装货前后的液位值，采用的是(   )计重方式。
   A．容量   B．水尺   C．流量计   D．水平
4. 办理进境动植物检疫审批手续后，发生(   )情况的，货主、物主或其代理人应重新办理审批手续。
   A．减少水果数量   B．变更水果品种
   C．变更输出国家   D．变更进境口岸
5. 报检单位申请电子报检时提供的资料不包括(   )。
   A．在检验检疫机构取得的报检人登记备案或注册登记证明复印件
   B．电子报检登记申请表
   C．电子业务开户登记表
   D．电子通关申请单

三、简答题

1. 我国进出口商品质量检验职权部门有哪些？简要介绍其职责范围。
2. 法定检验项目包括哪些？
3. 进出口商品检验的项目包括哪些？
4. 如何理解溢短装条款？
5. 在国际贸易中普通商品包装和危险品货物包装的检验要点分别是什么？
6. 简述出口商品的报检受理范围。

四、综述题

1. 结合自己的观点说明在我国进出口商品检验的地位和作用。
2. 以某种水果为例写出其在出口时商品检验检疫、鉴定流程。

五、案例分析题

江西检验检疫局为柑橘出口质量把关

江西省是一个农业大省，柑橘是江西省最具特色的农产品之一。近年来，在江西检验检疫局的大力帮扶下，柑橘出口成为江西省外贸新的增长点。2008—2009年，在国际金融危机、外贸出口严重受阻的情况下，江西出口柑橘凭借质量过硬的产品，赢得了境外客商的信赖，实现了柑橘出口逆市增长，共出口柑橘2515批，总计116200吨，货值6783.3万美元，同比分别增长31.1%、42.3%和44.7%，出口国家由2007年的15个增至23个。

近年来，为确保出口柑橘的质量安全，江西检验检疫局采取了多项积极有效的服务措施，扩大了出口，提升了果农种植柑橘热情，带动了就业，增加了果农收入，为"三农"做出了实实在在的贡献。

该局在全国率先对出口柑橘种植实施基地化管理和注册登记制度。自2004年"染色橙"事件以后，江西检验检疫局在全省对出口柑橘全面推行"公司+基地+标准化"管理模式，从源头上介入柑橘质量安全管理。通过走访县、乡、村和农户，进行积极宣传和耐心讲解，逐步转变了基层干部和农民的传统生产观念，将农户组织起来，将分散的果园集中起来。开展免费技术培训，培养农业生产技术和管理骨干、种植能手，仅2008年就培训基层果农超过400人。目前，江西全省已建有注册登记柑橘果园83家，19.1万亩，年产量35万吨。包装厂51家，年包装能力36万吨，江西省已逐渐成为世界柑橘出口主产区之一。

主动帮扶，源头介入。在柑橘种植期间，江西检验检疫局即介入监管，一是帮助企业建立健全质量安全管理体系，在江西省推广中国良好农业操作规范体系(GAP)；二是通过日常监管、农药残留监控、实时监测等方式全面掌握果园农药残留和有害生物发生情况，指导果农科学用药，合理规避出口风险；三是在出口旺季，分别在柑橘出口企业相对集中地南丰县和安远县实施驻点检验，靠前服务，加快柑橘通关速度。

凸显地方政府作用，强化部门间协作机制。为充分发挥地方政府的作用，在柑橘主产区赣州市和南丰县，该局分别与当地政府签订了《江西检验检疫局赣州市人民政府促进赣南脐橙出口合作协议》和《江西检验检疫局抚州市人民政府促进南丰蜜橘出口合作备忘录》，将当地政府纳入到出口柑橘质量安全的管理体系中来；其次充分利用地方政府管理优势，在果园注册登记要素的认定、疫情监测、有害生物调查、标准化种植经验的推广方面，与当地政府建立了密切协作机制。

利用信息技术优势，减轻企业出口负担，帮助企业合理规避风险。农药残留是国外关注的焦点之一，检测项目多，要求苛刻。江西检验检疫局通过摸底调查，掌握柑橘种植和加工期间农药、包装果蜡、保鲜剂的使用情况和化学物质成分，对照输入国农药残留限量标准，结合监控结果进行分析，根据不同输入国要求确定农药残留重点检测项目，有效降低柑橘企业出口成本，加快柑橘出口验放速度。以出口脐橙为例，目前欧盟对柑橘农残的限量要求达162项，经过风险分析，江西检验检疫局确定的脐橙重点检测项目13项，每批次出口脐橙为企业节省检测成本22350元，缩短检测时间20余天，每年将至少为企业节省成本4633.16万元。

加强与口岸局的联系和协作。与广东、深圳、珠海、福建、厦门检验检疫局达成了"共同促进和扩大江西柑橘出口"的"江西共识"，规范了出口柑橘检验检疫秩序，促进了江西柑橘出口的良性循环，实现了江西柑橘出口的检验检疫通关便利化，达到"提速、减负、增效、严密监管"目标。

资料来源：食品商务网 http://www.21food.cn/html/news/36/515877.htm

问题：江西检验检疫局对本省柑橘出口的质量把关工作我国产品出口有何启示？行政管理部门、企业及农户自身如何加强产品质量管理及控制？

第 3 章 出入境商品质量检验抽样方法

【教学目标和要求】

☞ 掌握抽样检验的概念及类型。
☞ 熟悉随机抽样技术并学会实际应用。
☞ 了解出入境商品质量检验抽样流程。
☞ 了解部分重要出入境商品的抽样检验方法。

【知识架构】

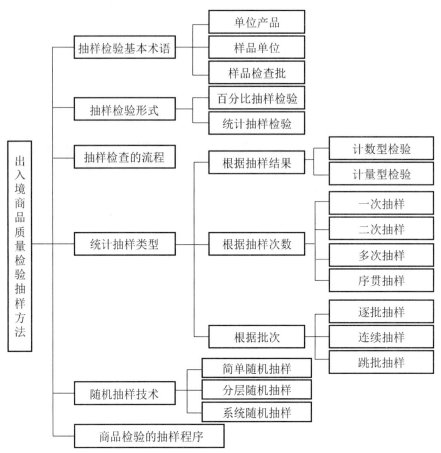

案例导入

厦门口岸拦截上亿粒有毒植物曼陀罗种子

厦门东渡检验检疫局连续发现两批进口阿根廷大豆混杂的有毒植物曼陀罗种子含量超出国家标准，其平均含量分别为每千克 1.4 粒、每千克 1.3 粒，超出限量 30%～40%。这两批大豆共 8.47 万吨，金额 5043.95 万美元，携带曼陀罗种子约 1.14 亿粒。

东渡检验检疫局是在首次登轮对进口阿根廷大豆实施表层检验检疫时发现的少量曼陀罗种子。按照抽样标准取样并送实验室检测，发现曼陀罗含量在限量临界点上。该局敏感地认为，曼陀罗种子个头较小，容易在装船、运输过程中因震动下沉，很可能上、中、下层含量不一致，因此，必须以全船的结果来代表整批大豆的情况。

为此，该局制订了详细的抽采样计划，每卸货 1 千吨抽取 1 个检验样，并对整船大豆样品检出的曼陀罗进行加权平均得出最终结果。经过 7 天的紧张作业，并实验室加急检验后发现，有毒曼陀罗种子数量过亿！该局依据科学数据，结合生产企业实际加工程序，对该批大豆进行了无害化处理，筛出的下脚料被集中清理后焚烧处理。

资料来源：http://www.aqsiq.gov.cn/zjxw/dfzjxw/dfftpxw/201210/t20121009_234597.htm

质量监督抽样检验是我国质量监督部门对生产领域产品进行监督的有效手段之一，在我国的质量监督体系中占据着重要位置。抽样是质量监督检验程序中重要的一个环节，抽样标准、抽样方法的选用很大程度上决定着整个检验工作的成败。

3.1 抽样检验概述

3.1.1 抽样检验的概念

抽样检验又称抽样检查，是从一批产品中随机抽取少量产品(样本)进行检验，据以判断该批产品是否合格的统计方法和理论。它与全数检验不同之处，在于后者需对整批产品逐个进行检验，把其中的不合格品拣出来，而抽样检验则根据样本中产品检验结果来推断整批产品的质量。如果推断结果认为该批产品符合预先规定的合格标准，就予以接收；否则就拒收。所以，经过抽样检验认为合格的一批产品中，还可能含有一些不合格品。因此，抽样检验有一定的局限性，而生产方和使用方都希望将自己的风险降到最低，这就需要合理地选择抽样方法，控制各自的风险。抽样检验国家标准有可靠的理论依据，采用抽样检验国家标准对双方都尤为重要。

知识拓展

全数检验的应用范围

全数检验一般应用于：重要的、关键的和贵重的制品；对以后工序加工有决定性影响的项目；质量严重不匀的工序和制品；不能互换的装配件；批量小，不必抽样检验的产品。例如，适合冰柜的制冷效果，不适合电视机的寿命试验，钢管的强度试验，大量的螺母的螺纹。

1. 抽样检验的基本术语

1) 单位产品

抽样检验时，商品的提交是按批进行的。一批商品的全体称为"总体"，构成总体的基本单位称为"单位产品"。如一批电视机中的每一台，一批鞋中的每一双，一批袋装化肥的每一袋，都可以看作是一个单位产品。我们使用单位产品这一提法，是为了使讨论一般化，而不局限于具体产品。虽然有些商品不能自然划分单位，但可以用一定的长度、重量或容量作为单位，如一米长电线、一米长布、一吨汽油；散装物料可以用一个容器或一个船舱等都可以作为单位产品。

单位产品是为了实施抽样检验而划分的基本单位，可根据具体情况划分，它与采购、销售、生产和运输规定的单位产品可以一致，也可以不一致。

2) 样本单位

抽样检验是从商品总体中抽取一部分单位产品进行检查，目的是通过检查一部分而对总体商品的情况作出某种统计判断。抽到的这些单位产品的全体，统称为样本。样本中的每个单位产品，叫样本单位。样本中包含样本单位的数量，叫作样本大小(或样本量)。

3) 样品检查批

进行抽样检验时，作为检查对象而汇总起来的所有产品单位，统称检查批。组成检查批要尽可能合理，即尽可能使检查批内检查产品均匀一致，以便抽取的样本单位具有代表性。在正常的进出口商品检验中，一般是以一个进出口合同或一票货作为一个检查批的。有时对一个进出口合同还要按商品中的代号、炉号等分为几个小批分别进行抽样检验。如果商品是从若干个生产加工点集中起来装运进出口，其中不少是经过多次转手的，检查时，即使是对同一种商品也不容易利用以往各批所检查的结果，则我们一般将这些检查批当作孤立批处理。

在出口商品预检中，尤其是当预检在工厂中进行时，一般将原材料、设备、工艺、生产人员技术水平相同，生产日期相近的产品划分成一个检查批。如果这样的检查批，是被连续生产并连续提交检验的，可称为连续批。如果上述检查批生产条件发生变化，或者产品批与批之间生产时间间隔过长，也应转为孤立批来处理。

2. 抽样检验的形式

抽样检验大致分为百分比抽样检验和统计抽样检验两种形式。早期，我国一直采用百分比抽样检验方法，因此把抽查样本数与检查批总体数保持一个固定的比值如 0.5%、5% 等，可是实际上往往存在"大批严，小批松"的不合理性，因此百分比抽样检验已逐步被淘汰。目前国内商品检验大都采用国际通用的先进抽样检验方法，即统计抽样方法。这种方法是在概率论和数理统计理论指导下建立起来的，实践证明统计抽样法是一种科学的抽样检验方法。

3. 抽样检验的特点

1) 抽样检验的优点

(1) 检查的商品数量少，省时省力，比较经济合算。

(2) 检查人员能集中精力仔细检查，便于发现问题。

(3) 生产方或卖方必须保证自己的产品质量，否则会出现整批商品被拒收的情况，给生产方或卖方造成经济损失。

(4) 抽样检验中，搬运损失少。

(5) 适用于破坏性测试，通过少数商品的破坏检查，来正确判断整批商品的质量。

(6) 对商品生产部门和检查部门组织管理工作是一个促进，及时发现问题，采取措施加以改进，能起到某种预防检查的作用。

抽样检验的对象是一批产品，而不是每个产品。

2) 抽样检验的缺点

(1) 误判的风险。由于是进行抽样检验，有时会将优质批误判为不合格批，或将劣质批误判为合格批，因而存在接受劣质批和拒收优质批的风险。不过，对于统计的抽样检验，这两种错误均可控制在合理数值以内。

(2) 片面性。由于抽取样本较少，所以反映整批产品质量状况的信息一般不如100%检验那样全面，有时会存在片面性。

4. 抽样检验的流程

抽样检验的目的是通过样本推断总体，即用尽量少的样本量，来尽量准确地判断总体质量状况，它所包含的内容包括抽样、检验、推断 3 个方面(图 3.1)。

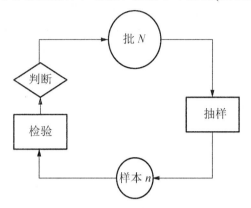

图 3.1 抽样检验的流程

抽样是指从批量 N 的检查批中抽取样本量为 n 的样本，作为检验的对象。检验是指运用有关的检验技术对样本中的每一件样品实施检验，获得产品质量数据。判断是指根据对样本的检验结果，依据数理统计原理，判断对提交检验的批是接收还是拒收。

3.1.2 衡量商品质量的方法

衡量产品质量的方法质量依据被检单位产品质量特性值的种类不同可分别用计量方法或计数方法来衡量。

1) 计数法常用的质量指标

当单位产品的质量特性不能或不需要用连续的计量值来衡量，仅用不合格(缺陷)的个数这样一种离散的尺度来衡量时，叫作计数的方法。

计数法常用指标有：批不合格品率、每百单位产品不合格品数或每百单位产品的不合格数等。

① 计件质量特性的批质量用批不合格品率或每百单位产品不合格品数表示，如式 3-1 和式 3-2 所示。

$$批不合格品率 = \frac{批内不合格品数}{批量} \times 100\% \quad (3\text{-}1)$$

$$每百单位不合格品数 = \frac{批内不合格数}{批量} \times 100 \quad (3\text{-}2)$$

② 计点质量特性的批质量用批内单位产品平均不合格数或每百单位产品不合格数表示，如式 3-3 和式 3-4 所示。

$$单位产品平均不合格数 = \frac{批内所有产品不合格总数}{批量} \times 100\% \quad (3\text{-}3)$$

$$每百单位产品不合格数 = \frac{批内所有产品不合格总数}{批量} \times 100 \quad (3\text{-}4)$$

在进行抽样问题的概率计算时，如果批质量用式(3-3)和(3-4)表示时，则应将其除以 100，即化成百分率或小数代入计算式。

2) 计量法常用的质量指标

当单位产品的质量特性是连续变化时,可用连续的尺度(如长度、重量、含量等)来衡量它。如轴的一个外圆直径,可用千分尺测量出它的大小,看它是否在规定的尺寸公差范围内;金属材料的硬度和强度都可测出它的数值,判断是否合格。这种使用连续尺度定量地衡量一个单位产品的方法,叫作计量的方法。

计量法常用的指标有批平均值、批标准差和批不合格品率,如式(3-5)~(3-7)所示。

$$批平均值 u = \frac{批中单位产品质量特性值之和}{批量} \tag{3-5}$$

$$批标准差 \delta = \sqrt{\frac{\sum_{i=1}^{n}(X_i - u)^2}{N}} \tag{3-6}$$

式中:X_i——批中第 i 个单位产品质量特性值。

$$批不合格品率 p = \frac{批中质量特性值超出公差范围的产品件数}{批量} \times 100\% \tag{3-7}$$

抽样检验适用于以下几种情况:
① 生产批量大、自动化程度高,产品质量比较稳定的生产线。
② 带有破坏性检验项目的产品。
③ 产品的价值不高,但是检验的费用却偏高。
④ 一些生产效率高、检验时间较长的产品。
⑤ 原材料、半成品或辅料大量进货时。
⑥ 少数个体不合格不会造成重大损失的产品或工序。

案例 3-1

2016年第1批产品质量国家监督抽查不合格率为8.0%

2015年12月—2016年2月,国家质检总局组织开展了针织内衣等25种产品质量国家监督抽查,涉及日用及纺织品、电子电器、轻工产品、建筑和装饰装修材料、机械及安防等5类产品,共抽查了全国1411家企业生产的1447批次产品,检出116批次不合格品,不合格产品检出率为8.0%,抽查合格率为92.0%,比2015年全年国家监督抽查合格率提高了0.9个百分点。

本次国家监督抽查中,日用及纺织品抽查了4种,电子电器抽查了7种,轻工产品抽查了7种,建筑和装饰装修材料抽查了2种,机械及安防抽查了5种。本次加强了对消费品监督抽查,抽查了19种消费品,约占抽查产品类别总数的76.0%,消费品抽查的企业数和批次数均超过了总数的80%。从各类产品抽查结果看,日用及纺织品抽查合格率为92.3%;电子电器抽查合格率为89.7%;轻工产品抽查合格率为96.1%;建筑和装饰装修材料抽查合格率为95.8%;以上4大类产品抽查合格率与2015年国家监督抽查情况相比均有所上升,分别上升了5.3、10.4、7.4和3.6个百分点。机械及安防抽查合格率为87.2%,与2015年国家监督抽查情况相比有所下降,下降了7个百分点。

从企业生产规模来看,本次抽查的大、中、小型企业数分别占抽查企业总数的22%、20%、58%,抽查合格率分别为95.0%、91.0%和91.0%。与2015年相比,大型和中型企业抽查合格率分别下降了1.5和3个百分点;小型企业抽查合格率上升了2个百分点。

从抽查区域看,东部地区抽查产品整体质量水平较好,抽查合格率分别为92.2%,高于国家监督抽查全国平均水平 0.2 个百分点；中部和西部地区抽查合格率分别为 89.4%、91.9%，低于国家监督抽查全国平均水平 2.6、0.1 个百分点。与 2015 年相比，东部地区抽查合格率上升了 2 个百分点，中、西部地区抽查合格率均有所下降，分别下降了 3.5 和 0.9 个百分点。

此次抽查中，牙刷和皂类 2 种产品的不合格产品检出率为 0；吸油烟机、电热毯、纸尿裤(片、垫)、钢筋混凝土用热轧带肋钢筋、卫生巾(含卫生护垫)、数控车床 6 种产品的不合格产品检出率低于 5.0%；针织内衣、旅游鞋、太阳能光伏组件用减反射膜玻璃、单臂操作助行器、加工中心(含数控铣床)、台式微型计算机、洗衣粉及衣料用液体洗涤剂(洗衣液)、女式内衣、室内加热器、电烤箱及烘烤器具、木工机床 11 种产品的不合格产品检出率为 5.0%～10.0%；轮滑鞋、电源适配器、手持式信息处理设备、家用清洁剂、锁具、防爆电气(防爆开关)6 种产品的不合格产品检出率高于 10.0%。

此次产品质量国家监督抽查的企业名单及抽查结果，质检总局已通过网站向社会进行公告，并通报地方人民政府及相关部门，共同督促企业落实产品质量主体责任。对不合格产品的生产企业，国家质检总局已责成相关省(自治区、直辖市)质量技术监督部门按照有关法律法规，对抽查不合格的产品及其生产企业依法进行处理。

资料来源：http://www.aqsiq.gov.cn/zjxw/zjxw/zjftpxw/201603/t20160315_462776.htm

3.2 抽样检验的类型

抽样检验根据检验方法的不同，可划分为不同的检验类型。

1. 按抽样结果可分为计数型检验和计量型检验

(1) 计数型检验：从批量产品中抽取一定数量的样品(样本)，检验该样本中每个样品的质量，确定其合格或不合格，然后统计合格品数，与规定的"合格判定数"比较，决定该批产品是否合格的方法。适用于当单位产品的质量特征是离散型随机变量。

(2) 计量型检验：从批量产品中抽取一定数量的样品数(样本)，检验该样本中每个样品的质量，然后与规定的标准值或技术要求进行比较，以决定该批产品是否合格的方法。适用于单位产品的质量特征是连续型随机变量。

这两种类型的抽样检验主要区别是：计数型抽样检验是以样本中含有的不合格数或不合格品率对批次作出判断；计量型抽样检验是以样本中各单位产品的某一种质量特性值为依据，用样本的平均值或平均标准差或不合格品率来判断是否接收该批。它们各自的特点是：计数型抽样检验具有使用简便、运用范围广等优点，但需要的样本量较大，同时对样本信息的利用不够充分；计量型抽样检验则有充分利用样本信息、判断精度高、在相同半段精度情况下所需样本量较小等优点，其不足之处是使用程序较烦琐、使用范围较窄。

2. 按抽样检验次数可分为一次抽样、二次抽样、多次抽样和序贯抽样

(1) 一次抽样：一次抽检方案是最简单的计数抽样检验方案，通常用(N, n, C)表示。即从批量为 N 的交验产品中随机抽取 n 件进行检验，并且预先规定一个合格判定数 C。如果发现 n 中有 d 件不合格品，当 $d \leqslant C$ 时，则判定该批产品合格，予以接收；当 $d>C$ 时，则判定该批产品不合格，予以拒收。例如，当 $N=100$, $n=10$, $C=1$，则这个一次抽检方案表示为(100, 10, 1)。其含义是指从批量为 100 件的交验产品中，随机抽取 10 件，检验后，如果在这 10 件产品中不合格品数为 0 或 1，则判定该批产品合格，予以接收；如果发现这

10件产品中有2件或2件以上不合格品,则判定该批产品不合格,予以拒收。

(2) 二次抽样:在抽样的过程中,从检验批中抽取一组样品来检验后,再从中间抽一组样品来检验。这中间有两种状况:一是第一组样品检验后,样品不放回去;二是每一组样品检验后,样品又放回原批中再重新抽第二组。一般在第二次抽样检验要求会严一点,但可把检验数和缺点数合计后再进行判定。通常应用较少,一般是在以下几种状况采用二次抽样。

① 此批产品使用较急,且在第一次抽样检验不合格时,再采用第二次抽样。

② 批量较大,而又不愿分多个检验批时。

和一次抽检方案比,二次抽检方案包括5个参数,即(N,n_1,n_2;C_1,C_2)。其中,n_1为抽取第一个样本的大小;n_2为抽取第二个样本的大小;C_1为抽取第一个样本时的不合格判定数;C_2为抽取第二个样本时的不合格判定数。

二次抽检方案的操作程序是:在交验批量为N的一批产品中,随机抽取n_1件产品进行检验。若发现n_1件被抽取的产品中有不合格品d_1件,则:$d_1 \leq C_1$时,判定批产品合格,予以接收;$d_1 > C_2$时,判定批产品不合格,予以拒收;$C_1 < d_1 \leq C_2$时,不能判断。在同批产品中继续随机抽取第二个样本n_2件产品进行检验。发现n_2中有d_2件不合格品,则根据(d_1+d_2)和C_2的比较作出判断:当$d_1+d_2 \leq C_2$时,判定批产品合格,予以接收;当$d_1+d_2 > C_2$时,判定批产品不合格,予以拒收。

例如,当N=100,n_1=40,n_2=60,C_1=2,C_2=4,则这个二次抽检方案可表示为(100,40,60;2,4)。其含义是指从批量为100件的交验产品中,随机抽取第一个样本n_1=40件进行检验。若发现n_1中的不合格品数为d_1,则:$d_1 < 2$时,判定该批产品合格,予以接收;$d_1 > 4$时,判定该批产品不合格,予以拒收;$2 < d_1 \leq 4$时(即在n_1件中发现的不合格品数为3件或4件),不对该批产品合格与否作出判断,需要继续抽取第二个样本,即从同批产品中随机抽取60件进行检验,记录中的不合格品数。若发现60件产品中有d_2件不合格品,则:$d_1+d_2 \leq 4$时,判定该批产品合格,予以接收;$d_1+d_2 > 4$时,判定该批产品不合格,予以拒收。

(3) 多次抽样:有时需要抽取三个或三个以上样本,才能对批作出合格与否的判断。

(4) 序贯抽样:又叫逐次抽样方案,是从批中每次抽取一个产品进行检查,根据检查结果,决定批合格与否或继续抽检,一直到能作出批合格与否的规定为止。

3. 按提交检查时验收的产品是否组成批分类可分为逐批抽样、跳批抽样和连续抽样

(1) 逐批抽样:产品以批的形式交付检查,而且每一批都抽检。

(2) 跳批抽样:当连续提交的产品批质量都很好且符合规定的准则时,可按一定频率跳批检查,未选中检查的批就直接收下。

(3) 连续抽样:在加工过程中进行抽检时,检验人员在固定地点或间隔一定时间进行抽样。

4. 按方案是否随产品质量变化而调整可分为调整型方案和非调整型方案

(1) 调整型方案:随产品质量变化,按照规定的原则,调整检查的宽严程度,从正常检查向从严检查或放宽检查转移。调整型抽检方法适用于各批质量有联系的连续批产品的质量检验。

(2) 非调整型方案：单个抽样检验方案不考虑产品批的质量历史，使用中也没有转移规则，因此它比较容易为质检人员所掌握，但只对孤立批的质量检验较为适宜。常见的非调整型方案有标准型抽样方案、挑选性抽样方案和极限质量(limiting quality，LQ)检索抽样方案等。

① 标准型抽样方案：由生产和使用双方协商规定合格质量 P_A 和极限质量，并通过选定适当小的生产方风险 α 与使用方风险 β，使双方的利益都得到一定程度的保护，这种方案在检查前不必要求提供检查批质量的情报，容易实施。但是，确定抽样方案时 P_A 和极限质量的选定比较麻烦。

② 挑选性抽样方案：检查处理不合格的批要退还给生产方，进行全数选别，把批内的不合格品全部排除，换上合格品或返修成合格品，然后再交付使用方。

③ 极限质量检索抽样方案：确定抽样方案时只需规定不允许更差的极限质量，再由批量就能查出使用的抽样方案。

知识拓展

抽检程序的特殊要求

抽检程序即抽取样品的过程，一般情况下，商品不同抽样程序也不尽相同，有的特殊商品其抽样程序也有特殊的规定。

以对油罐内的汽油取样为例，根据《石油液体手工取样法》(GB/T 4756—2015)的规定，在抽样程序需要注意的要点：①用加重取样器在油罐内处于静止状态的油品的上部、中部、下部等3个或3个以上的液面上依次采取样品；②如果各个点样是均匀的，可以将这些油样混合；如果各个点样是不均匀的，则应分别盛装，每个点样装三瓶，同时再将各个点样混合成组合样。另外，对不同容器盛装的汽油或者对汽油的不同项目检测时进行抽样，对取样工具、盛装容器等还有不同的要求。

3.3 随机抽样技术

3.3.1 随机抽样技术概述

随机抽样是指从总体中随机抽取一定数目的个体单位作为样本进行观察，使每个个体单位都有一定的概率被选为样本，从而据样本所做出的结论对总体具有充分的代表性。随机抽样能有效地避免主观性导致的倾向性误差(系统误差)，使得样本资料能够用来有效地估计和推断总体的数量特征，并通过计算抽样误差，说明估计结果的可靠程度。

常见的随机抽样方法：简单随机抽样、分层随机抽样和系统随机抽样。

(1) 简单随机抽样：从含有 N 个个体的总体中抽取 n 个个体，使包含有 n 个个体的所有可能的组合被抽取的可能性都相等。它是一个基本的随机抽样方法，是其他随机抽样方法的基础。

简单随机抽样的特点是方法简单直观，由于总体中每个个体抽取的概率相等，计算抽样误差及对总体参数加以推断时比较方便。其缺点是程序比较复杂，在实际工作中做到总体中每个个体都被抽到的机会完全一样不容易。

(2) 分层随机抽样：分层随机抽样也称为分类随机抽样，即先将总体分成互不交叉重叠的若干层，使同一层内产品质量尽可能均匀整齐，在各层内分别随机抽取一些产品，合在一起组成一个样本。

分层随机抽样会提供与简单随机抽样类似的结果，但使用的样本量更少，它比相同样本量的简单随机抽样产生更小的估计误差。当各组内部的测试指标相似时，即各层的内单体现象时，更是这样。分层随机抽样的优点是样本代表性好，抽样误差小；其缺点是抽样手续较烦琐。这种方法常适用于产品质量的验收。

(3) 系统随机抽样：系统随机抽样也称为等距随机抽样或机械随机抽样，即将总体单体按某一标志(如时间)排序，然后按一定间隔来随机抽取样本的单位。

系统随机抽样优点是实施方便，同时能够保证样本对总体的代表性，适合大批量生产的流水线上产品的抽查；缺点是若总体单位排序后呈现一定的规律性甚至周期性，而抽样间隔的周期正好与之吻合，依赖于这样排列的等距抽样就会产生系统性的偏差。

3.3.2 商品检验的抽样程序

(1) 抽样人员接到《检验申请单》后，首先要研究抽样商品的类型(分离个体还是散料商品)和质量特征以及商品堆放条件，同时查明合同等有关资料对抽样检验的要求，并在搞清抽样依据的基础上，确定抽样方法和抽样量。

(2) 按抽样商品的特性，准备好抽样工具和盛样品容器以及其他人身保护器具、计算工具等。特别是对抽样工具要严格按要去检查，对盛样容器必须按不同商品的要求严格处理，并按《检验申请单》约定时间准时到达商品堆存地点。

(3) 抽样人员到现场后，首先要查看商品标记和号码是否与有关单证所列完全一样，防止批次发生混乱。对散装商品还要校对数量，对包装商品的包装按合同和有关规定进行认真检查，发现问题应按有关规定处理后再进行抽样。对外包装破损的进口商品，应按残损鉴定的规定办理。

(4) 检查商品的外观，如有受潮受损、外观质量低劣、参差不齐、混入夹杂物等情况时，应由货主重新整理后才能抽样。对进出口商品，如发现同批商品质量有显著差异时，可考虑分层分别抽样。对特殊情况，可另行抽取参考样品，供检验时研究处理，这应属于特殊处理。

(5) 上述步骤完成之后，可按规定抽取确定的样品。对计数的贵重商品抽样后应由货主补足数量，无法补足的应在包件上加盖戳记，应进行封识的商品按规定办理。

(6) 按规定抽样后，有些商品的样品还要进行混合缩分，为达到均匀一致，不改变样品的实质，一定要按规定严格细致地操作，金属材料等样品也要按规定进行机械加工。

(7) 抽样过程中要详细做好记录，如对货物堆存情况、外观状况、运输标记、包装情况、包装号码、开件数量、样品数量、标志封识、抽样时的天气情况等都应有记载，以供发生问题时参考。

对抽查结果有异议的问题处理

(1) 复检期限问题。根据《中华人民共和国产品质量法》(以下简称《产品质量法》)的规定，当事人对产品质量检验报告有异议，有权要求复检，法定期限一般为产品质量检验报告送达当事人之日起 15 日内。复检是法律赋予当事人的一项基本权利，质监部门不可剥夺。行政处罚决定应在过了产品质量检验报告的法定复检期限作出。

(2) 复检样品的来源问题。在实施抽样过程中，往往留有备样，复检样品可以使用备样。如果没有留样，可以从留存的样品中重新取样。由于目前国家没有明确对复检样品作出具体规定，也可以对原样进行复检。

(3) 复检机构的选择问题。目前，国家对如何确定承担复检的检测机构没有作出明确的规定。在确定承担产品质量复检的检测机构时，应把握几个原则：首先是选择的检测机构级别不能低于原受检机构，至少为省级甚至国家级检测机构；其次是不可一味地按照申请人的要求来指定有关检测机构承担检验，也没必要必须选定原委托检验机构。如果生产者、销售者不仅对监督抽查检验单结果有异议，而且对原受委托的检测机构的检测能力、公正性等有异议的，此时可考虑由上级质监部门指定更高一级的检测机构承担复检。

(4) 复检结论和费用问题。复检结论为最终结论，复检不合格后，一般不可再申请复检。复检结论表明样品合格的，复检费用由实施抽样检验的部门承担，复检不合格的，复检费用由样品生产者承担。

(5) 抽样不合格产品的后处理问题。对抽查不合格的情况，质监部门应书面送达检验报告和责令整改通知书。在市场上抽样的，应该同时书面告知销售企业和生产企业，并通报被抽查产品生产企业所在地的质监部门。监督抽查不合格企业，应当自收到检验报告之日起停止生产销售不合格的产品。对有严重质量问题的产品，要予以没收，实施召回制度，对情节严重且构成犯罪的，要依法移交司法机关处理。

阅读资料

进口煤炭取样数量的确定

煤炭抽样的数量一般由公式 $N=n(m/1000)^{1/2}$ 来确定，其中 N 表示实际应采的子样数目，单位为个；n 表示基本采样单元的子样开头数，单位为个(煤量等于或少于 10000 吨最少子样数目如表 3-1 和表 3-2 所示)；m 表示实际采样批量，单位为吨。

表 3-1　煤量为 1000 吨最少子样数目

煤　种		煤　流	火　车	汽　车	船　舶	煤　堆
原煤	干基灰分>20%	60	60	60	60	60
	干基灰分≤20%	30	60	60	60	60
		15	20	20	20	20
其他洗煤(中煤)和粒度大于 100 毫米的块煤		20	20	20	20	20

表 3-2　煤量少于 1000 吨最少子样数目

煤　种		煤　流	火　车	汽　车	船　舶	煤　堆
原煤	干基灰分>20%	表 3-1 规定数目的 1/3	18	18	表 3-1 规定数目的 1/2	表 3-1 规定数目的 1/2
	干基灰分≤20%		18	18		
			6	6		
其他洗煤(中煤)和粒度大于 100 毫米的块煤			6	6		

这里应注意，表 3-1 规定的数值符合《商品煤样采取方法》(GB 475—1996)。其他采样标准规定的数值略有不同，应用时可根据标准的具体要求进行确定。

依据：《商品煤样人工采取方法》(GBT 475—2008)、《硬煤采样》ISO1988: 1975(E)、《固体矿物燃料——运动物料中机械化采样：煤炭》(ISO 9411-1: 1994)、《煤样的采取方法》(ASTM D2234: 1989)，除上述标准外，采样工作也可依据买卖双方议定其他采样方式进行。

资料来源：青岛检验检疫局，2012 年 7 月 25 日．

本 章 小 结

抽样是质量监督检验程序中重要的一个环节，是一种经济适用的检验方法，适用于大批量、检查项目多，或需进行破坏性试验的商品。我国商品检验大都采用国际通用的先进抽样检验方法，即统计抽样方法。抽样方法按抽样结果可分为计数型检验和计量型检验；按抽样检验次数可分为一次抽样、二次抽样、多次抽样和序贯抽样；按提交检查时验收的产品是否组成批分类可分为逐批抽样、跳批抽样和连续抽样。不同抽样方法具有不同特点，在实际抽样检验中，根据抽样商品的不同属性和特点，可选择相应的抽样方法。

随机抽样是指从总体中随机抽取一定数目的个体单位作为样本进行观察，使每个个体单位都有一定的概率被选为样本，从而据样本所做出的结论对总体具有充分的代表性。随机抽样能有效地避免主观性导致的倾向性误差(系统误差)，使得样本资料能够用来有效地估计和推断总体的数量特征，并通过计算抽样误差，说明估计结果的可靠程度。

抽样检验(sampling inspection)
样本(sample)
检查批(inspection lot)
计数法(counting method)
计量法(metric method)
随机抽样(random sampling)

习 题

一、判断题

1. 抽样检验标准是为了检验产品质量是否达到质量标准的判定规则，是质量标准的基础。（ ）
2. 抽样检验比全数检验提供的产品质量信息少，存在接收不合格批和拒收合格批的风险，不适合用于质量差异程度较大的商品批。（ ）
3. 抽样检测适用于批量较大、价值较低、质量特性多、质量较稳定或具有破坏性的商品检验。（ ）

4. 抽样检验中的单位产品与采购、供应、生产、销售和运输环节中的单位产品应保持一致。（　　）

5. 连续抽样检验一般用于在产品制造过程中抽取样品来检验，也叫连续批抽样检验。（　　）

二、单项选择题

1. 下列说法错误的是(　　)。
   A．抽样检验是利用样品对产品或过程进行的检验
   B．抽样检验的总体往往以批的形式出现
   C．对所抽取的样本逐一检验称为全检
   D．样本是从总体中随机抽取出来的

2. 与使用的抽样方案有关的抽检要求和(或)抽检规程，称为(　　)。
   A．抽样准则　　　B．抽样程序　　　C．抽样计划　　　D．抽样系统

3. 对判为拒收的批必须进行 100%检验的抽样检验是(　　)。
   A．标准型抽样检验　　　　　　B．调整型抽样检验
   C．挑选型抽样检验　　　　　　D．逐批检验

4. 按(　　)分类，可以把抽样方案分为计数抽样和计量抽样。
   A．质量指标　　　　　　　　　B．抽样次数
   C．交付检验是否组批　　　　　D．是否利用产品质量历史

5. 关于逐批抽样检验，以下说法错误的是(　　)。
   A．逐批抽样检验的目的在于判断一批产品的批质量是否符合规定的要求
   B．主要适用于对供货方提交的产品进行验收的检验
   C．孤立批抽样要求较严格，可视情况采用加严或放宽的抽样方案
   D．连续批的批与批之间有一定的关联

三、简答题

1. 常见的随机抽样有哪几种？简述其基本含义。
2. 简述不合格率的定义及其计算公式。
3. 商品检验的抽样程序具体包括哪些步骤？

第 4 章 出境商品检验与管理规范

【教学目标和要求】

☞ 掌握出境商品检验与管理依据。

【知识架构】

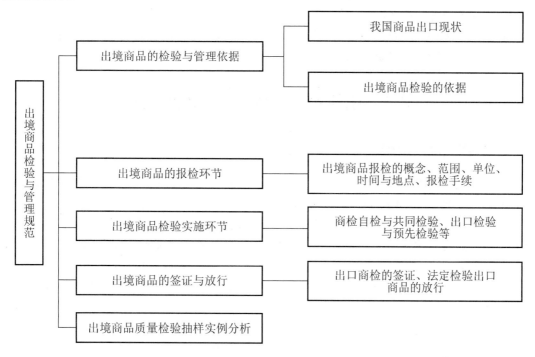

![案例导入]

  香港甲公司和大陆乙公司于2010年3月20日签订了总金额为9万美元,由乙公司向甲公司购买台湾生产的电脑部件的合同。双方在合同中约定,甲公司所提供的货物必须在4月10日前发运,且规定货物到达目的地后12个月为甲公司对产品的质量保证期。4月7日,甲公司按合同规定的标准向乙公司提供产品。4月20日,乙公司在货物到达后请检验部门对产品进行了检验,并获取了由检验部门出具的检验证明。

  1个月后,乙公司突然致函甲公司要求换货,如果甲公司不能换货则要求退货,并要求甲公司承担相关费用及损失,其理由是乙公司在使用由甲公司提供的产品进行生产的过程中,发现甲公司提供的部分产品在质量方面存在问题。而甲公司在回函中声称,货物大部分已投入生产使用,且在入库前乙公司已对其进行了详细的核对、检查,因而拒绝了乙公司有关赔偿的要求。由于乙公司认为双方签订的合同项下的货物存在质量问题,于是在2010年6月2日,即在收到货物13个月后,自行到中国商品检验机构对合同项下的货物进行了检验。根据中国商品检验机构出具的检验证书证明,该批货物在6个方面存在不同程度的问题,且在发货前已存在,是由于甲公司在生产过程中监管不力所导致的。6月5日,乙公司据此提起仲裁,向甲公司索要6万美元的赔偿费。而甲公司以第二次商检的时间已经超过了索赔有效期,商检证书不能发生效力,以及乙公司不能证明第二次送检的产品系交货时的产品为由,拒绝向乙公司进行赔偿。

  仲裁庭经审理后认为,甲公司对乙公司没有赔偿责任,对乙公司的请求不予支持。理由是乙公司未在合同所规定的时间内对货物质量进行检验,因此便失去了索赔权。

资料来源:http://3y.uu456.com/bp_3kyrx4rl0o2xzhv2l5ad_1.html

出入境商品检验是国际贸易中的一个重要环节,是保证进出口商品质量,使对外贸易活动得以顺利进行的必要保障。在进出口贸易中,按照法律、行政法规的规定或根据需要,对外贸易关系人向商检机构申请对其贸易商品进行检验,商检机构从受理报检时开始进行检验工作程序,承担起应负的法律责任。

4.1 出境商品的检验与管理依据

4.1.1 我国商品出口现状

我国实行改革开放 30 多年来,外贸出口取得了巨大的成就。根据 WTO 2010 年公布的数据显示,当年 1~9 月中国出口额大幅超过德国,跃居全球首位。2010 年的 1~9 月,中国出口额达 1.13 万亿美元,同比增加了 34%,而德国同期出口额仅为 9213 亿美元,增幅也只有 14.2%。中国成为全球第一出口大国,而在 2003—2009 年期间连续 6 年稳坐出口头名交椅的德国只能屈居次席,而且德国在未来数年也难以超越其在 2008 年 1~9 月创下的 1.14 万亿美元出口的纪录。可见,对外贸易在我国国民经济中占据着举足轻重的地位。

据海关统计,2015 年我国货物贸易进出口总值 24.59 万亿元人民币,比 2014 年下降 7%。其中,出口 14.14 万亿元,同比下降 1.8%;进口 10.45 万亿元,同比下降 13.2%;贸易顺差 3.69 万亿元,扩大 56.7%。图 4.1 是我国 2015 年生产商品出口国家的分布情况,其中,欧盟、美国、东盟为我国三大贸易伙伴,双边贸易值分别为 3.51 万亿元、3.47 万亿元和 2.93 万亿元。同期,我国对东盟、印度等新兴市场贸易相对表现较好,其中对东盟双边贸易值略降 0.6%,对印度增长 2.5%,表现均好于进出口总体情况。

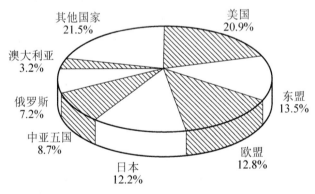

图 4.1 中国 2015 年生产商品出口国家分布

东 盟 国 家

东南亚国家联盟(Association of Southeast Asian Nations,ASEAN),简称东盟。成员国有马来西亚、印度尼西亚、泰国、菲律宾、新加坡、文莱、越南、老挝、缅甸和柬埔寨。

东南亚国家联盟的前身是马来亚(现马来西亚)、菲律宾和泰国于1961年7月31日在曼谷成立的东南亚联盟。

1967年8月7~8日,印度尼西亚、泰国、新加坡、菲律宾4国外交部长和马来西亚副总理在曼谷举行会议,发表了《曼谷宣言》(《东南亚国家联盟成立宣言》),正式宣告东南亚国家联盟成立。

2016年中国钢材出口继续保持高速增长状态,2015年1~11月,国内累计出口钢材10175万吨,同比增幅24%。中国钢材高速增长得益于钢材价格的优势。以中厚板产品为例,中国出口价为265元/吨,同期美国、德国、欧盟、韩国、东南亚价格分别为507元/吨、391元/吨、369元/吨、414元/吨、280元/吨,分别较中国出口价格低90%、32%、28%、36%和5.35%。巨大的价格优势,便近两年中国钢材出口量高速增长。

伴随着中国钢材产品出口量大幅增加,对全球钢铁市场产生的冲击非常明显,以美国为首的一些国家频繁对中国钢材产品发动反倾销调查,涉及产品及范围较2014年明显放大。据卓创资讯统计,2014年商务部发布的贸易救济事件累计为72件/次,是2013年的两倍,而这一数字在2015年继续增加至98件/次,同比增加36%。

中国钢材出口量大幅增加,冲击全球市场。2015年中国钢材出口量达到1.1亿吨,相当于日本2014年全年粗钢产量,是美国2014年粗钢产量的1.3倍,是德国粗钢产量的2.66倍。

我国出口商品结构进一步优化。2015年,我国出口机电产品8.15万亿元,增长1.2%,占出口总值的57.7%,较2014年提升1.7%。同期,纺织品、服装、箱包、鞋类、玩具、家具、塑料制品7大类劳动密集型产品出口总值2.93万亿元,下降1.7%,占出口总值的20.7%;其中,玩具、家具、箱包、塑料制品出口保持增长。图4.2为1995—2010年我国出口产品结构变化图。

从主要产品看,机电产品出口保持增长,产品结构进一步优化。2015年,机电产品出口13119.3亿美元,同比增长0.1%,占外贸出口57.6%,比2014年同期提高1.8个百分点。其中,手机、船舶、灯具等出口分别增长8.5%、13.3%、15%。7大类劳动密集型产品出口4720亿美元,同比下降2.7%,占外贸出口20.7%,其中纺织品、服装、鞋类分别下降2.3%、6.4%和4.8%。图4.3为不同类产品的出口比例图。

从经营主体看,民营企业出口保持增长,成为出口的主力军。2015年,民营企业出口10295亿美元,同比增长1.8%,占外贸出口45.2%,比2014年同期提高2.1个百分点;外资企业出口10047亿美元,同比下降6.5%,占外贸出口44.2%;国有企业出口2424亿美元,同比下降5.5%,占外贸出口10.6%。

部分大宗商品进口量保持增长,贸易条件进一步改善。2015年,我国部分大宗商品进口量保持增加。其中,进口铁矿砂9.53亿吨,增长2.2%;原油3.34亿吨,增长8.8%。同期,我国进口价格总体下跌11.6%。其中,铁矿砂、原油、成品油、大豆、煤炭和铜等大宗商品价格跌幅较深。同期,我国出口价格总体下跌1%,跌幅明显小于同期进口价格总体下跌幅度。由此测算,2015年我国贸易价格条件指数为112.1,表明我国出口一定数量的商品可以多换回12.1%的进口商品,意味着我国贸易价格条件明显改善,对外贸易效益有所提升。

从地区情况看,中部地区占比提升。2015年,东部10省市(北京、天津、河北、辽宁、上海、江苏、浙江、福建、山东、广东)出口 19015.6 亿美元，下降 2.0%，占外贸出口的 83.5%，比 2014 年提升 0.6 个百分点；中部地区出口 1826.9 亿美元，下降 1.5%，占外贸出口的 8.0%，比 2014 年提升 0.1 个百分点；西部地区出口 1923.2 亿美元，下降 11.5%，占外贸出口的 8.5%，比 2014 年下降 0.7 个百分点。

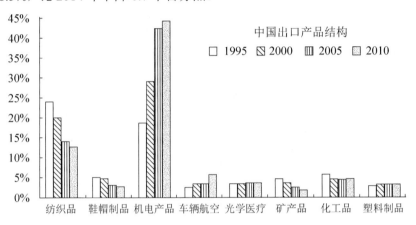

图 4.2　中国出口产品结构

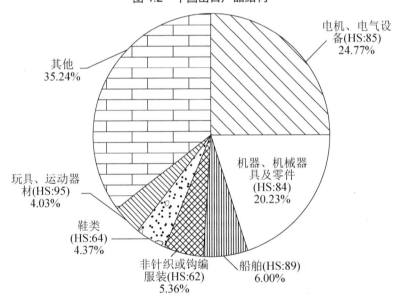

图 4.3　出口产品占比分布

4.1.2　出境商品检验的依据

1. 出境商品品质检验依据

1) 强制性检验标准

(1) 国家颁布的法律、法规中的规定标准。

国家法律、法规中未规定强制性标准或者其他必须执行的检验标准，出口商品检验按照外贸合同、信用证中约定的标准。

国家法律、法规中未规定强制性检验标准时，出口商品检验依照外贸合同、信用证中约定的检验标准。

国家法律、法规中未规定强制性检验标准或者其他必须执行的检验标准，并且外贸和合同、信用证也未约定检验标准或者约定不明确，出口商品检验依照国家商检机构指定的标准；传统商品和名牌商品，要保持原有的传统和名牌商品的品质条件；凭样成交的商品，依照成交样品进行质量检验。

(2) 国家政府间双边协议的规定。

2) 约定的检验内容(合同、信用证等)

3) 其他规定

2. 出口视频，畜产品和水产品的兽医卫生检验依据

(1) 出口食品、畜产品兽医卫生检验依据：①我国法律、行政法规的规定《中华人民共和国食品卫生法》《中华人民共和国食品卫生管理条例》《中华人民共和国进出境动植物检疫法》《中华人民共和国进出口商品检验法实施条例》等；②合同、信用证；③我国有关卫生、质量标准；④国家商检机构对出口食品、畜产品的有关规定；⑤进口国的有关兽医卫生法规规定或与我国签订的双边检疫协定的有关规定；⑥其他规定。

(2) 出口水产品的兽医卫生检验依据：①合同、信用证；②标准；③样品或函件；④有关规定；⑤其他规定。

案例 4-1

> 1978 年，非洲猪瘟席卷了马耳他，仅一个月疫情就波及全国 304 个猪场，政府不得不下令扑杀了全国所有的猪，开创了一个国家由于一种疫病的传入，使一种家畜绝种的先例；地中海实蝇，是水果蔬菜最凶残的敌人之一，20 世纪 80 年代初美国爆发了一场实蝇之战。开始人们仅在诱捕器中发现两只实蝇，几天后，实蝇大量繁殖，侵害加州的大片柑橘园。为彻底扑灭实蝇，美国曾动用军队和警察，加州州长不得不下令将丰收在望的果实统统摘光并封存销毁，违令者将被处以半年有期徒刑。这场实蝇之战使加州的直接经济损失高达 12 亿 5 千万美元，因贸易禁运等造成的间接损失无法估量。至今，该实蝇仍未在美国加州彻底根除；1937 年，甘薯黑斑病从日本传入我国辽宁省的盖县，几年后就蔓延到国内 7 个省，至今我国几乎所有种植甘薯的地区都有此病发生，估计每年造成烂薯超过 50 亿公斤，由于人畜食用烂薯后中毒死亡的也不乏其例。

4.2 出境商品的报检环节

4.2.1 出境商品报检的概念

出入境检验检疫报检是指报检人依法向检验检疫机构申报检验检疫、办理相关手续、启动检验检疫流程的行为。凡是国家规定法定检验的商品必须向检验检疫机构报检。

4.2.2 出境商品报检的范围

出境商品及其运载工具属于下列情况之一者，其对外贸易关系人应向商检机构申请出口检验。

(1) 列入《商检机构实施检验的进出口商品种类表》(以下简称《种类表》)内的出口商品。

(2) 出口食品的卫生检验。

(3) 出口危险货物包装容器的性能鉴定和使用鉴定。

(4) 装运出口易腐烂变质食品、冷冻品的船舱、集装箱等运载工具的适载检验。

(5) 对外贸易合同(包括信用证、购买证等)规定由商检机构检验出证的出口商品。

(6) 出口动物产品的检疫和监督消毒。

(7) 其他法律或行政法规规定须经商检机构检验出证的出口商品。

(8) 与进口国政府有约定必须凭我国商检机构证书方准进口的商品，如：俄罗斯海关对从中国进口的商品，需要凭中国商检机构签发的品质证书正本验放等。

(9)《种类表》内出口商品的包装容器的性能鉴定。

(10) 边境小额贸易、边境民间贸易、边民互市贸易和边境地区的地方贸易等贸易方式出境的商品，其范围包括：①列入《种类表》内的商品；②边境贸易合同规定由商检机构检验出证的商品；③对外贸易关系人申请需要商检机构检验的商品。

(11) 对外贸易关系人对出口商品申请的检验/鉴定等。

属于下列情况之一者，检验检疫机构不予受理报检：①实施法定检验的商品，未经检验已经装运出口的；②已被吊销质量许可证、卫生注册证书的；③按分工规定，不属于商检工作范围的；④其他不符合商检机构检验和签证规定的商品。

4.2.3 出境商品报检的单位

1. 报检单位的概念

根据检验检疫法律规定，报检单位依法办理出入境货物、人员、运输工具、动植物及其产品等与其相关的报检、申报手续；包括自理报检单位和代理报检单位。

(1) 自理报检单位：指根据我国法律法规规定办理出入境检验检疫报检或委托代理报检单位办理出入境报检手续的货物收发货人、进出口货物的生产、加工和经营单位等。

(2) 代理报检单位：指经国家工商行政部门注册的境内企业法人再经国家质检总局注册登记，取得代理报检资质，并依法接受进出口货物收货人、发货人、货主等相关对外贸易法人的委托，为其向出入境检验检疫机构代理办理出入境检验检疫报检手续的单位。

2. 报检单位的范围

(1) 有进口经营权的国内企业。

(2) 出口商品生产企业。

(3) 对外贸易关系人。

(4) 中外合资、中外合作和外商独资企业。

(5) 国外企业、商社常驻中国代表机构等。

3. 报检单位的权利和义务

1) 自理报检单位

(1) 自理报检单位的权利。

在按有关规定办理报检,并提供抽样、检验检疫的各种条件后,有权要求检验检疫机构在国家质检部门统一规定的检验检疫期限内完成检验检疫工作,并出具证明文件。如因检验检疫工作人员玩忽职守造成入境货物超过索赔期而丧失索赔权的或出境货物耽误装船结汇的,有权追究当事人责任。

② 对检验检疫机构的检验检疫结果有异议的,有权在规定的期限内向原检验检疫机构或上级检验检疫机构以致国家质检部门申请复验。

③ 在保密情况下提供有关商业及运输单据时,有权要求检验检疫机构及其工作人员予以保密。

(2) 自理报检单位的义务。

① 遵守国家有关法律、法规和检验检疫规章,对所报检货物的质量负责。

② 应当按检验检疫机构要求选用若干名报检员,由报检员凭检验检疫机构核发的《报检员资格证书》办理报检手续。应加强对本单位报检员的管理,并对报检员的报检行为承担法律责任。

③ 提供正确、齐全、合法、有效的单证,完整、准确、清楚地填制报检单,并在固定的时间、地点向检验检疫机构办理报检手续。

④ 在办理报检手续后,应当按要求及时与检验检疫机构联系验货,协助检验检疫工作人员进行现场检验检疫、抽(采)样及检验检疫处理等事宜,并提供进行抽(采)样和检验检疫、鉴定等必要的工作条件。应当落实检验检疫机构提出的检验检疫监管及有关要求。

⑤ 对已经检验检疫合格放行的出口货物应加强批次管理,不得错发、错运、漏发致使货证不符,对入境的货物,未经检验检疫或未经检验检疫机构的许可,不得销售、使用或拆卸、运递。

⑥ 申请检验检疫、鉴定工作时,应按规定缴纳检验检疫费。

2) 代理报检单位

(1) 代理报检单位的权利。

① 代理报检单位须向国家质检总局申请登记注册,其报检员须经检验检疫机构培训、统一考试合格获得《报检员资格证书》,并经所在地检验检疫机构注册取得《报检员资格证书》。代理报检单位经准予注册登记后,可由其持有《报检员资格证书》的报检员向检验检疫机构办理代理报检业务。

② 除另有规定外,经国家质检总局准予注册登记的代理报检单位,允许代理委托人委托的出入境检验检疫报检业务。

③ 进口货物的收货人可以在报关地和收货地委托代理报检单位报检,出口货物发货人可以在产地和报关地委托代理报检单位报检。

④ 代理报检单位在办理代理报检业务等事项时,必须遵守出入境检验检疫法律、法规和《出入境检验检疫报检规定》,并对所报检货物的品名、规格、价格、数重量以及其他应

报的各项内容和提交的有关文件的真实性、合法性负责，承担相应的法律责任。

⑤ 代理报检单位从事代理报检业务时，必须提交委托人的《报检委托书》。《报检委托书》应载明委托人的名称、地址、法定代表人姓名(签字)、机构性质及经营范围；代理报检单位的名称、地址、联系人、联系电话、代理事项，以及双方责任、权利和代理期限等内容，并加盖双方的公章。

(2) 代理报检单位的义务。

① 代理报检单位应在检验检疫机构规定的期限、地点办理报检手续，办理报检时应按规定填写报检申请单，并提供检验检疫机构要求的必要证单；报检申请单位应加盖代理报检单位的合法印章。

② 国家质检部门鼓励代理报检单位以电子方式向检验检疫机构进行申报，但不得利用电子报检企业端软件开展远程电子预录入。

③ 代理报检单位应按报检地检验检疫机构的要求，切实履行代理报检职责，负责与委托人联系，协助检验检疫机构落实检验检疫时间、地点，配合检验检疫机构实施检验检疫，并提供必要的工作条件。对已完成检验检疫工作的，应及时领取检验检疫证单和通关证明。

④ 代理报检单位应积极配合检验检疫机构对其所代理报检的有关事宜的调查和处理。

⑤ 代理报检单位对实施代理报检中所知悉的商业秘密负有保密义务。

⑥ 代理报检单位应按规定代委托人缴纳检验检疫费，在向委托人收取相关费用时应如实列明检验检疫机构收取的费用，并向委托人出示检验检疫机构出具的收费票据，不得借检验检疫机构名义向委托人收取额外费用。

4.2.4 出口商品报检的时间与地点

1. 报检的时间

出口商品报检的时间是关系到检验、出证放行、履行合同的关键，因此要求出口商品最迟应于报关或装运出口前10天由报检人向商检机构申请报检，对个别检验周期较长的商品，还应留有相应的抽样、检验等方面的时间。

2. 报检的地点

(1) 法定检验出口商品必须在当地商检机构办理放行或出证手续。

(2) 内地运往口岸的法定检验出口商品，需在货物所在地商检机构预先检验合格，取得《出口商品检验换证凭单》后，方能运往口岸办理商品出口查验换证或放行手续。

申请人必须在商检机构规定的时间、地点提交报检商品的检验鉴定申请单，做到受检对象、检验依据以及对检验签证的要求明确具体。

报检申请人还应按照商检机构的报检规定提交出口商品检验鉴定的有关单证和资料。

4.2.5 出口商品报检的报检手续

1. 填写《出口检验申请单》

报检人必须按申请单的要求详细、正确填写，在表内需要附加外文注明的，必须打印外文，以信用证方式结汇的，要严格按照信用证要求打印，便于顺利结汇。

每份《出口检验申请单》仅限填报一个合同一个信用证的商品。

填写出口检验申请单的要求：

(1) 报检号：指商检机构受理报检的编号，由商检机构接受报检的人员填写。

(2) 报检单位：填写申请报检单位的全称并加盖单位公章或报检专用章(或单位介绍信)。

(3) 报检日期：填写当天报检日期。

(4) 存货地点：出口货物存设处，在工厂或仓库，应详细填写地点。

(5) 发货人：合同上的卖方或信用证上的受益人。

(6) 收货人：合同上的买方或信用证上的开证申请人。

(7) 品名：按合同、信用证中所列商品名称填写。

(8) 报检数量：按实际申请检验数量填写并注明计量单位名称。

(9) 生产部门：生产出口商品的企业名称。

(10) 输往国别：按出口货物报关单上所列"卖断"的贸易国别或地区填写。

(11) 商品编号：按我国海关税则目录中规定的商品编码8位数字填写。

(12) 总净重/总毛重：按实际申请检验的商品总净重或总毛重填写，并注明商品计量单位名称。

(13) 成交单价及总值：外贸经营单位向生产部门收购商品的人民币值。

(14) 运输方式：填写海洋运输、铁路运输、航空运输、邮政运输、联合运输等方式之一。

(15) 标记及号码(Mark & No)：即唛头，按出口货物报关单或明细单所列填写(应与实际货物运输包装一致)，中性包装或裸装、散装商品应填写"N/M"或注明"裸装"或"散装"。

(16) 结汇方式：买方支付货款的方式。常用的支付货款的方式：信用证方式(L/C)、汇付[包括信汇(M/T)、电汇(T/T)、票汇(D/D)]、付款交单(D/P)和承兑交单(D/A)等。

(17) 出运口岸：办理报关出运地点或口岸手续。

(18) 商品包装情况：按实际包装填写，使用的包装材料及包装情况是否良好，如包装、箱装、捆装及其使用材料。

注意：报检人填写《出口检验申请单》时，如有特殊要求或对检验证书的内容有特殊要求时可在此栏注明。

信用证对商检证书抬头有要求，如果出具分析证书，则以品质/分析证书申请出证(Inspection Certificate of Quality/Analysis)。

信用证中要求不列明收货人或收货人栏需以敬启者(To whom it may concern)凭指定(To order)出证的，都应填写在此栏内，以便商检机构出证时参考，报检人能顺利结汇。出境货物报检单如图4.4所示。

中华人民共和国出入境检验检疫
出境货物报检单

报检单位(加盖公章)						*编号：		
报检单位登记号：		联系人：		电话：		报检日期：	年 月 日	

发货人	(中文)
	(外文)
收货人	(中文)
	(外文)

货物名称(中/外文)	HS 编码	产地	数/重量	货物总值	包装种类及数量

运输工具名称号码		贸易方式		货物存放地点	
合同号		信用证号		用途	
发货日期		输往国家(地区)		许可证/审批号	
起运地		到达口岸		生产单位注册号	
集装箱规格、数量及号码					

合同、信用证订立的检验检疫条款或特殊要求	标记及号码	随附单据(划"√"或补填)	
		□合同	□包装性能结果单
		□信用证	□许可/审批文件
		□发票	□
		□换证凭单	□
		□装箱单	□
		□厂检单	

需要证单名称(划"√"或补填)			*检验检疫费	
□品质证书 __正__副	□植物检疫证书 __正__副	总金额	
□重量证书 __正__副	□熏蒸/消毒证书 __正__副	(人民币元)	
□数量证书 __正__副	□出境货物换证凭单 __正__副		
□兽医卫生证书 __正__副	□	计费人	
□健康证书 __正__副	□		
□卫生证书 __正__副	□	收费人	
□动物卫生证书 __正__副	□		

报验人郑重声明：	领取证单	
1. 本人被授权报检。	日期	
2. 上列填写内容正确属实，货物无伪造或冒用他人的厂名、标志、认证标志，并承担货物质量责任。	签名	
签名：____		

注：有"*"号栏由出入境检验检疫机关填写　　　　◆国家出入境检验检疫局制

图 4.4　中华人民共和国出入境检验检疫出境货物报检单

2. 出口商品报检时应提供的单证和资料

(1) 对外贸易双方签订的外贸合同(或售货确认书)包括合同附件。
(2) 信用证。
(3) 生产经营部门自验合格后出具的厂检结果单正本。
(4) 法定检验出口商品检验时,提供商检机构签发的运输,包装容器性能检验合格单正本。
(5) 实行卫生注册的商品,提供商检机构签发的卫生注册证书。
(6) 实行质量许可证的出口商品,必须提供商品质量许可证书。
(7) 凭样成交的应提供双方确认的样品。

3. 预验商品出口时申请换证报检人应提供

经本地区预验的商品需要本地区换证出口时,报检人应加附本地区商检机构签发的出口商品预验结果单。

经其他商检机构检验的商品,到本区报验出口时,报检人必须加附发运地商检机构签发的《出口商品检验换证凭单》正本。

4. 其他

申请出口危险生物包装容器鉴定,申请出口商品委托检验、申办出口商品原产地证等项业务,应分别提供有关文件。

根据外贸和商检过程中出现的情况变化,申请人可以在办理报检手续之后,要求更改,补充以致撤销报检申请。

为了防止检验合格的商品长期储存后出口,致使商品质量发生变化,出口后引起争议,商检机构检验合格的出口商品,发货人应当在检验证书或者放行单签发之日起 60 天内报运出口。

报检人对商检机构做出的检验结果有异议,可以按规定的时限和程序向做出检验结果的商检机构或者其上级商检机构申请复验,由受理复验的商检机构组织实施复验。报检人对商检机构的复验结果仍有异议的,可向国家质检总局申请复验,由国家质检总局组织实施复验。

案例 4-2

不如实申报商品品名、厂家逃避原产地调查案

2005 年 11 月 24 日,甲市 A 公司向 B 检验检疫局申报两批出口货物的普惠制原产地签证。签证工作人员在审查签证申请单时,发现其中一批货物有两个英文品名,却填写了与该两个英文品名均不对应的一个中文品名,同时,生产厂家的中文名称为一家甲市企业,但英文名称却为两家外地企业。另一批货物有三个品名,而生产厂家却只有一个。签证工作人员判断这两批货物可能存在虚报品名和生产厂家的情况,立即提交法制部门进行立案调查。

经调查,A 公司出口的两批货物中,第一批货物的两种产品分别由两家 B 市的企业生产,第二批的三种产品中只有一种由甲市的一家企业生产,另外两种分别由丙市两家企业生产。A 公司在申报普惠制原产地签证时,虚报了品名,并将外地生产企业虚报为甲市本地企业,意图骗取原产地签证。

根据所掌握的案件事实，B检验检疫局决定依据《进出口商品检验法实施条例》第四十八条第一款之规定，对A公司不如实申报行为处以货值金额6%罚款的行政处罚。

资料来源：国家质量监督检验检疫总局，2012.09.

4.3 出境商品检验实施环节

4.3.1 商检自验与共同检验

1. 商检自验

商检机构在受理了对外贸易关系人对出口商品提出的品质、规格、数量、重量、包装以及安全、卫生的检验鉴定申请后，自行派出检验人员进行抽样、检验鉴定，并出具商检证、单，这种检验形式就是商检自验。

2. 共同检验

共同检验简称共验。商检机构在接受了对外贸易关系人对出口商品提出的检验申请后，与有关单位商定，由双方各派检验人员共同检验，最后出具检验结果证单。或者是商检机构与有关单位各承担商品的某部分项目的检验鉴定，共同完成该批商品的全部项目的检验工作，最后出具检验鉴定证单。

4.3.2 出口检验与预先检验

1. 出口检验

出口检验是指商检机构对准备装运出口的商品按照外贸合同或信用证、标准等规定进行的检验。商检机构在接受了报检人的申请后，按照约定的时间，到货物堆存地点进行抽样、检验。经检验合格后，签发商检证单即可出口。

出口检验货物必须具备下列装运条件：

(1) 货物是生产、加工完毕的产品，除散装货、裸装货以及汽车、拖拉机等整机货物以外，货物已安装完毕，外包装符合出口要求。

(2) 外贸经营单位已对外签订外销合同，凭信用证支付货款的，已收到信用证，明确了检验依据。

(3) 除合同、信用证规定的中性包装外，货物已刷好标记与号码。

(4) 货物堆码整齐，便于检验人员查看包装、标记与号码、抽样和现场检验。

2. 预先检验

预先检验简称预验。预验是商检机构为了方便对外贸易，根据需要和可能，对某些经常出口的商品进行预先检验。

1) 受理预先检验的范围

(1) 尚未成交的出口商品。

(2) 已成交签订了销售合同，但尚未接到信用证(凭信用证支付货款的商品)，不能确定装运条件的出口商品。

(3) 必须在生产过程中实施检验把住质量关，使成品质量有一定稳定性的出口商品。

2) 出口商品预先检验的工作程序

(1) 商品经生产企业出厂检验合格和经营单位验收合格。

(2) 出口经营单位或生产加工单位向商检机构对其商品提出预先检验的申请。填写预检申请单并提供有关单证：已签订外贸合同的要附交合同副本或影印件；尚未成交的，提供商品的检验标准或商品的品质条件等。

(3) 商品进行预先检验。商品经过预先检验后，商检机构签发《预验结果单》或《出口商品检验换证凭单》。

(4) 申请出口换证或办理放行。经过预先检验的出口商品，外贸经营单位在确定了装运条件后，持《出口商品检验换证凭单》或《预验结果单》向商检机构申请出口换证或办理放行手续。

(5) 检验放行。对预验换证的商品出口前，商检机构必须派人查验，凡商品的标记与号码或批号与合同或信用证中的规定相符，商品的品质、包装正常，方可按照检验换证凭单换发出口检验证书或放行单或办理放行出口。

4.3.3 驻厂检验

商检机构对某些特定的出口商品(如法定检验出口商品或习惯上国外买主经常要求商检机构检验出证的商品；或出口数量大、质量要求高的商品；或生产、加工工艺过程复杂、环节多、要求严、对商品品质影响因素较多的商品)，派出检验人员驻在生产加工单位执行检验和监督管理。驻厂检验属于预先检验的另一种形式，但不能代替经营单位对产品的验收，也不能代替生产企业的出厂检验。

4.3.4 产地检验

产地检验是商检机构为了配合生产加工单位和出口经营单位做好出口检验，派出检验人员到出口商品的生产产地进行检验。

4.3.5 内地检验与口岸查验

1. 内地检验

根据《商检法》的规定，内地省市的出口商品需要由内地商检机构检验。经内地商检机构检验合格后，签发《出口商品检验换证凭单》，当商品的装运条件确定后，外贸经营单位持内地商检机构签发的《出口商品检验换证凭单》向口岸商检机构报检申请查验放行。

2. 口岸查验

口岸查验是指经产地商检机构检验合格，运往口岸待运出口的商品，运往口岸后申请出口换证的，口岸商检机构派人进行的查验工作。

口岸查验中发现有漏检项目或需要重新进行检验的，口岸商检机构要将漏检的项目进行补验，需要重新检验的要按照标准的规定重新检验；口岸查验中当发现货物包装有问题或不合格，应及时通知有关单位加工整理，经重新整理或换包装后，再进行查验；口岸查验中如果发现《出口商品检验换证凭单》有误时，应与发货地的商检机构联系更正。

4.3.6 免检

对列入《种类表》的进出口商品和其他法律、行政法规规定须经商检机构检验的进出口商品，经收货人、发货人申请，国家质检总局审查批准，商检机构免予检验。

1. 申请免检的进出口商品应具备的条件

(1) 申请免检商品的生产企业，已经建立了完善的质量保证体系，并且获得中国出口商品质量保证体系认证，或者国家质检总局认可的外国有关组织实施考核并获得质量保证体系认证的。

(2) 申请免检的进出口商品质量长期稳定且连续 3 年出厂合格率及商检机构检验合格率为 100%。

(3) 出口商品的外国用户或者进口商品的中国用户对申请免检的商品没有质量异议。

不能申请免检的商品

涉及安全、卫生和有特殊要求的进出口商品不能申请免检。不能申请免检的商品主要有以下几类。
(1) 粮油食品、玩具、化妆品、电器等；
(2) 列入进口商品安全质量许可证管理的商品；
(3) 品质易发生变化的商品或者散装货物；
(4) 合同要求按照商检证书所列成分、含量计价结汇的商品。

2. 申请免检的程序

(1) 提出免检申请。申请人向商品所在地的商检机构提出申请，经商检机构初审合格后，才能向国家质检总局提出免检申请，进口商品的免检，申请人向国家质检总局提出申请。

(2) 填写商品免检申请表。

(3) 提供资料。出口商品应提供出口商品生产企业所在地商检机构初审后的初审表、初审报告等文件；进口商品应提供用户对该商品的意见(验收报告、使用报告等)，商检机构意见(检验报告等)和其他有关资料(质量认证证明、产品品质证明等)。

(4) 考核、审查。国家质检总局对所受理的免检申请，组织专家组进行考核、审查。

(5) 批准、发证。经专家审查组考核、审查后，对符合免检规定的，由国家质检总局批准，发给免检证书，予以公布。对审查不合格的，由国家质检总局书面通知申请人，并说明理由。

(6) 接受商检机构的监督管理。获准免检的进出口商品的生产企业应接受商检机构的监督管理。

① 商检机构定期或不定期地对免检商品进行抽查，发现商品有质量问题，停止办理免检放行手续。

② 国家质检总局接到国内、国外用户对免检商品的质量反映或商检机构的报告后，根

据情况组织专家审查组，对免检商品进行抽查考核，做出审查结论，对于不符合免检条件的撤销其免检资格并予以公布。

③ 获准免检的进出口商品的申请人，每半年一次向国家质检总局报告免检商品的生产情况。

④ 在免检期内，申请人不能改变获准免检商品的性能结构和制造工艺等。如果有某一方面的改变，都必须重新办理免检的审批手续。

⑤ 申请人可以在免检证书有效期满前4个月内申请延长免检有效期限，经国家质检总局复审合格后，可以继续给予一定期限的免检。

⑥ 申请人应当按照规定交纳免检考核、审查费用。

(7) 免检商品的放行。获准免检的进出口商品的申请人，在免检有效期内，凭免检证书、外贸合同、信用证及该商品的品质证书或厂检合格单等文件到商检机构办理放行手续，并交纳放行手续费。需要出具商检证书的出口免检商品，商检机构可以凭申请人提交的品质证明文件核发商检证书；对数量、重量、包装等项目按照有关规定进行检验后核发商检证书。

出口茶叶检验检疫的监督管理

(1) 通过出口茶叶加工企业对出口茶叶种植基地实行检验检疫备案管理，备案内容包括基地名称、地址、负责人、植保员、联系电话、基地平面图、安全用药管理制度、茶园管理和产品溯源制度、良好规范种植制度、采收运输管理制度、有毒有害物质检验监控制度等。检验检疫机构要督促出口茶叶加工企业对备案基地实施监督管理，并采取不定期抽查、年度审核和复审相结合的方式对备案茶叶种植基地直接实施监督检查。

(2) 对出口茶叶加工企业实行卫生注册管理。出口茶叶加工企业卫生注册的申请、考核和发证，根据《出口食品生产企业卫生注册登记管理规定》办理，其考核依据为《出口食品生产企业卫生要求》和《出口茶叶加工企业注册卫生规范》，考核内容应包括：企业的卫生质量方针和卫生质量目标；组织机构及其职责；环境卫生的要求；车间及设施的卫生；原辅料卫生质量的控制；加工卫生质量的控制；包装、储存、运输卫生的控制；加工检验人员的卫生管理；检验工作质量要求以及生产、检验记录的控制；质量体系文件的审核及验证，以及其他与茶叶卫生质量相关的内容。为保证出口茶叶加工企业的卫生注册质量，可对申请注册企业采取图纸审查和预访，组成2～3人的评审组按《出口食品生产企业卫生注册登记程序性文件》的规定进行考核，对存在问题提出不符合项报告和限期改进的意见。企业整改完成后，应及时派员跟踪检查。

资料来源：http://bgt.aqsiq.gov.cn/fwzl/zjzs/200903/t20090324_109536.htm。

4.4 出境商品的签证与放行

4.4.1 出口商检的签证

1. 出口商检证书

对出口商品检验合格后出具的商检证书主要有以下几种。

(1) 品质证书。品质证书是证明商品品质、规格等级的证明文件，是交接货物、结汇、报送、验放的有效证件。根据对外贸易关系人的申请，出具的"分析""规格"等检验证书，属品质检验证书范畴。

(2) 重量或数量证书。重量、数量证书是出口商品交货结汇，签发提单和进口商品结算索赔的有效凭证；出口商品的重量证书，也是国外报关征税和计算运费、装卸费用的证件。

(3) 卫生证书或健康证书。

(4) 消毒证书。

(5) 货载衡量检验证书。货载衡量证书是证明出口商品的体积吨位和重量吨位，是托运人和承运人据以计算运费的有效证件；也可供承运人制订装船计划和港口计算栈租、装卸、理算费用的证件。

(6) 熏蒸证书。

(7) 价值证书。价值证书是证明发票所列商品的价格真实正确的证书，是进口国管理外汇和征收关税的依据。

(8) 测温证书。

(9) 兽医证书。

除各种检验证书外，还有各种鉴定证明书，是证明情况明确责任的有效证件。

2. 其他商检单证

(1) 出口商品放行单。出口商品放行单是法定检验的出口商品经商检机构检验合格后对内签发的单证，用于法定检验出口商品海关凭以核放出口货物。

(2) 不合格通知单。不合格通知单是出口商品经商检机构检验不合格时对内签发的单证。签发此单后出口商品不能放行出口。

(3) 海运出口危险货物包装容器性能检验结果单。此单是商检机构对出口危险货物的包装容器性能鉴定合格后对内签发的单证。使用危险货物包装容器的单位向商检机构申请包装容器使用鉴定时需提供此单。

(4) 海运出口危险货物包装容器使用鉴定结果单。此单是海运危险货物的包装容器经商检机构使用鉴定合格后对内签发的单证。供外贸经营单位装运出口危险货物和办理出口装运等手续用。

(5) 委托检验结果单

委托检验结果单是商检机构接受有关单位对商品委托申请后，进行检验后对内签发。供申请人了解委托样品情况用。

4.4.2　法定检验出口商品的放行

商检机构对法定检验出口商品采用下列之一形式予以放行。

(1) 在《出口商品报关单》上加盖"出口商品放行章"，海关凭此核放行货物；"放行章"与"商检证书"，《出口商品放行单》具有同样效力。

(2) 出具《出口商品放行单》(供通关用)，海关凭此放行货物。即：

① 出口商品直接在口岸报关的，经商检机构检验合格，出具《出口商品放行单》；

② 转向异地口岸报关的出口商品，要有商检机构出具的"出口商品放行单"；

③ 出口商品由内地运往口岸的放行手续：内地商检机构直接检验，在海运、空运口岸装运出口的或经铁路装运，但货物或车皮封识完好的，可直接凭内地商检机构签发的出口商品放行单验放；内地商检机构签发《出口商品检验换证凭单》的出口商品，经口岸商检机构查验合格后换发出口商品放行单(章)。

④ 经当地商检机构预验后签发《预验结果单》的出口商品，须向当地商检机构办理正式放行手续。

(3) 商检机构签发注有"仅供通关用"字样的检验证书(品质)副本，海关凭此验放货物。

出口货物不论是在内地还是在口岸，只要经商检机构检验合格后签发了检验证书，货物通关时海关都可以凭此检验证书放行。

只有当：①易地口岸并批出口的商品；②出口期限不明确的商品；③出口口岸不明确的商品；④内地商检机构检验，易地口岸海运出口的散装商品等。内地商检机构不能直接签发检验证书放行，这些商品出口时口岸商检机构凭内地商检机构签发的《出口商品检验换证凭单》查验换证放行。

(4) 对独联体、东欧国家铁路陆运出口的商品经商检机构检验合格签发随车商检证书(品质)正本放行。

4.5 出境商品的检验与管理程序实例分析

进出口商品检验是随着国际货物买卖的发展而产生和发展起来的，它在国际货物买卖中占有十分重要的地位。在国际货物买卖中，为了便于查明货损原因，确定责任归属，以利于货物的交接和交易的顺利进行，就需要商品检验机构对货物进行检验或鉴定。因此，进出口商品检验是国际货物买卖中不可缺少的一个环节，在国际货物贸易合同中约定好商品检验条款，有着非常重要的意义。下面就几则与进出口商品检验有关的案例进行探析，以期从中得到启示。

4.5.1 未在规定时间检验货物失去索赔权

1. 案例介绍

2000年1月20日，中国香港甲公司和内地乙公司签订合同，双方约定乙公司向甲公司购买韩国生产的手机零配件，并就价格问题达成一致意见。合同的总金额为8万美元，最迟不应晚于2月10日发运。甲公司对产品的质量保证期为货物到达目的地后12个月。2月7日，甲公司向乙公司提供合同规定的产品。

2月20日，货到后乙公司请检验公司进行了检验，出具了检验证明。2001年3月25日，乙公司在使用过程中，发现部分产品有质量问题，致函甲公司，要求换货，如不能换货，则要求退货，并要求甲公司承担有关费用损失。甲公司回函称，乙公司在货物入库前已详细检查、核对，且已投入使用，因而拒绝赔偿。

由于乙公司对合同项下的货物的品质存在异议，2001年4月2日，即在收货13个月后，自行将合同项下的货物送交中国商品检验机构检验。检验机构出具的检验证书证明，该批货物有5项存在缺陷，发货前已存在，系制造不良所致。4月5日，乙公司据此提起仲裁，要求甲公司赔偿5万美元。甲公司认为，乙公司不能证明第二次送检的产品系交货时的产品，且第二次商检的时间已经超过索赔有效期，商检证书不能发生效力。

仲裁庭经审理后认为，乙公司未在规定时间内检验货物质量，失去索赔权，驳回了乙公司的请求，裁定甲公司没有赔偿责任。

2. 原因分析

本案涉及检验期限问题。《联合国国际货物销售合同公约》第三十八条第一款规定："买方必须在按情况实际可行的最短时间内检验货物或由他人检验货物。"这就确定了买方收货后应当在双方约定或合理的时间内进行货物质量的检验。

在买方于2月收到货物后，其依据合同的规定进行了商品检验，获得了中国商检机关的检验证书，此商品检验行为符合合同的约定，其检验结果应当得到认可。根据合同对货物质量的保证，卖方对货物品质的保证期为货物到达目的地口岸12个月。在此期间，作为买方的乙公司并未就货物的品质问题向甲公司提出过异议。由于其未能在合同规定的期限内就质量异议通知卖方，丧失了请求质量索赔的权利。

《联合国国际货物销售合同公约》第三十九条第一款规定："买方对货物不符合同，必须在发现或理应发现不符情形后一段合理时间内通知卖方，说明不符合同情形的性质，否则就丧失声称货物不符合同的权利。"基于上述规定，乙公司在货物到达目的地13个月后，再次通过商检机关对产品进行的检验和商检机关出具的检验证书的效力不能予以支持。而且，本案中合同约定的产品质量保证期的时间达12个月，买方在理论上和时间上均有充分的时间对产品的质量问题提出异议，而作为买方的乙公司在合同约定的时间内，应当完成产品质量的检验而没有执行，其已经丧失了向卖方提出质量异议的权利。所以，乙公司提供的质量检验证书不能作为索赔的依据。

4.5.2 货物的复验权与最终检验权

1. 案例介绍

2009年2月24日，中国甲公司和印度尼西亚乙公司签订了购买棉布布料的合同，购买总量为6000米，单价为每米4美元，采用CIF条款，以即期信用证方式结汇。该布料主要用于加工休闲服装，然后向欧盟出口，由甲公司受某市服装加工厂委托进口。鉴于服装以欧盟为出口地，所以合同对布料中甲醛的含量有严格的要求，必须按OKO-TEX100标准，最高含量以100ppm为限。对于商品的检验，合同规定：在目的港卸货后30天内，货物经中国商检机关进行复检，如发现品质或规格与本合同规定不符的，买方可以拒绝收货或凭商检机关的检验证书向卖方索赔(属于保险公司或船公司责任的除外)。在此情况下，买方可应卖方要求将样品寄交卖方再由第三方进行检验。

乙公司于2009年4月9日向泰国商检机构提出申请，对货物进行检验，泰国商检机构出具的检验分析证书表明，甲醛含量为100ppm，符合合同要求。随后，货物装箱运至中国宁波。4月29日，在货物全部卸船后，甲公司通过银行议付全部货款。甲公司与某市服装加工厂签订合同的货物品质与外贸合同相同。5月12日，某市服装加工厂在收到货物后，向该市检验检疫局提出申请对货物进行检验。5月20日，检验检疫局向服装加工厂出具的货物品质检验证书表明，货物的甲醛含量为 103ppm，超出了合同规定的最高值。5 月 25 日，甲公司在收到服装加工厂关于甲醛超标及要求其承担由此所导致的损失的通知后，以商检证书为据要求全部退货，并向乙公司提出索赔。乙公司于 6 月 5 日对甲公司进行了回复，要求对货物进行抽样检验，并于 7 月 5 日亲自将所抽取的货物样品送交瑞士纺织品鉴定有限公司中国代表处进行检验。1 个月后，该代表处出具的检验证书表明，货物甲醛含量为 102ppm，稍高于双方合同的规定。随后，双方就两份质检证书的法律效力问题产生争执。在协商未果的情况下，甲公司向有关部门提起仲裁。甲公司认为，双方合同规定到岸 30 天内品质交货，合同系品质保证。因为双方事先约定，所以中国商检机构出具的复检证书具有法律效力。此外，商检程序合法，结果具有法律效力。而乙公司辩称，已完全按照合同规定履行了交付货物的义务，其理由是在发运地装货时的货物质量符合合同规定。

仲裁庭认为，作为卖方的乙公司没有完全履行合同义务，因为其所提供货物的品质不完全符合合同的规定。在本案例中，虽然由于使用不同的检验标准和检验方法，检验的结果可能存在差距，但后两次检验结果均表明货物甲醛含量的指标超过了合同规定的标准。最后，经仲裁庭调解，各方就处理意见达成一致，由于甲醛超标，服装加工厂将改变出口地，用该棉布布料生产的服装转销其他国家，但前提是货物必须在原价的基础上降价 12%。

2. 原因分析

(1) 本案例涉及检验权与检验证书的法律效力问题。在国际货物买卖中，买卖双方在货物交接过程中的权利和义务与货物交付后的检验权有着直接的关系。买卖双方为了明确责任，通过在买卖合同中就买方是否行使和如何行使检验权及最终检验权的归属等问题做出明确的规定，尽量避免因商品检验问题而引起的贸易纠纷。因此，买卖双方在合同中明确商品检验的相关问题，如商品检验的标准、检验的地点、检验的机构和最终检验权的归属等，将直接关系到各方当事人的切身利益。

(2) 货物最终的检验权属问题。在本案例中，货物一共经过三次检验。第一次检验是由泰国检验部门在转运港使用泰国标准对货物进行的检验，并提供了相应的检验证书，但该检验证书不具有足够的法律效力，因为依据合同规定复验权为买方，因此在双方发生品质纠纷时，卖方不能为自己的行为提供证明。第二次检验是由买方依据合同规定，在用货地使用中国标准，证明货物的甲醛含量与合同的要求不符，其出具的检验证书具有法律效力，因为本次检验由中国法定检验机构进行，与合同规定相一致。第三次检验是由卖方抽取样品后经第三方进行再次检验。按照合同规定，"买方可应卖方要求将样品寄交卖方再由第三方进行检验"。由此来看，货物的最终检验权实际上属于卖方。

(3) 综上可知，买方对货物进行的检验不能被认为是确定货物品质的最终检验。因为按照合同的有关规定，无论是卖方委托第三方进行的再次检验，还是卖方在买方检验机构发现货物品质问题时对货物品质重新进行的检验，其检验结果均是有效的，均能表明货物的品质。仲裁庭据此认定，作为卖方的乙公司没有完全履行合同义务，因其货物的品质不完全符合合同的规定，并采取货物降价等措施进行调解；而不是认定货物的品质根本不符合合同的规定，乙公司完全没有履行合同义务，裁决全部退货并赔偿损失，这样做是合理的。

本 章 小 结

进出口商品检验是国际贸易中的一个重要环节,是保证进出口商品质量,使对外贸易活动得以顺利进行的必要保障。进出口商品检验是指由国家设立的检验机构或向政府注册的独立机构,对进出口货物的质量、规格、卫生、安全、数量等进行检验、鉴定,并出具证书的工作。目前我国进出口商品检验工作分为受理报检、抽样、检验/鉴定、签发商检证书4个工作环节。

受理报检是指对外贸易关系人向商检机构报请检验。报检时需填写《报检申请单》,填明申请检验、鉴定工作项目和要求,同时提交对外所签买卖合同,成交小样及其他必要的资料。

抽样:商检机构接受报检之后,及时派员赴货物堆存地点进行现场检验、鉴定。抽样时,要按照规定的方法和一定的比例,在货物的不同部位抽取一定数量的、能代表全批货物质量的样品(标本)供检验之用。

检验/鉴定:商检机构接受报检之后,认真研究申报的检验项目,确定检验内容,仔细审核合同(信用证)对品质、规格、包装的规定,弄清检验的依据,确定检验标准、方法,然后抽样检验,仪器分析检验;物理检验;感官检验;微生物检验等。

签发商检证书:在出口方面,凡列入种类表内的出口商品,经商检验合格后签发放行单(或在《出口货物报关单》上加盖放行章,以代替放行单)。凡合同、信用证规定由商检部门检验出证的,或国外要求签检证书的,根据规定签发所需封面证书;不向国外提供证书的,只发放行单。种类表以外的出口商品,应由商检机构检验的,经检验合格发给证书或放行单后,方可出运。在进口方面,进口商品经检验后,分别签发《检验情况通知单》或《检验证书》,供对外结算或索赔用。凡由收、用货单位自行验收的进口商品,如发现问题,供对外索赔用。对于验收合格的,收、用货单位应在索赔有效期内把验收报告送商检机构销案。

商品品质(quality of goods)
品质检验(quality inspection)
感官检验(organic inspection)
理化检验(physical and chemical inspection)
报检单位(declaration inspection unit)
商检自验(the inspection of the test)
共同检验(joint inspection)

习　题

一、判断题

1. 对检验检疫机构的检验检疫结果有异议的，有权在规定的期限内向人民法院起诉。
（　　）

2. 报检员在从事报检业务中有违反报检规定的，代理报检单位应对报检员的报检行为承担法律责任，自理报检单位应由报检员自行承担法律责任。（　　）

3. 检验证书适用于出境货物(含食品)的品质、规格、数量、重量、包装等检验项目。
（　　）

4. 凡国际条约、公约或协定规定须经我国检验检疫机构实施检验检疫的出入境货物，报检人须向检验检疫机构报检。（　　）

5. 产地与报关地不一致的出境货物，在向报关地检验检疫机构申请《出境货物通关单》时，应提交产地检验检疫机构签发的《出境货物换证凭单》或《出境货物换证凭条》。
（　　）

二、单项选择题

1. 进出口单位首次办理报检业务前，须向检验检疫机构申请办理报检单位备案登记手续，申请时无须提供的资料是(　　)。

　　A. 自理报检单位备案登记申请表　　B. 企业法人营业执照
　　C. 组织机构代码证　　D. 拟任报检员的《报检员资格证书》

2. 报检单位有权要求检验检疫机构在(　　)完成检验检疫工作并出具证明文件。

　　A. 国家质检总局统一规定的检验检疫期限内
　　B. 合理的时间内
　　C. 索赔期限内
　　D. 以上答案都不对

3. 检验检疫机构对出境货物的工作程序一般是(　　)。

　　A. 受理报检—签证放行—检验检疫—合格评定
　　B. 受理报检—检验检疫—合格评定—签证放行
　　C. 检验检疫—合格评定—受理报检—签证放行
　　D. 检验检疫—受理报检—签证放行—合格评定

4. 某企业进口一批货物(检验检疫类别为 M/N)，经检验检疫机构检验后发现该批货物不合格，该企业可向检验检疫机构申请签发(　　)，用于对外索赔。

　　A. 入境货物通关单　　B. 入境货物调离通知单
　　C. 检验检疫证书　　D. 入境货物处理通知书

5. 办理出境货物报检手续，以下单据中无须提供的是(　　)。

　　A. 外贸合同　　B. 发票
　　C. 提(运)单　　D. 装箱单

三、案例分析题

云南茶烟酒进出口公司更改检验合格证书

云南茶烟酒进出口公司向美国出口普洱茶 10 吨，由检验检疫机构对货物进行了检验，检验合格后，取得了证书。这时接到买方来函声称市场上对中国茶的需求很大，所以市场价格上涨，要求卖方追加 2 吨云南红茶一同运出。卖方考虑到所追加的云南红茶和原来的普洱茶品质以及各项指标完全一致，无须报商检部门重新进行检查，遂自行对其证书进行了局部修改。

问题：云南茶烟酒进出口公司的做法是否符合规范？为什么？

第5章 入境商品检验与管理规范

【教学目标和要求】
- 掌握入境商品质量检验管理流程。
- 掌握入境商品检验、检疫、报检方式。
- 了解入境商品的质量安全危害因素。
- 了解入境商品的对外索赔流程。

【知识架构】

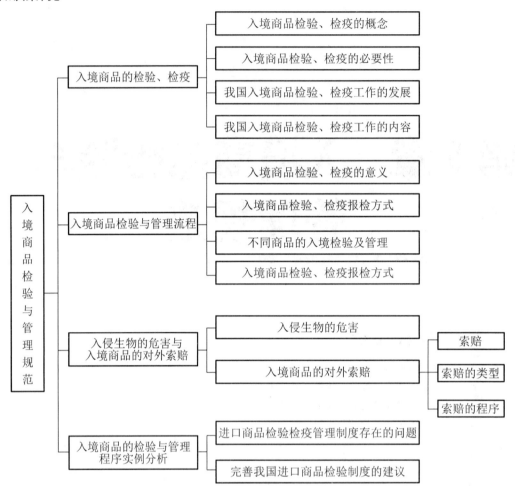

案例导入

中国柑橘产量在 20 世纪 50 年代初只有 21 万吨，经过 60 多年的发展，经历了几次飞跃，1982 年产量已接近 100 万吨。之后，柑橘产量大约以每 4 年翻一番的速度增加，到 1997 年超过 1000 万吨，中国成为世界柑橘生产第三大国。回顾中国柑橘生产的发展历程，不难发现一些问题。第一，总产量的增加是以扩大栽培面积的方式实现的。根据统计资料，1952 年，我国柑橘栽培面积约为 3.2 万公顷，1998 年则达到了 120.0 万公顷，增加了近 40 倍。而 1952 年产量为 23 万吨，1999 年达到 839 万吨，增加不到 40 倍，也就是说单产水平几十年来没有多大的增长。第二，中国的橘园面积中幼年园的比例较大，总体上超过 30%，而一些发达国家幼年园面积占比不到 10%，这也是造成中国柑橘单位面积产量较低的另一个原因。目前，中国柑橘单产水平约为 7.5 吨/公顷，而世界平均水平为 15 吨/公顷。第三，中国柑橘产量和面积的扩大并没有从根本上解决生产经营规模小的问题。中国的柑橘种植较分散，户均经营规模很小。过去 10 年来，面积扩大的同时，也是种植户增加的过程。这样一种经营方式，使得柑橘作为一种商品生产有其不足，在品种结构、产品质量的控制等方面宏观调控较难。近年来，一些橘农自发地组成协会，达到技术、信息共享。地方政府也非常重视柑橘产业在当地经济中的作用，从经营、销售各方面进行引导和指导，使我国的柑橘生产逐步朝着有序的方向发展。

中国进口柑橘量不断上升，1999年进口柑橘2.97万吨，其中甜橙占80.0%、宽皮橘占15.0%、柠檬占8.3%、葡萄柚占5.3%，进口地主要有南非、中国台湾等地。而2000年，进口量增加到6.19万吨。另外明显的变化是进口地主要集中在美国和泰国，两个国家合计占比达96.5%，即出现进口地单一化现象；增长最为明显的是美国对中国的出口，这主要是中美签订农业合作协议的结果。

值得指出的是，中国市场上的外国柑橘除了直接进口外，还有相当一部分是从中国香港进来的，根据香港的统计资料，香港在1998—1999年出口到内地的柑橘鲜果有3.72万吨，1999年10月至2000年6月就达2.74万吨。结合起来，中国内地市场上有据可查的外国甜橙1989—1999年度(生产年度)应为5.29万吨、柠檬3977吨、宽皮橘2570吨、葡萄柚2624吨，合计6.21万吨。从1998—2000年的数据看，通过香港进口的柑橘量在逐年减少，而由内地直接进口的量在上升。1998—2000年3年间，内地直接进口的甜橙由5592吨增加到6.19万吨。

中国柑橘在未来5年内，出口的比例有所增加，出口类型以宽皮橘为主，特别是欧美市场对宽皮橘消费量的增加，给中国的宽皮橘出口创造了一个好的机会。但欧美市场销售的主要是克里曼丁橘类型，这一类型中国种植极少，而中国的椪柑，不论在外观还是肉质方面均有较强的市场竞争能力。中国的柚子有特殊的风味，特别是无子柚，市场前景看好。中国甜橙，特别是脐橙的消费还会不断增加。中国生产的甜橙在未来5年内以满足国内市场为主，在淡季还需进口以满足市场的需求，甜橙进口量有所增长。随着人们生活节奏的加快，鲜橙汁的消费会呈上升趋势。在未来5年内，中国市场上的橙汁主要还是依赖进口。

资料来源：http://www.chinaccm.com。

5.1 入境商品的检验、检疫

5.1.1 入境商品检验、检疫的概念

检验(inspection)在入境检验检疫学中有狭义和广义之分。狭义仅指对入境的商品作品质检验。具体定义为在国家授权下，根据合同、标准或来样要求，应用感官的、物理的、化学的或者微生物的分辨分析方法，对入境的商品(含各种原材料、成品或半成品)进行检查，分辨是否符合规格的过程。而广义的"检验"则是根据国家的授权，对入境的商品进行检验、监督管理以及公证鉴定。

检疫(quarantine)一词源于意大利文"quarantte"，原意为"40"，最初是国际港口执行卫生检查的一种措施。14世纪，欧洲流行鼠疫、霍乱、黄热病等疾病，在当时对外贸易发达、海上交通十分频繁的意大利城市威尼斯，为了防止这些传染病随外来船只而传入境内，率先制定了世界上第一个检疫船检疫站。检疫站对外来船只实施隔离40天的措施，即口岸当局将船员隔离滞留船上，经过40天的观察和检查，如没有发现疫病，才允许船上所有人员离船登陆。这种措施对当时在人群中流行的危险性疫病的控制起到了重要作用。随之，很多欧洲国家，特别是地中海沿岸的一些国家都开始采取类似的措施，地中海及亚得里亚海的一些港口和检疫站也相继建立。最早的检疫方法是由检疫员登轮巡视，使用的医疗器械与药物是铁钳和醋，具体做法是，检查物品与喷洒消毒，暴露货物，禁闭船员和旅客，同时查验船舶卫生证件。这种早期的检疫方法被称为隔离法(isolation)，而"quarantine"就成为隔离40天的专有名词，并演绎为今天的"检疫"。随后，西欧一些经济发展较早的国家，

在鼠疫、霍乱、天花等传染疾病严重威胁下，也相继采取了类似的检疫措施，建立了检疫机构，以防止这些传染病的传入。远在拉丁美洲的海地也于1519年开始实施检疫。当时国际上用作航海交通工具的大帆船，成为这一时期海港检疫的主要对象。

如今，"quarantine"作为检疫的专用名词，包括以下几层含义：①(对港口船舶等的)检疫、留检、检疫处、检疫期；②(因传染病流行而对人、畜等的)隔离、隔离区；③四十天。在法律上，其具体定义为在国家授权下，即根据国家的法律法规对有关生物及其产品和其他相关物品实施科学检验鉴定与处理，以防止有害生物在国内蔓延和国际传播的一项强制性法制措施。

5.1.2 入境商品检验、检疫的必要性

近些年来，国内外都非常重视涉及安全卫生、环境保护等方面的国际敏感问题，如食品安全控制、人类生存环境的重金属等有害成分的风险监控；禽流感风险监控预警等方面。我国处于经济高速发展阶段，也正处于经济社会转型期，公共安全保障形势总体严峻，我国公共安全保障基础薄弱与经济高速发展的矛盾越来越突出。我国政府为此还专门制定了《国家突发公共事件总体应急预案》以应对公共安全问题。

公共安全在入境检验检疫领域则突出地表现在商品的质量安全和环境安全两个方面。

(1) 商品质量安全一个主要方面就是材料质量安全。材料质量，特别是由于工程材料质量产生的工程事故是重要的公共安全事件之一。例如，1996年，在对用于某大型铁路的进口钢轨进行检验时，发现其质量存在安全隐患，铁道部及时更换钢轨，从而避免了重大安全事故的发生。

(2) 环境安全在进口商品检验检疫领域中是指产品在设计制造—商品贸易流通—最终用户的流程中对相关区域环境产生的影响，如放射性、有毒有害元素、空气污染等方面。随着各国保护环境安全从意识到行动的转变，各种产品的环境安全性能有了越来越高的要求。

案例 5-1

> 1978年，非洲猪瘟席卷了马耳他，仅一个月疫情就波及全国304个猪场，政府不得不下令扑杀了全国所有的猪，开创了一个国家由于一种疫病的传入，使一种家畜绝种的先例；地中海实蝇，是水果蔬菜最凶残的敌人之一，20世纪80年代初美国爆发了一场实蝇之战。开始人们仅在诱捕器中发现两只实蝇，几天后，实蝇大量繁殖，侵害加利福尼亚州的大片柑橘园。为彻底扑灭实蝇，美国曾动用军队和警察，加利福尼亚州州长不得不下令将丰收在望的果实统统摘光并封存销毁，违令者将被处以半年有期徒刑。这场实蝇之战使加州的直接经济损失高达125000万美元，因贸易禁运等造成的间接损失无法估量。至今，该实蝇仍未在美国加利福尼亚州彻底根除。1937年，甘薯黑斑病从日本传入我国辽宁省的盖县，几年后就蔓延到国内7个省，至今我国几乎所有种植甘薯的地区都有此病发生，估计每年造成烂薯超过50亿公斤，由于人畜食用烂薯后中毒死亡的也不乏其例。
>
> 资料来源：王君玮,张玲等. 非洲猪瘟传入我国危害风险分析[J]. 中国动物检疫, 2009, 26(3): 63-66.
> 张书敏.《实施卫生与植物卫生措施协定》法律问题研究[D]. 重庆：西南政法大学, 2007.
> http://wenku.baidu.com/view/cb63db4bc850ad02de8041c1.html.

产品转化为商品，必须经过检验或检疫，以使其具有并证明其是有适合交换的价值特

征。入境检验检疫,作为政府的一个行政部门,有它特定的概念,它是专指国家对入境货物、交通运输工具、人员及其事项进行的检验检疫和管理及认证,或者对入境检验检疫与事项提供官方证明或居间公证检验检疫、鉴定证明的全部活动。商品在流通过程中受到各种外界因素的影响,其商品的成分、结构或质量会不断地发生各种各样或程度不同的变化;商品的包装、运输和仓储条件对其商品的质量也会产生极大的影响等,这些都需要进行检验、检疫或鉴定,以确定其商品质量状态,或其质量变化的程度。这讲的是一般流通环节中的检验、检疫或鉴定。

 知识拓展

入境检验检疫的宗旨

　　入境检验检疫的宗旨,是实施国家对外经济贸易的行政管理,防止传染病传入,实施国境卫生检疫,保护人体健康;防止动物传染病、寄生虫和植物危险性病虫害传入,保护农、林、牧、渔业生产和人体健康;保证仪器卫生,防止食品污染和有害因素危害人体,保护人民身体健康;加强入境货物检验检疫工作,保证入境货物质量和安全,维护对外贸易有关各方的合法权益,促进对外经济贸易的发展,服务于国家经济建设。

　　由此可见,入境检验检疫是一个涉外的、具有很强政策性的执法监督管理部门。检验检疫是主权国家最基本社会管理职能的重要手段之一,而检验检疫制度是国家行政管理制度的重要组成部分。检验检疫具有对社会有益的功用和效能,它可以保护人类健康和安全,保护动植物的生命和健康,保护环境,防止欺诈,维护社会公共利益和进口贸易有关各方的合法权益,促进对外经济贸易关系的顺利发展。同时,检验检疫又是维护国家安全和重要的非关税壁垒(Non-Tariff Barrier,NTB)措施。

 案例 5-2

多举措加强进口蜂蜜专项排查

　　2016年2月,新西兰初级产业部和新西兰常青树有限公司发布信息,对其生产的18款的麦卢卡蜂蜜实施召回,指出这些蜂蜜涉嫌人为添加二羟基丙酮(DHA)和甲基乙二醛(MG)。针对这一情况,珠海检验检疫局快速反应,开展专项排查。经查,2015年以来,经珠海口岸检验检疫进口的蜂蜜产品有6批,共计2229千克,产品来自澳大利亚、新西兰及英国,无涉事品牌进口记录。

　　与此同时,珠海检验检疫局采取多项措施加强进口蜂蜜检验检疫监管工作:一是密切关注事态发展,及时发布风险预警,并动态调整检验检疫监管措施。二是严格口岸查验。一方面,督促进口商落实产品质量主体责任,要求进口商自2016年2月26日起,每批从新西兰进口的蜂蜜报检时,均须随附新西兰初级产业部(MPI)出具的注明该蜂蜜为天然且不含有任何添加[主要指二羟基丙酮(DHA)和甲基乙二醛(MG)]的输华蜂蜜官方证书。另一方面,通过严格单证审核、货物查验及抽查企业进口商备案管理系统记录情况等方式,杜绝该公司相关产品进境。

　　据珠海检验检疫局食品处工作人员介绍,二羟基丙酮(DHA)是一种重要的化工原料、医药中间体和功能添加剂,可用于化妆品、医药和食品行业和提高瘦肉率等方面。甲基乙二醛(MGO)是广泛分布的邻二羰基化合物,被广泛用于化工原料、杀虫剂、沉淀剂等。同时,这两种分子还是广泛存在于环境中的诱变剂,从食物、饮料以及烟草中人们都可以摄入相当量的 GO 和 MGO。许多实验证实,MGO

是可伴随一系列非酶促反应，产生于正常细胞代谢过程中的人体内源性化合物，其产生途径包括梅拉德(Maillard)反应的伴随反应，如糖的自发氧化、DNA氧化反应，多不饱和脂肪酸的过氧化以及紫外损伤等。人体中血红细胞每天可以产生125μm的MGO。

对此，珠海检验检疫局提醒消费者，应在正规、合法的商家购买进口食品。必要时，可要求商家提供或出示进口食品相应的《入境货物检验检疫证明》。

资料来源：http://www.aqsiq.gov.cn/zjxw/dfzjxw/dfftpxw/201604/t20160411_464204.htm.

5.1.3 我国入境商品检验、检疫工作的发展

中国的检验检疫已有2000多年的历史，据1975年出土的《睡虎地秦简》记载，早在春秋战国时期，进入秦国国境的马车必须用火烧车身，以防止疾病的传播。唐代的市舶使和宋代市舶司的设立，标志着中国检验检疫机构的正式出现。但是真正现代意义上入境检验检疫法律制度的发展是自19世纪后期开始的，经过清末、国民政府、抗日战争、解放战争、战后恢复等几个阶段的发展，1966—1976年正常的工作秩序又受到了严重破坏。十一届三中全会后，经过30多年的迅速、全面发展，具有中国特色的入境检验检疫体系基本形成。

近年来，随着我国市场经济体制的逐步建立，特别是加入WTO以后，根据我国的有关承诺，中外合资、外商独资及中资各种形式的检验鉴定机构相继成立，一些知名外国检验机构大举进入中国市场，中国检验机构面临着前所未有的复杂的竞争局面。原有的国家商检体制已不适应市场化深入发展的要求。原有体制关系下形成的中国进出口商品检验总公司以及各地的商检公司，表现出许多体制上的不适应，迫切需要改革原有体制关系，转变政府职能，实行政企分开。

从2002年至今，国家质检总局对商检公司进行了与行政彻底脱钩的机构改革。改革的目的是按照市场经济体制要求，组建符合现代企业制度的中国检验集团，创造中国检验业名牌机构，参与国内外市场竞争，力求生存并占有一席之地。

商检公司改革

2002年10月和12月分别召开的全国商检公司体制改革座谈会和商检公司体制改革工作会议决定，商检公司要抓住机遇，通过改革，全面建立现代企业制度。改革要有利于政企分开，行政管理部门不能直接参与经营管理，商检公司在人、财、物上与行政机关彻底脱钩；要转变观念，借鉴国际知名检验机构的先进管理经验和现代管理手段，重组国内检验鉴定、认证、检测业务，创造具有竞争力的中国检验集团。

资料来源：中国检验检疫，1995(7).

我国的检验事业正在经历一场深刻的变革。新中国的成立为发展中国独立自主的商检事业创造了条件。但在改革开放前，恐怕更多是从国家主权方面来认识问题，在统制对外贸易的政策下，单纯强调国家统一管理和监督，将商检及其他检验检测业务单纯纳入国家的行政管理，包括其具有经营性质的一部分业务。同时关闭检验市场，不允许民间经营，不论是中商还是外商。改革开放后，由于涉及对外关系，检验领域的市场化进程较其他领域的步伐较慢。我国加入世贸组织推动了检验领域的改革，促进了检验市场的开放步伐。随着检验市场的全方位开放，我国的检验事业必将走向全面发展的新阶段。

5.1.4 我国入境商品检验、检疫工作的内容

依据《中华人民共和国进出口商品检验法》《中华人民共和国进出口商品检验法实施条例》《中华人民共和国进出境动植物检疫法》《中华人民共和国进出境动植物检疫法实施条例》《中华人民共和国国境卫生检疫法》和《中华人民共和国国境卫生检疫法实施细则》有关法规条例规定，国务院赋予中华人民共和国国家质量监督检验检疫总局负责我国检验检疫工作的总体实施职能，并赋予了其行政执法职能。

(1) 通过检测、认证等合格评定程序对进口商品进行检验、鉴定和监督管理，保证进口商品符合质量(标准)要求，维护对外贸易有关各方的合法权益，促进对外经济贸易的顺利发展，保障国家经济安全。

(2) 对入境动植物及其产品，包括其运输工具、包装材料的检疫和监督管理，防止危害动植物的病菌、害虫、杂草种子及其他有害生物由国外传入，保护本国农、林、渔、牧业生产和国际生态环境和人类的健康。

(3) 中国边境线长、口岸多，对外开放的海、陆、空口岸有 359 个，是世界各国开放口岸最多的国家之一。因此，对出入境人员、交通工具、运输设备以及可能染疫的行李、货物、邮包等物品实施国境卫生检疫和口岸卫生监督，防止传染病由国外传入或者由国内传出保护人类健康。

5.2　入境商品检验与管理流程

我国现在已是世界第一贸易大国，2014 年我国进出口总值高达 4.30 万亿美元。如此巨量的货物流动，自然会对我国的经济社会各方面产生极为重要的影响，也对进口商品的检验检疫提出了更高的要求。

从 1950 年 3 月中央贸易部第一次颁布《检验商品种类表》到 2005 年年初，商检种类表共进行了 21 次制定和调整。初始阶段以出口商检为主，20 世纪 80 年代后期以后进口商检增多，进口商检种类表增长速度超过出口商检。但直到目前为止，出口商检种类仍然超过进口商检种类，2005 年出口商品检验种类(N 代码)2228 个，比进口商品检验种类(M 代码)多 705 个，占总量的 59.4%；全部出口商检检验种类[包括出口食品卫生监督检验(R 代码)]3361 个，比全部进口商检种类[包括进口食品卫生监督检验(S 代码)和民用商品入境验证(L 代码)]还多 155 种，占全部商检种类总量的 51.18%。

5.2.1 入境商品检验、检疫的意义

1. 检验检疫是国家主权的体现

检验检疫机构作为涉外经济执法机构，根据法律授权，代表国家行驶检验检疫职能；根据保护人类健康、保护动植物的生命和健康、保护环境、防止欺诈、维护国家安全的原则，指定、调整进口商品目录内的进口商品以及法律、行政法规规定其他必须执行检验的进口商品或者项目；按照法律、法规规定的检验程序，实施强制性检验，进行合格评定，决定是否准予进口或者出口。这些强制性检验检疫制度的实行正是国家主权的具体体现。

2. 检验检疫是国家维护根本经济权益与安全的重要的技术性贸易措施

对进口商品的检验检疫和认证作为满足进口国的各种规定要求和突破国外技术贸易壁垒、建立国家技术保护屏障的重要手段，同时也是在保护人民健康和安全、保护动植物生命和健康、保护环境的基础上，维护社会公共利益和进口贸易有关各方的合法权益，提高中国产品质量及其在国际市场上的竞争能力，促进对外经济贸易将健康发展，是维护国民经济安全的重要手段。

3. 对入境物品的检验、检疫有助于防止传染病的传播以维护社会稳定

《中华人民共和国国境卫生检疫法实施细则》第十一条中明确指出："入境、出境的微生物、人体组织、生物制品、血液及其制品等特殊物品的携带人、托运人或者邮递人，必须向卫生检疫机关申报并接受卫生检疫，未经卫生检疫机关许可，不准入境、出境。海关凭卫生检疫机关签发的特殊物品审批单放行。"

案例 5-3

浙江 HIV 感染病例

浙江省在 1985 年发现 4 例 HIV 感染者就是因为使用了美国 Armour 公司的含Ⅷ因子的人体白蛋白的血液制品。由于特殊物品本身就可能是某种烈性传染病病原体，不排除国内外各类恐怖分子通过邮寄、携带特殊物品出入境的方式进行恐怖活动的可能。可见，对入境特殊物品的检验检疫监管工作，不但具有非常重要的卫生学意义，还对维护社会稳定有着重要的社会学意义。

资料来源：鲁少平，王福建，阎静，等. 湖南口岸出入境特殊物品卫生检疫监管工作分析和探讨[J]. 口岸卫生控制，2009，14(5): 10-12.

案例 5-4

广东茂名检验检疫局查验寨卡病毒病疫情发生国船舶

2016 年 3 月 17 日，广东茂名检验检疫局水东港办事处工作人员对来自泰国的马绍尔群岛籍船舶"IVER COURAGE"实施检疫查验，并监督实施灭蚊等检疫处理措施。这是茂名口岸对首条来自有寨卡病毒病疫情发生国的交通工具实施检疫查验和处理。

寨卡病毒病持续蔓延，为切实做好口岸防控工作，茂名检验检疫局采取得力措施，以保障口岸公共卫生安全；强化出入境船员健康申报、体温检测和医学检查等工作；对来自有寨卡病毒病本地感染病例国家和地区的交通工具等实施严格检疫查验，对不能提供有效灭蚊处理证明的，立即监督实施灭蚊处理；对出入境船员宣传寨卡病毒病的相关知识，提高船员主动、如实申报的意识；加强口岸卫生监督，要求口岸有关部门采取有效灭蚊措施，降低口岸蚊虫密度；发挥口岸联防联控机制作用，加强与海关、边检和地方卫生等部门的沟通与合作，共同防控疫病传入。

资料来源：国家质检总局：http://www.aqsiq.gov.cn/zjxw/dfzjxw/dfftpxw/201603/t20160325_463380.htm.

案例 5-5

以山东检验检疫局 2015 年上半年统计数据为例,"2015 年上半年共检出进口不合格食品化妆品 135 批;不合格进口工业品 4947 批、43.6 亿美元;截获进境植物疫情 10687 批,其中检疫性有害生物 1628 批、4525 种次,非建议性有害生物 10414 批;出入境人员检测体检发现病例 17546 例,其中,传染病 1244 例。""在 2009 年甲型 H1N1 流感防治期间,全国检验检疫系统在入境旅客中发现转送确诊的甲型 H1N1 流感病例累计达到 757 例,占内地输入性病例的 42.8%。"根据国家质检总局统计数据,"2015 年上半年全国出入境检验检疫机构在全国旅/邮检中,总截获进境物 236412 批次,截获有害生物 23258 批次"。

资料来源:http://www.aqsiq.gov.cn/zjsj/tjxx/tjsj/index_1.htm.

5.2.2 入境商品检验、检疫报检方式

1. 入境一般报检

进境一般报检是指法定检验检疫入境货物的货主或其代理人,持有关单证向卸货口岸检验检疫机构申请取得《入境货物通关单》,并对货物进行检验检疫的报检。对进境一般报检业务而言,签发《入境货物通关单》和对货物的检验检疫都由口岸检验检疫机构完成,货主或其代理人在办理完通关手续后,应主动与检验检疫机构联系落实施检工作。

2. 入境流向报检

进境流向报检亦称口岸清关转异地进行检验检疫的报检,指法定入境检验检疫货物的收货人或其代理人持有关证单在卸货口岸向口岸检验检疫机构报检,获取《入境货物通关单》并通关后由进境口岸检验检疫机构进行必要的检疫处理,货物调往目的地后再由目的地检验检疫机构进行检验检疫监管申请,进境流向报检货物的通关地与目的地属于不同辖区。

3. 异地施检报检

异地施检报检是进境流向报检的后续工作,指已在口岸完成进境流向报检,货物到达目的地后,该批进境货物的货主或其代理在规定的时间内,向目的地检验检疫机构申请进行检验检疫的报检。因进境流向报检只在口岸对装运货物的运输工具和外包装进行了必要的检疫处理,并未对整批货物进行检验检疫,只有当检验检疫机构对货物实施了具体的检验、检疫,确认其符合有关检验检疫要求及合同、信用证的规定,货主才能获得相应的准许进口货物销售使用的合法凭证,完成进境货物的检验检疫工作。异地施检报检时应提供口岸局签发的《入境货物调离通知单》。

5.2.3 不同商品的入境检验及管理

1. 粮食和饲料的入境检验及管理

国家质检总局统一管理全国出入境粮食和饲料的检验检疫和监督管理工作,国家质检总局设在各地的检验检疫机构,负责各自辖区内的入境粮食和饲料的检验检疫和监督管理工作。国家质检总局颁布《出入境粮食和饲料检验检疫管理办法》,该办法适用于对

以贸易方式和非贸易方式出入境(含过境)的粮食和饲料的检验检疫及监督管理。国家质检总局对入境粮食和饲料实行检疫审批制度，货主或者其代理人应在签订贸易合同前办理检审批手续。

该办法对入境的检验检疫提出明确要求：①使用船舶装载入境的粮食和饲料，经检验检疫机构在锚地对货物表层检验检疫合格后，方可进港卸货；特殊情况要求在靠泊后实施检验检疫的，须经检验检疫机构同意。对于分港卸货的粮食和饲料，先期卸货港检验检疫机构只对本港所卸货物进行检验检疫，并将检验检疫结果以书面形式及时通知下一卸货港所在地检验检疫机构，需统一对外出证的，由卸毕港检验检疫机构汇总后出证。②使用集装箱等其他方式装载入境的粮食和饲料，经检验检疫合格后方可运输、销售和使用。③以原运输工具、原包装过境的粮食和饲料，检验检疫机构实施过境监督管理。④入境粮食和饲料经检验不符合本办法第十一条规定的检验要求，但可进行有效技术处理的，应当在检验检疫机构的监督下进行技术处理，经重新检验合格，签发进境货物检验检疫证明后，准予入境销售或使用。⑤入境粮食和饲料经检疫发现有害生物，具备有效除害处理方法的，由检验检疫机构出具《检验检疫处理通知书》和《植物检疫证书》，经除害处理合格后，方可销售或使用。⑥入境粮食和饲料有下列情况之一的，按规定作退回、销毁处理：经检验发现不符合本办法第十一条规定的检验要求，且无法进行技术处理，或经技术处理后重新检验仍不合格的；经检疫发现土壤或检疫性有害生物，且无有效除害处理方法的。

案例 5-6

> 宁波口岸进口粮食的主要种类有大豆、大麦、玉米、小麦和大米，主要来自美国、加拿大、澳大利亚、阿根廷、巴西和泰国等国家。据宁波检验检疫局统计，2014 年宁波检验检疫局共完成进口粮食检验检疫 368 批次、157.72 万吨、货值 7.66 亿美元，在 2013 年小幅增长 2.12%的基础上实现稳步增长。进口粮食数量变化的主要原因和国际国内市场供应以及政策方面的影响有关。由于国内最低收购价以及临时收储制度的存在，国内粮食价格相对稳定，而国际粮食的价格这两年来则一路下滑。据东方艾格监测，包括大豆在内的粮食综合价格国内比国际平均每吨高出 900 元，大米、玉米、小麦三大主粮国际价格也远低于国内价格。同时，现阶段中国处于工业化和城镇化加快推进阶段，但农业仍然是国民经济的薄弱环节，粮食生产面临严峻考验。受耕地面积、水资源不均衡分布和极端气候等因素影响，粮食增产难度越来越大，加大了粮食供给增加的难度，而粮食的需求却不断增加。此外，受 MIR162 转基因成分影响，今年进口玉米的到货数量明显下降，在养殖利润差的情况下，今年进口高粱和大麦对玉米的替代量明显提升，替代品的多元化在一定程度上弥补了对玉米原料的需求，促进了对高粱、大麦的进口。
>
> 随着入境粮食数量的不断增加，各种危险性外来有害生物传入的概率也逐渐加大，入境粮食安全与卫生直接关系到国民的健康，也是检验检疫工作的重要组成部分。总体上说，入境粮食的安全与卫生状况不容乐观。近几年，检验检疫部门先后多次从来自美国的小麦、大豆中截获重大疫情，进口粮食的疫情危害性、种类和批次较前几年有了大幅上升。另外，入境粮食品质检验不合格情况在大豆、大麦和大米中均有所出现，入境大豆不合格主要原因是杂质含量普遍偏高，有些大大超出了合同规定的 2.0%，无形中外商将大量的杂质按照 200~300 美元/吨的价格输往国内。从生态安全角度考虑，杂质含量的上升会增加夹带有害杂草种子的可能，从而增加国外有害生物入侵的风险，进口粮食的防疫形势十分严峻。
>
> 资料来源：科技与企业，2014(01).

2. 木材的入境检验及管理

宁波口岸进口木材的种类主要有山毛榉木原木、栎木原木以及其他的原木、胶合板和纤维板等。进口木材的贸易国家和地区主要有俄罗斯、坦桑尼亚、印度尼西亚、马来西亚、德国、缅甸等国家。木材作为稀缺资源，属于我国鼓励进口的品种，加入WTO后第一年宁波口岸木材进口数量猛增，此后呈现下降趋势，2001—2006年，批次有所增多，涉及贸易金额逐年增长，然而由于世界主要产木区为保护当地森林资源，纷纷出台各种禁止、限制木材采伐和出口政策、法令，并通过木材价格上涨等多方面来限制木材出口量，致使2002年后宁波口岸木材进口数量大幅下降。2006年，宁波口岸对马来西亚原木进口量为零。另外，我国于2006年4月开始对实木地板征收消费税，5月份，宁波口岸实木地板进口急剧减少，进口量仅为3003立方米，货值97.73万美元，同比分别下降42.1%和31.2%。2014年宁波检验检疫局发布的数据显示，2013年宁波口岸进口木材3970批次，材积和贸易金额双双突破纪录，分别达到68.4万立方米和2.004亿美元，同比分别增长44.4%和39.9%。

案例5-7

进口木材有害生物风险

> 2006年，从来自俄罗斯的原木中多次截获中俄植保双边协定规定的危险性害虫，且截获害虫的种类比往年有所增多，这些林木害虫一旦侵入，将对我国农林业生产造成严重损失。可见，我国虽然进口木材数量减少、质量有一定的提高，但携带有害生物的风险依然存在。
>
> 资料来源：崔俊霞，陈先锋，吴宝华，等. 入世对宁波植物产品进出口贸易的影响及其检验检疫对策[J]. 植物保护，2007，33(6): 116-120.

加入WTO后，全球性贸易关税的大幅度降低，不合理的非贸易技术壁垒进一步瓦解，植物疫情是行之有效限制植物及其产品进口的中坚手段，是各国贸易战中的"杀手锏"，也是各国政府握在手中为数不多的王牌之一。提高疫情检出率，主观上限制国外植物产品进口，客观上对保护我国农林业生产安全具有十分重要的现实意义。

依据国家质检总局发布公告，对进境原木提出了严格的检疫要求，检验检疫部门及时向各进口单位宣传了国家的有关政策，使进口商对进口货物的质量意识有了进一步提高，货物的质量明显提高。宁波进境原木中，除俄罗斯、坦桑尼亚原木外，马来西亚等其他国家少量材种携带树皮，大多数原木已经进行剥皮、浸泡等处理，且进境原木基本都具有出口国出具的官方处理证书，现场检疫情况良好，受虫害木材比例小，带虫率低，但也有部分批次虫害严重，而俄罗斯原木一般都带树皮故带虫率较高，甚至携带国家禁止进境的检疫性有害生物。因此对于带虫率高的原木或板材，要加强检验检疫力度，甚至采取严厉检疫措施；而对于国内稀缺，疫情少的木材，在加强检疫、提高检疫处理技术，保证国门安全的前提下，鼓励进口。

3. 动物源饲料入境检验及管理

为加强进境动物源性饲料检验检疫及监督管理，保证进境动物源性饲料的安全卫生质量，保护动物和人体健康，根据《中华人民共和国进出境动植物检疫法》及其实施条例、

《中华人民共和国进口商品检验法》的有关规定,制定了《出入境粮食和饲料检验检疫管理办法》。本办法适用于进境(含过境)动物源性饲料的检验检疫及监督管理。

国家质检总局对向我国出口动物源性饲料的国外生产、加工、存放企业实施注册登记制度。来自未经注册登记的生产、加工、存放企业的动物源性饲料,拒绝入境。申请注册登记的国外生产、加工、存放企业必须由输出国家或地区官方检验检疫机构统一推荐。过境动物源性饲料的承运人或其代理应持输入国的进口许可证和输出国的兽医卫生证书等文件按照《进境动植物检疫审批管理办法》的规定办妥《进境动植物检疫许可证》。

进 境 报 检

货主或其代理人应当在动物源性饲料进境前或进境时向结关地检验检疫机构报检,报检时须填写报检单,提供《进境动植物检疫许可证》、产地证书、贸易合同、信用证、发票、输出国家或地区官方检验检疫机构签发的兽医卫生证书正本等单证。

对未依法办理有效《进境动植物检疫许可证》或无输出国家或地区官方检验检疫机构出具的兽医卫生证书的,检验检疫机构可视情况,作退回或销毁处理。

经现场查验不格的,作如下处理:

(1) 对来自疫区国家或地区非食用动物产品作退回或销毁处理。

(2) 对来自非注册企业的、非注册产品的、货证不符的、标签不符的,作退回或销毁处理。

(3) 对感官检查发现严重腐烂变质、动物尸体、鼠等啮齿动物的作退回、销毁处理。

(4) 对感官检查发现生虫的经检疫除害处理后合格的按照相关规定检验检疫,无法进行有效的检疫除害处理的,作退回、销毁处理。

(5) 对散包、容器破裂的,由货主或者代理人整理完好,并对污染的场地、物品、器具进行消毒处理后,按照相关规定检验检疫。

(6) 对怀疑受病原体污染的立即按照相关规定采样实行实验室检验检疫,并封存有关物,对现场进行消毒处理。

(7) 对带有木质包装、滋生生物害虫、混藏杂草种子或土壤的,实施植物检疫。

经现场查验合格的,对运输工具的有关部位及装非食用动物产品容器、包装外表、垫材料或污染场地等进行预防性消毒处理后,采样送实验室,继续按相关规定检验检疫,内容包括病原微生物及其载体、输出国和中国禁止使用的药物和激素、允许使用的药物、环境污染物、转基因动植物成分等安全、卫生、健康、环保项目及数量、重量、品质、规格等反欺诈项目。

检验检疫的相关规定有以下几类:

(1) 中国政府与输出国家或地区政府签订的双边检验检疫协议、议定书、备忘录、兽医卫生证书等规定的检验检疫要求。

(2) 国家标准、行业标准和国家质检总局的有关规定。

(3)《进境动植物检疫许可证》列明的检疫要求。

(4) 贸易合同或信用证订明的其他检验检疫要求。

4. 机电设备的入境检验及管理

进口设备存在的主要问题及管理措施有以下几个方面。

1) 进口成套设备存在不少逃漏报检的情况

成 套 设 备

进口成套设备，是指完整的生产线、成套装置设施。一般泛指能够生产、制造、加工某种能源、原材料、半成品、成品的系列化机械电气设备。进口成套设备按照规定是属于进口法定检验商品。

(1) 成套设备中《法检目录》外的设备容易漏报检。目前，我国对进口商品的归类以《中华人民共和国海关进口税则》(以下简称《海关进口税则》)为依据，而该《海关进口税则》遵循国际通用的《商品名称及编码协调制度》(即 HS 编码)。国家制定的《出入境检验检疫机构实施检验检疫的进出境商品目录》(以下简称《目录》)也是以《海关进口税则》来判断是否实施检验检疫的。但由于对商品理解的不同，加之现在商品日益多样和复杂，常常导致各部门对同一商品的归类结果产生偏差。特别是成套设备，《目录》中没有一个明确的 HS 编码，并且成套设备一般由众多设备组合而成，海关要求进口企业以各个子设备或零部件进行申报，于是就出现了在进口成套设备中有部分的设备或零部件是需要检验检疫部门出具《入境货物通关单》，而有部分是不需要《入境货物通关单》的。当然，一些企业就很容易把不需要《入境货物通关单》的部分当成《目录》外的商品而不报检了。

在实际检验监管工作中，一些企业很容易会将成套设备拆分、分批、分不同时间、分不同辖区的口岸进口。进口时，如果商品的 HS 编码在《目录》内的就向检验检疫部门申报，如果商品的 HS 编码不在《目录》内的就不申报，从而造成逃漏报检的情况。

案例 5-8

2008 年，佛山某公司新引进一整条生产线，检验检疫人员下厂对其已申报的设备进行检验时，发现其漏报了属于组成生产线的部分进口设备，漏报设备的价值达 90 万美元。据了解，这条生产线是分批进口，到厂后才安装组装而成，而漏报的设备的 HS 编码是属于《目录》外的，该企业以为是不需要向检验检疫部门进行报检的，所以造成了漏报。检验检疫人员对该公司进行了《商检法》及实施条例的宣传，并责成其将漏报的设备补报完整，依法进行了检验。目前，我们发现的案例基本是在对成套设备有报检的情况下，下厂进行检验监管顺藤摸瓜时发现的，但对于设备的 HS 编码全部是在《目录》外而且没有进行报检的进口成套设备的企业情况就无法掌握了，实施检验监管处于比较被动的位置。

资料来源：中国集体经济，2011(01)。

(2) 异地口岸进口的成套设备，存在逃漏报检情况。《中华人民共和国进出口商品检验法实施条例》第十八条规定："法定检验的进口商品应当在收货人报检时申报的目的地检验。"进口设备从使用地外口岸进口时，应先在口岸检验检疫机构报检，设备从异地口岸运至使用地时，由使用地的检验检疫机构实施检验。使用地的检验检疫机构以前是凭口岸检验检疫机构出具的《入境货物调离通知单》对设备进行跟踪检验，但《入境货物调离通知单》是以邮寄的方式送达的，容易因为地址变迁等因素而寄失；同时，部分企业为了故意逃避检验检疫而在《入境货物调离通知单》的联系方式上留下虚假的联系方式，使检验检疫机构无法联系，造成进口设备逃漏报检现象的发生。究其原因，一方面是由于企业不了解有关法律法规；另一方面是部分企业存在故意逃避检验的意图。另外，成套设备从异地口岸进口时，异地口岸的检验检疫机构很多时候无法判断该商品是否属于成套设备，也容易造成进口成套设备逃漏报检的现象发生。

案例 5-9

2008 年，检验检疫人员对佛山某外资公司进口的生产设备进行检验时，发现其漏报了价值达 130 多万美元的进口设备。据该公司的人员反映，公司新成立不久，不了解进口设备的有关法律法规；而他们的设备是由某贸易公司全权代办，漏报的设备是在异地进口的。设备到达佛山后，代理的贸易公司既没有告知他们需要向目的地检验检疫局进行报检，也没有向他们提供设备进口的各种手续证明和《入境货物调离通知单》，导致他们误认为进口设备在口岸已完成了报检。检验检疫人员对该公司进行了《商检法》及其实施条例的宣传，让企业将其漏报的设备进行了补报，并依法进行了检验。

资料来源：梁伟锋．进口设备检验监管问题与对策[J]．中国集体经济，2011(4)：165-166．

2) 进口设备以旧充新的现象时有发生

旧机电产品一直都是敏感的高风险进口商品。所谓旧机电产品，是指符合下列条件之一者：已经使用，仍具备基本功能和一定使用价值的机电产品；未经使用但存放时间过长，超过质量保证期的机电产品；未经使用但存放时间过长，部件产生明显有形损耗的机电产品；新旧部件混装的机电产品；大型二手成套设备。旧机电产品存在安全、环保、卫生等高风险隐患，所以国家对进口旧机电产品进行严格的控制。国家质检总局 2002 年和 2003 年分别发布了第 37 号令《进口旧机电产品检验监督管理办法》(2016 年已修订)和第 53 号令《进口旧机电产品检验监督程序规定》，明确规定了对进口旧机电产品进行备案、装运前检验、到货检验、后续监督管理的法定检验监管模式。虽然进口旧机电产品进口手续复杂和监管严格，但由于价格因素，为获取高额利润，少数不法企业仍然以旧充新，企图蒙混过关。

3) 将整机拆解，以《目录》外零部件名义进口设备

将整机拆解，以零部件名义进口设备，尤其以《目录》外的零部件的名义进口设备，既逃避了检验检疫对进口设备的法定检验和监管，又能以零部件的低货值报关，来达到逃税避税的目的。

知识拓展

将整机拆解的行为特征：同一发货人或收货人可能分两个或以上不同的货运代理、贸易公司分别进口；会分开在一段相近的时间段申报，申报的名称可能会是同类型的货物(如冲印机外壳、冲印机配件等)。

案例 5-10

2009 年，佛山两家进口公司同时以全申报方式申报进口"操作桌""冲印机部分外壳配件"和"散热风扇"等零配件(均为《目录》外货物)，检验检疫人员在口岸查验时发现"操作桌"实为数码冲印

机输入部分;"冲印机部分外壳配件"和"散热风扇"实为数码冲印机输出部分;而且三批货物均有明显使用过的痕迹,铭牌被拆除,工作机构积尘严重,经鉴定为可以组合成三套旧数码冲印机,是属需要备案并进行装运前检验的旧机电产品。以非法检的零部件名义申报进口既逃避了检验监管,又以低货值的报关方式逃税避税。而且这类进口的旧机电零部件若与新部件混合配置,冒充新机出售有可能造成严重的质量安全隐患,损害消费者的利益,扰乱国家正常的经济秩序。

上述行为违反了《商检法》及其实施条例的规定,检验检疫机构依法对这两家公司进行立案处罚,并将货物移交海关作退运处理。

资料来源:中国集体经济,2011(01).

5.3 入侵生物的危害与入境商品的对外索赔

5.3.1 入侵生物的危害

随着全球生态环境的日益恶化,生物多样性保护和生态安全保障问题已经越来越多地受到国际社会的关注。外来入侵物种对生物多样性的影响表现在两个方面:一是外来入侵物种本身形成优势种群,使本地物种的生存受到影响并最终导致本地物种灭绝、破坏生物多样性、使物种单一化;二是通过压迫和排斥本地物种,导致生态系统的物种组成和结构发生改变,最终导致生态系统受到破坏。国际上已经把外来物种入侵列为除栖息地破坏以外,生物多样性丧失的第二大因素。目前我国已经大范围实施生态环境保护、停止原始森林砍伐和土地开垦,外来入侵物种将上升为危害我国生物多样性和生态环境的主要因素。

生 物 入 侵

据中国环境保护总局统计:2014 年,中国自然生态系统受外来入侵物种破坏形势仍然严重。目前外来入侵物种有 544 种,比 2010 年增加了 11.5%。在国际自然保护联盟(IUCN)公布的全球 100 种恶性外来入侵物种中有 50 余种已入侵中国。常年大面积发生危害的物种有 120 多种,每年仅水花生、福寿螺等 20 种主要农业外来入侵物种造成的经济损失达 840 亿元人民币。外来物种入侵危害区域涉及农田、森林、湿地、草原等各个生态系统,造成野生生物资源濒危。

我国地域辽阔、生物多样性丰富,随着国际交往的增加,林业有害生物的数量和种类也急剧增加。森林生物灾害的发生面积从新中国成立初期的每年数百万亩上升至目前的 1 亿亩以上,主要森林有害生物种类也从几种扩增到 200 多种。

案例 5-11

国家质检总局加固国门生物安全防护网"十二五"进境有害生物截获种次年均增长 26.8% "'十二五'期间,我国进境有害生物截获种次年均增长 26.8%,累计监测截获外来有害生物 8945 种。" 2016 年 4 月 5 日,在河北沧州召开的国家质检总局"保障国门生物安全暨服务农产品优进优出"现场新闻发布会上,国家质检总局动植物检疫监管司相关负责人表示,检验检疫部门口岸查验能力不断提升,仅 2015 年,就在全国各口岸截获有害生物 5958 种、104.3 万种次,同比分别增长 9.21%和 29.72%。

国门生物安全工作是政府部门执法把关、保护国内农、林、牧、渔业生产安全和生态环境安全的国家主权行为。"十二五"时期，国家质检总局和各级检验检疫机构始终围绕国门生物安全这一主业加固防护网、坚守安全线。

"我们强化关口前移理念，完成了对45个国家或地区粮食、水果、水生动物、饲料等高风险产品的境外预检和风险评估。对有关国家发出违规通报100份。暂停了境外45家企业水果、粮食、水生动物和饲料的对华出口资质。"该负责人介绍。

为了御风险于国门之外，国家质检总局全面组织开展口岸规范化建设工作。在旅客携带物和邮件监管工作中推广普及"检疫官-X光机-检疫犬"综合查验模式，加大检疫犬应用力度。以严厉打击非法携带、邮寄植物种子种苗进境行为为重点的"绿蕾"专项行动，同样有效加固了国门安全防护网，仅2015年即截获非法进境的种子种苗2.2万批次、8万多公斤。

"今年，国家质检总局将全面推进国门生物安全查验机制建设，完善集疫病疫情、风险分析、技术法规、应急预警为一体的国门生物安全业务监测预警体系。"该负责人表示。据悉，全国27个重点邮件和快件监管现场将很快配置更为先进的查验CT机。

资料来源：http://www.aqsiq.gov.cn/zjxw/zjxw/zjftpxw/201604/t20160406_463862.htm.

1. 有害生物对农产品的危害

长期以来，我国都是世界上最大的棉花生产国和消费国。然而，我国进口的棉花，其病虫害、有害物质、品质不合格、短重、以次充好、掺杂掺假等现象仍时有发生，进口棉花质量问题不容忽视。

阅读资料

2009年，厦门检验检疫局日前发布的《2009年度厦门检区进口商品质量分析报告》指出："2009年，进口棉花不合格率居高不下，其中棉花重量、货值不合格率分别高达70.4%和73.5%。"我国进口棉不少都有夹带检疫物，许多集装箱内均发现禁止入境的土壤、昆虫及啮齿类动物。此外，由于棉花包装不严实，在运输途中，极易受到温度以及湿度的影响而出现水湿霉变等现象。也曾有检验检疫人员多次检出"黑心棉"——在棉花当中，还掺杂有大量的羽毛、纱线、毛发、化纤以及碎布等特殊杂质和异性纤维。这些东西非常零散地散布于棉包当中，不易挑除，对成纱质量和染色形成直接影响。

资料来源：余勇. 透析进口棉花质量"顽症"[J]. 中国纤检, 2010(10): 56-57.

越南木薯干片大部分是以边民互市贸易形式入境，量大且分散，不利于检验检疫工作的开展。口岸查验工作人员的害虫检疫技能及对检出害虫的快速鉴定能力、除害处理能力还有待提高。从目前的检验检疫情况来看，越南木薯干片携带的虫种多，活虫检出率高达100%，疫情复杂严重。越南地处东南亚，是谷斑皮蠹等多种危险性有害生物的疫区，因而在大量进口越南木薯干片，将会极大增加外来有害生物传入我国的风险。

知识拓展

边民互市贸易

边民互市贸易是指边境地区边民在我国陆路边境20公里以内，经政府批准的开放点或指定的集市上，在不超过规定的金额或数量范围内进行的商品交换活动。

案例 5-12

北京出入境检验检疫局再次截获检疫性有害生物：鳞球茎茎线虫

近日，能对洋葱、甜菜、胡萝卜等作物造成严重为害的检疫性线虫——鳞球茎茎线虫再次被北京出入境检验检疫局(以下简称"北京国检局")截获。中国检验检疫科学研究院疫情信息系统显示，此前仅该局曾于 2012 年从荷兰输华婆婆纳中首次截获鳞球茎茎线虫，其他口岸没有从婆婆纳苗木中截获该线虫记录。

此次截获的鳞球茎茎线虫是北京国检局从 2 批荷兰引进的苗木中检出的。2016 年 3 月，首都机场国检局受理报检了 2 批来自荷兰的种苗，包括萱草、玉蝉花、落新妇、多叶羽扇豆、小天蓝绣球、婆婆纳等 12 个品种，共计 51130 株。

国检人员在现场检疫时发现，其中的婆婆纳等种苗的根部有变色、裂孔等症状，随后针对其中表现异常的植株进行了取样送检，实验室检测结果表明：除检出我国进境检疫性有害生物——鳞球茎茎线虫外，还从天蓝绣球、小天蓝绣球、多叶羽扇豆种 3 种苗木中截获短体线虫(非中国种)等检疫性线虫。携带检疫性线虫的种苗达 28930 株。

资料显示，鳞球茎茎线虫广泛分布于欧洲、亚洲、美洲、非洲等 80 多个国家，是最具破坏性的植物寄生线虫之一。该线虫寄主多达 40 科 450 种植物，其中涉及多种具有较高经济价值的球根花卉。该线虫具有极强的繁殖能力，即使很低的初侵染虫量也能在短时间内繁殖到足以造成损失的群体水平；一些研究表明该线虫在土壤中密度为 10 条/500 克土时，就能对洋葱、甜菜、胡萝卜等作物造成严重为害；该线虫的生存能力特别强，一旦在土壤中定殖，就很难完全铲除。

考虑到该线虫寄主较为广泛、适生性较强，且多藏匿于植物株茎内，隐蔽性大，扩散风险高，因此，北京国检局对该批货物使用内吸性杀线剂进行了处理，处理后重新抽取样品进行效果评价，未检出该线虫。

近年来，我国园林绿化中对宿根类花卉的使用率逐步增加，相关苗木进口量也不断增加，北京口岸在近几年检测中，多次发现相关宿根疫情风险较高，几乎所有进口宿根都会携带多种线虫，短体线虫、根结线虫、茎属线虫频繁被检出，其中不乏检疫性线虫。相比较全国其他口岸多次从苜蓿干草等中截获鳞球茎茎线虫来看，从多年生宿根苗木中截获鳞球茎茎线虫，其风险性更大，特别是所引进的宿根均为多年生草本，宿根自身繁殖力、适生性很强，多采用陆地粗放栽培，疫情扩散风险较高，一旦引入鳞球茎茎线虫等高风险线虫，其防治难度将难以想象。

对此，北京国检局将情况上报国家质检总局，建议各口岸加强对荷兰输华宿根苗木的检测工作，特别注意对根茎结合部的检查，以防鳞球茎茎线虫等高风险线虫的传播扩散。该局也进一步总结工作经验，做好进境植物种苗的口岸查验工作，不断提高口岸疫情截获率。

资料来源：北京出入境检验检疫局
2016 年 4 月 7 日 http://www.bjciq.gov.cn/Contents/Channel_1197/2016/0407/40330/content_40330.html.

2. 有害生物对林业的危害

有害生物入侵我国受害最大的就是林业，当前我国发生的最危险的森林病虫害都是外来有害生物造成的。

阅读资料

森 林 病 害

据国家林业局统计,现在我国每年仅外来有害生物引发的森林病虫害面积就达 2000 多万亩,每年因此而减少的林木生长量超过 1700 万立方米;松材线虫等外来森林病虫害在我国发生面积已达 116 万公顷;飞机草等外来植物灾害面积已达 1065 万公顷。

资料来源:http://www.gmw.cn/olgmrb/2003-02/14/07-CIF2AC8ABFBB3EB448256CCC00823663.htm.

除此之外,入境商品中存在的质量问题,也会对我国造成利益侵害。例如,由于哈萨克斯坦的钢材在价格上有一定的优势,且甘肃毗邻新疆,运输较为方便。所以近两年来,甘肃省经阿拉山口从哈萨克斯坦进口的钢材数量呈上升趋势。但是,在钢材入境调到甘肃省后,绝大多数经营单位没有依照法律规定向甘肃出入境检验检疫机构申报检验就分销使用。

 案例 5-13

> 2002 年上半年甘肃省共进口的 1 万吨钢材,实际申报检验的仅有 0.25 万吨,只占 25%。从检验情况看,哈萨克斯坦出口的钢材存在机械性能、规格和外观光洁度不符合标准的问题。由于经营单位未按规定向检验检疫机构申报检验,不但违反了《商检法》,而且致使钢材的质量问题不能及时被发现,使用户的利益受到侵害。
>
> 资料来源:王润武,费卿. 谈入境钢材的检验监管[J]. 质量指南,2002(24): 102-103.

5.3.2 入境商品的对外索赔

1. 索赔

索赔(Claim)是指履行国际货物买卖合同的受损方向违约方提出损害赔偿的要求,所谓索赔是指遭受损害的一方,在争议发生后,向违约一方提出赔偿要求。索赔不是单纯的经济问题,而是关系到我国对外政策,并体现社会主义国家的经营作风,如果该提出索赔的不提出,就会使国家遭受经济损失。就索赔而言,还有实际是否赔足、是否根据协议或裁决的计划按期赔偿等问题。

 阅读资料

2011 年福建漳州累计检出入境不合格商品 181 批次,涉及货值 4.13 亿美元,占总进口商品的 16.41%。其中,16 批不合格商品获得漳州检验检疫局品质检验证书,成功对外索赔 440.91 万美元。

资料来源:http://finance.chinanews.com/cj/2012/01-16/3608964.shtml.

2. 索赔的类型

涉及国际货物买卖的索赔,一般有贸易索赔、运输索赔和保险索赔 3 种情况。

(1) 贸易索赔。贸易索赔是以买卖合同为基础的,当一方当事人违反买卖合同规定时,受损方可依据买卖合同规定和违约事实提出索赔。属于卖方违约的,主要是交货的时间、品质、数量、包装等不符合合同的规定;属于买方违约的,主要是不按时接货、付款、办理租船订舱等。

(2) 运输索赔。运输索赔是以运输合同(或契约)为基础的,当一方当事人违反运输合同(或契约)规定时,受损人可以依据运输合同(或契约)规定和违约事实提出索赔。如收货人持有清洁提单而收到的货物发生残损短缺,这与发货人(卖方)无关,收货人只能凭运输合同(或契约)向承运人索赔。

(3) 保险索赔。保险索赔是以保险合同为基础的,当发生保险合同承保范围内的风险并由此造成损失时,被保险人可向保险公司索赔。例如,按 CIP 条件成交的货物,在运输途中遭遇暴雨而水浸损坏,由于投保了水渍险,买方可凭保险合同向保险公司索赔。

案例 5-14

> 黑龙江省一家公司与俄罗斯签订一份现汇进口原木合同,合同数量几千立方米,合同中索赔条款规定该批货物的索赔有效期仅为 18 天。黑龙江检验检疫局的工作人员在得知这一情况后立即找到该公司负责人员,告诫该公司我国进口俄罗斯原木不合格比例较高,每年均在 38%左右,如果将索赔有效期定为 18 天,等于放弃了对外索赔权。
>
> 索赔有效期是从进口日期到向外商提出索赔证书时间期限。中间尚有口岸换装、国内运输、归楞、检尺验、复尺复验、汇总数据、出具索赔证书等环节,要做以上这一系列工作,即使商检部门全力配合,在这么短的时间内也是很难完成的,一方面会给各方工作带来很大困难,另一方面很有可能丧失索赔权,给国家集体造成经济损失。
>
> 资料来源:任罡. 进口商品索赔期过短无异于放弃索赔权[J].中国商检,1994(8): 37.

3. 入境商品索赔的程序

1) 确定索赔对象与时效

入境商品对外索赔的索赔对象及其责任与索赔时效如表 5-1 所示。

表 5-1 索赔对象的责任与索赔时效

索赔对象	责　任	索　赔　时　效
卖方	卖方所交货物:品质不符合合同规定、数量短缺、包装不良、拒不交货或不按期交货	买卖合同规定的索赔期限,若合同中无规定,为买方实际收到货物之日起两年内
承运人	船方过失,如开航前或开航时船舶不具备适航条件(装载不良、配载不当、装卸作业疏忽或货物在运输途中遗失等),导致货物残损	货物到目的港交货后一年内(《海牙规则》)
保险公司	货物在保险责任有效期内,由自然灾害、意外事故或其他外来原因造成承保责任范围内的损失,或在承保范围内由船方赔偿金额不足以抵补损失的部分	货物到目的港全部卸离海轮后两年(中国人民保险公司)

2) 提供索赔依据

索赔依据主要包括货损检验证明、船长部署的货物短损证明、提单、保险单、商业发票等。

案例 5-15

2001年10月—2003年10月，在两年的时间里，吉林检验检疫局共检验监管进口机电产品13000多批次，货值40多亿美元，其中发现不符合合同规定的货物331批，索赔金额2177万美元。

2010年7月下旬，日照口岸检验检疫人员在对从乌拉圭进口的39588.55吨转基因大豆实施检疫时，发现该批大豆有明显残损。在山东检验检疫局专家组指导下，日照口岸鉴定人员按照残损鉴定工作规程及实施方案，依法对该货物实施了残损鉴定工作。综合现场查验、单证资料、航海日志等信息及证据，判断该批大豆装船前品质正常，残损发生在卸货之前，且由非不可抗拒因素导致货物发生残损。经进一步检验、衡重、验残和实验室检测，确定残损货物合计净重2796.83吨，索赔金额23.95万美元。签订人员为此出具了检验证书及索赔证书，为进口商索取赔偿提供了重要依据。残损鉴定工作是口岸检验鉴定业务的一项重要内容，检验检疫机关出具的残损鉴定相关证书，对于进口商、承运单位、保险等各方在履约和处理争议中，具有法律效力，直接关系到各方的经济利益。在本次大豆残损索赔案中，由于牵扯货物数量大，货值高，山东检验检疫局派出专家组进行现场指导，成立了技术指导小组，制定了残损鉴定工作方案，保证了鉴定工作的协调一致、严格规范和公正准确，维护了国家利益和相关贸易关系人的合法权益，不仅使山东检验检疫局树立了良好的形象，也为山东检验检疫局岚山办事处在残损鉴定方面积累了宝贵的经验。

资料来源：秦国勋，方贤星等.加强对进口大豆的检验检疫[J].植物检疫，2010(5): 89-92.

5.4 入境商品的检验与管理程序实例分析

检验检疫部门作为行政主体，依法对列入强制性认证目录内的入境商品实施入境验证和检验监管。以宁波保税区为例，自2003年以来，检验检疫部门对认证违规违法行为立案处罚14起，总涉案金额370万元，查处伪造原产地证书、涉嫌冒用原产地标记注册产品名称、不如实申报原产地证书等违法行为累计20起，其中2011年发现的1例原产地伪造证书，经进一步调查，发现了该企业的巴基斯坦客户进口代理商涉嫌伪造证书达3000多份。

5.4.1 进口商品检验检疫管理制度存在的问题

1. 政企不分的机构设置，使进口商品检验商业化

中国加入WTO后，在2002年对《商检法》进行了大规模的修订，进口商品检验的体制得到确立，其分为以下三个层次：一是国务院设立进口商品检验部门，主管全国进口商品检验工作；二是国家商检部门在各地设立商检机构，管理各所辖地区的进口商品检验工作；三是经国家商检部门许可的检验机构，可以接受对外贸易关系人或者国外检验机构的委托，办理进口商品检验鉴定业务。这里有三个层次，三个机构，其性质与地位是不同的。尤其是第三个层面的机构，它包含了各地商检部门内设的检测中心(具独立法人资格)、商品检验公司及一部分经国家认可的民营检测机构。也就是说，目前，在国家质检总局下面，各地的商检部门主管管理其所辖地区的进口商品检验工作，就是依法对列入《目录》的进口商品进行检验，这是一种行政管理行为，属行政法调整的范畴。而各地商检部门所设立的检验检测中心，可接受委托办理商品检验与鉴定工作，当然，这里的委托是收费的，是一种商业行为，在法律上，这是一种合同行为，属民法调整的范畴。但实际上，各地检验

机构无论是完成法定检验的工作还是受理委托检验工作，用的其实是同一个实验室的数据。这就是说，进口商品检验机构下设的检测中心在承担执法检测的同时，还参与受商检机构管理的国家认可的第三方检验机构的市场竞争，获取经济效益。依靠政府的投入，由政府人员开展检验鉴定服务，导致政企不分，扰乱了检验市场。这种政企不分的机构设置，必然会给进口商品检验带来影响。

2. 处罚依据滞后

法律具有滞后性，检验检疫法也不可避免。除了2002年修正的《商检法》以及2005年经国务院第101次常务会议通过的《中华人民共和国进出口商品检验法实施条例》(以下简称《商检法实施条例》)外，1987年施行的《国境卫生检疫法》和1992年施行的《进出境动植物检疫法》都存在明显的滞后性，这是检验检疫机构和国家有关部门目前面临的不可否认的事实。1989年第七届全国人大常委会第六次会议通过的《商检法》和1992年国务院批准的《商检法实施条例》，由于其部分实质内容与WTO的原则、TBT协议的有关规定相矛盾，已不适应当时进口贸易的形势以及国家检验检疫正在执行的有关规定。我国政府根据加入WTO时的承诺，及时在2002年第九届全国人大常委会第二十七次会议对《商检法》进行了修正，2002年10月1日起实施。同时，在2005年国务院第101次常务会议上，批准了《商检法实施条例》，2005年12月1日起实施。应该说，《商检法》和《商检法实施条例》的立法者最大限度的基于过去、着眼于未来，解决法律的滞后性问题。其他两部法律，特别是《国境卫生检疫法》，如果不出台修正案，不仅不能对现实社会中出现类似SARS这样具有社会公共安全危害性的行为作出规定，而且不能避免因社会经济形势发展而导致的《国境卫生检疫法》滞后问题。

法律作为调整社会关系的手段，必须适应社会的发展。更何况法律并不总是完美的，总存在这样和那样的漏洞，所以需要及时修改和补充。当然《国境卫生检疫法》和《进出境动植物检疫法》的修改和补充并不是随意和毫无目的的，并且不得以破坏该法的稳定为代价，应紧跟时代的步伐，参照世界卫生组织(WHO)第58届世界卫生大会修订的《国际卫生条例》、WTO规定的《实施动植物卫生检疫措施的协议》(SPS协议)、联合国粮食和农业组织制定的《国际植物保护公约》以及世界动物卫生组织(OIE)颁布的《国际动物卫生法典》而达到自我完善、自我修订，使其适应进一步发展的中国社会和国际社会。

3. 检验检疫工作水平较低

出入境检验检疫工作是一项以科技作支柱的工作。加入WTO，市场进一步扩大放开后，出入境人流、物流加大，出入境检验检疫任务加重，难度增强，出入境检验检疫在维护工农业生产、生态环境、人民生命财产和经济安全方面的责任和风险日益加重。一是随着农业市场的开放，关税的降低，动植物进口贸易会越来越大，疫情会越来越复杂，疫情传入的危险性也会大大增加，出入境检验检疫机构防止危害动植物的病菌、害虫杂草、种子及其他有害物由国外传入我国，保护我国农、林、渔、牧业生产安全、生态环境和人民健康的责任日益加重。回首我国15年关于谈判的历史，不难发现自1986年我国申请加入WTO以来，与各个成员国的谈判焦点一直集中在农产品的检疫上。我国与美国有关部门就美国的小麦、柑橘、苹果、葡萄等农产品问题举行了9轮会谈，经过10多年时间，才在1999年达成农业合作协议，其中农产品的标准问题是关键性内容之一。

由于服务贸易市场的开放，我国的涉外公证鉴定和商品检验领域将打破长期以来由出入境检验检疫部门垄断的格局，国外的检验检测机构、新的合资合作检验鉴定机构、认证机构和咨询机构将进入国内检验市场，出入境检验检疫部门将面临从未有过的强硬的市场竞争压力。

4. 检验、检疫意识不强

世界疫情复杂、分布广、传播快、危害严重、不宜根除的特点决定了树立并强化检疫意识的必要性。

阅读资料

危害农产品的有害生物涉及病、虫、草害，种类繁多。在经济全球化的今天，世界贸易的迅速发展为疫情的扩散打开了方便之门。1845—1846年爱尔兰马铃薯晚疫病大肆流行，饿死100万人，100万人逃亡异乡。近年疯牛病在英国爆发，大约有400万头牛被屠宰，英国牛肉制品的出口量一下子下降了9成，用于消除疯牛病造成的混乱的费用达到62.5亿美元。之后，疯牛病又在比利时、法国、爱尔兰、瑞士和葡萄牙被发现，最近日本和韩国也有了疯牛病病例。时下的口蹄疫、禽流感、猪霍乱和心水病等动物疾病也在世界各地传播。地中海实蝇是世界上对水果和蔬菜最具危害性的害虫之一，寄主植物多达350种，在地中海地区一些国家种植的核果受该虫的危害率曾经达到10%，这种源于西非的害虫已蔓延到全球90多个国家和地区，我国在口岸14次截获。新中国成立以前传入我国的甘薯黑斑病至今每年仍损失甘薯50亿公斤。松材线虫1982年初在我国被发现，到1987年它已造成直接经济损失700万元人民币，危害林地20多万亩。

资料来源：http://www.docin.com/p-252715270.html。

阅读资料中列举的有害生物，都有传入后难以甚至不能根除的特点，稍有不慎就会泛滥，而且它们带来的灾难都是毁灭性的。爱尔兰百万尸骨堆成的检疫警示碑足以让人们清醒地认识疫情的危害性，从而也证实了树立、强化检疫意识的必要性。

5.4.2 完善我国进口商品检验制度的建议

检验检疫工作为促进中国外贸发展，保护人民生命健康，保护生态安全做出了巨大的贡献。当前检验检疫工作也正处在发展的十字路口，社会上特别是外贸领域对检验检疫的质疑声一直都有，检验检疫内部自"十二大"初期就流传可能要进行机构改革或被整体并入其他部门或被拆分并入其他部门的传言。但是，历史的发展证明，只要国家存在，只要有国际贸易存在，出于国家安全的考虑，检验检疫工作只能加强，不能削弱。为此，我们客观看待检验检疫的发展历史，冷静分析发展过程中出现的问题，归根结底是为了进一步完善中国出入境检验检疫法律制度，使之更加符合WTO规则的要求，更加符合国际惯例，更加符合中国国情。

1. 坚持依法行政，完善检验检疫法律体系

按照依法行政、建设法治政府的意识，全面分析检验检疫制度现状，逐步建立起符合社会主义初级阶段特征具有中国特色的更加完善的检验检疫法律体系。一是尽快完善检验检疫法律体系。按照《国际卫生条例(2005)》要求，修订《中华人民共和国国境卫生检验法》及其实施细则，扩大检疫传染病范围，更加重视公共控制职责，完善卫生处理制度，

增加行政强制措施,保障人权。二是尽快修订《中华人民共和国进出境动植物检疫法》及其实施条例,"确定国家'适当的保护水平',引入 SPS 协议中风险分析制度,制定'允许进境的国家和地区的动物和动物产品名单',统一内外动物传染病目录,改进进境动植物检疫许可制度,引入动物福利概念,控制生物防疫"。三是与《中华人民共和国产品质量法》相对应,把《商检法》修改归为进出境产品质量法,缩小法定检验范围,更加注重发挥第三方机构的作用。四是统一各部门法律的规定,减少法律冲突,统一执法机构成为统一罚则、统一通关模式。五是完善配套规章和规范性文件体系。依照上位法律对现有的工作制度和规章、规范性文件进行梳理,建立健全规范性文件审核机制,做好立、改、废,形成一套与检验检疫法律体系相配套的规章和规范性文件体系。

2. 强化科技力量

创新科研管理体制和管理模式,改进科研工作管理方法,提升科研管理水平和科研能力,全面提升科技工作服务检验检疫的作用。加强与国际检验检疫机构的交流与合作,借鉴学习国外先进技术,加快科技人才队伍的培养,创新科技管理体制,积极开展科研攻关,加快科技成果的转化和利用。加快系统内检测资源的整合,提高设备配备,研究先进检测方法,合理布局实验室网络,发挥整体的效益。积极推进实验室向集约化、规模化、市场化发展,建设层次分明、重点突出、有效覆盖的检测体系,不断增强质检科技实力和检测能力。建立和完善符合中国国情与国际标准相协调的新型国家标准体系,调整完善与检验检疫业务新需求、新特点相适应和配套的检验检疫行业标准体系,制定科学的全面覆盖检验检疫种类表的检验检疫规程标准和方法标准,提高适用国际标准的比例。

3. 建立检验检疫协调机构

我国属于典型的多部门监管体制,农产品安全监管职责由多个不同的机构或部门分担,重复管理、缺乏协调的现象非常普遍。因此,在中央层面建立一个具有高度权威性的、负有完整行政管理职责的、超越各职能部门具体工作的综合管理协调机构不失为一个好办法。此机构由动植物检疫相关部门、食品安全相关部门组成,直接由国务院总理领导。在国务院可以设置一个常设办公室,由各组成部门的主要领导担任主任或副主任。这样一个国家农产品安全委员会应当具有完整的农产品安全管理职能,具体包括领导和管理全国农产品安全管理工作收集与分析农产品安全信息,制定整体的农产品安全政策,组织各部门制定和修改全国农产品安全长期发展规划和年度发展规划,组织各部门起草农产品安全法律和行政法规,制定部门规章,组织各部门统一农产品安全标准,制定农产品安全预算,整合各部门的农产品安全检测资源,统一指挥和部署全国突发农产品安全事件的处理等。在地方,各省级政府设立与中央类似的省市、自治区农产品安全委员会,领导本辖区的农产品安全管理工作,接受国家农产品安全委员会的领导。在中央与省级、上级与下级的权限划分上,跨地域的农产品安全问题可以由上一级政府处理。省、区、直辖市之间也可以建立农产品安全问题的协调与合作机制。各省(市)之间能通过协调合作解决的,由各省(市)建立区域合作;不能通过协调合作解决的,由国家农产品安全管理委员会直接管理或者由国家农产品安全管理委员会组织建立省际区域协调机制。同时加强中央一级、省一级部门对农产品安全的垂直管理。

案例 5-16

1. 使用已暂停"3C"证书进口强制性认证产品

宁波保税区内某企业于 2010 年 11 月，向宁波检验检疫局保税区办事处分别申报了两批需实施入境验证的货物，品名：电源供应器(磁盘阵列用)；规格：PR500L-P/R3P60SA-P，HS 编码：8504401300；检验检疫类别：L；原产国：中国台湾；数量：80 个；货物总值：13 批 714 美元。

检验人员对商品实施入境验证时发现，企业提供的编号为 2008010907313734、2008010907313734 的《中国国家强制性认证证书》("3C"证书)已于 2010 年 9 月 2 日被暂停，暂停原因为"认证产品适用的认证后会依据或者认证实施规则换版或变更，持证人在规定期限内未按要求履行变更程序，或产品未符合变更要求；GB9254 未换版"。通过调查发现，该批货物的生产商未能在规定的有效期内及时申请后报更新换版，并且在已知"3C"证书被暂停的情况下，仍然继续发货，其主观故意明显，且收货人在报检时也没有对证书的有效性进行过核实。鉴于上述情况，根据《商检法实施条例》第二十条的规定，对上述两批入境验证不合格商品作退运处理，并依据《中华人民共和国认证认可条例》第六十七条规定予以行政立案处罚。

2. 瞒报禁止进口特殊物品案

2011 年 2 月 28 日，A 生物科技有限公司(以下简称 A 公司)向 B 检验检疫局申报一批实验室试剂，货物品名为缓冲液的磷酸盐试剂，共计 196 件，货值为 41452.15 美元。2011 年 3 月 1 日，B 检验检疫局查验人员在现场核查时发现，确认申报的 4 箱货物中，其中 3 箱品名为磷酸盐试剂，与申报相符，1 箱品名 Rabbit-Anti-Human IFN(即兔抗人干扰素)和重组蛋白，共 12 瓶，货值为 1901.25 美元，与申报不符，货物属于特殊物品范畴。

B 检验检疫局于 2011 年 3 月 9 日立案调查，查明：A 公司的行为违反了《出入境特殊物品卫生检疫管理规定》第八条的规定，未按照相关规章办理特殊物品相关审批手续。有瞒报禁止进口的特殊物品的违法行为。根据调查结果，B 检验检疫局依据《出入境特殊物品卫生检疫管理规定》第二十八条第(三)款规定，对甲公司做出了罚款 3000 元人民币的行政处罚。

分析：

(1) 处罚依据的认定，即该公司的违法行为应当适用何种法律条款进行处罚。《中华人民共和国国境卫生检疫法实施细则》第一百零九条规定："《国境卫生检疫法》和本细则所规定的应当受行政处罚的行为是指：……(五)瞒报携带禁止进口的微生物、人体组织、生物制品、血液及其制品或者其他可能引起传染病传播的动物和物品的；……"，《出入境特殊物品卫生检疫管理规定》第二十八条规定："违反本规定，有下列情形之一的，由检验检疫部门按照《中华人民共和国国境卫生检疫法实施细则》第一百一十条规定处以警告或者 100 元以上 5000 元以下的罚款：……(三)瞒报携带禁止进口的微生物、人体组织、生物制品、血液及其制品或者其他可能引起传染病传播的动物和物品的。《国境卫生检疫法实施细则》第一百零九条第(五)项规定针对的是瞒报"携带"行为，从本案实情来看，该公司是以一般贸易方式发生而非"携带"行为，其违法行为仅单纯属于瞒报行为，适用《出入境特殊物品卫生检疫管理规定》第二十八条第(三)项的规定进行处罚较为合理。

(2) 违法行为性质的认定。对禁止进口的微生物、人体组织、生物制品、血液及其制品等特殊物品，《出入境特殊物品卫生检疫管理规定》(总局第 83 号令)第五条规定："取得《入/出境特殊物品卫生检疫审批单》，并经卫生检疫合格的出入境特殊物品，方准入境、出境。"出入境特殊物品卫生检疫审批属于行政许可，故未取得《卫生检疫审批单》或者经卫生检疫不合格的特殊物品即为"禁止进口的微生物、人体组织、生物制品、血液及其制品等特殊物品"。本案中，当事人报检的物品属于法律规定的特殊物品，只有取得特殊物品的审批后，方可入境、出境。当事人没有如实向检验检疫机构申报该批货物的真实情况，在行为方式上已经构成瞒报。"瞒报"既可以表现为完全没有向检验检疫机构申报，也可以表现为虚报、将一种品名报为另一种品名。

启示：

(1) 当前，以进口医学、科研用生物制品类为主的特殊物品入境种类和数量越来越多，动植物疫情和人类疫情等传入风险越来越高，加大特殊物品的监管力度越发显得尤为重要。如通过此案例，发现HS编码为3822项下的货物，目前尚没有海关监管条件和检验检疫类别的，但是该项下的货物很大一部分是属于特殊物品管理范畴的。因此，在实践中对此类货物监管，建议从以下方面加强：一是要求货主申报时出具货物的情况说明，列明产品的主要组成成分和预期用途，对说明中显示需要办理相关检疫审批的，要求其必须进行审批。二是必要时，对该项下的货物实施批批货证核查。

(2) 规章在法律处罚适用中的法律效力。根据《中华人民共和国行政诉讼法》和《中华人民共和国立法法》有关规定，人民法院审理行政案件时，依据法律、行政法规、地方性法规、自治条例和单行条例，参照规章。国家质检总局发布的部门规章可以作为行政处罚适用的法律依据。

本 章 小 结

入境商品检验、检疫具有对社会有益的功用和效能，它可以保护人类健康和安全，保护动植物的生命和健康，保护环境，防止欺诈，维护社会公共利益和进口贸易有关各方的合法权益，促进对外经济贸易关系的顺利发展。

我国对入境粮食、饲料、木材、钢材、机电设备等有相应的检验、检疫管理办法。针对有害生物入境所造成的我国农业、林业、牧业等方面的危害，我国实施入境商品的索赔管理。根据索赔依据，按照一定的索赔流程实施对入境商品的监管，保障我国企业的经济利益。

我国的入境商品检验检疫管理制度存在不足：政企不分的机构设置、处罚依据滞后、工作水平低、检验检疫意识不强，因此，针对这些问题，提出相应的应对措施，保障我国入境商品检验检疫工作的顺利、高效进行。

 关键术语

入境商品(entry goods)

检验(inspection)

检疫(quarantine)

索赔(claim)

强制性认证(compulsory certification)

习 题

一、判断题

1. 在动植物检疫中，对于国家列明的禁止进境物，检验检疫机构可实施现场消毒退运处理。　　　　　　　　　　　　　　　　　　　　　　　　　　　　　　　　　　(　　)

2. 不符合安全条件的危险品包装容器，不可以装运危险货物。　　　　　　(　　)

3. 未列入《出入境检验检疫机构实施检验检疫的进出境商品目录》的商品，检验检疫机构凭货主或其代理人的申请实施检验。（　　）

4. 《出入境检验检疫机构实施检验检疫的进出境商品目录》中检验检疫类别为"M/N"的进口商品，均须向检验检疫机构报检。（　　）

5. 某公司进口成套设备，其零配件的 HS 编码不在《出入境检验检疫机构实施检验检疫的进出境商品目录》内，该公司无须向检验检疫机构报检。（　　）

6. 须办理外商投资财产价值鉴定的货物，货主或其代理人应凭检验检疫机构签发的《价值鉴定证书》办理入境通关手续。（　　）

7. 外商投资企业进口货物须向检验检疫机构申请价值鉴定。（　　）

二、单项选择题

1. 入境货物检验检疫的一般工作程序是（　　）。
   A. 报检后先放行通关，再进行检验检疫
   B. 报检后先检验检疫，再放行通关
   C. 首先向卸货口岸检验检疫机构报检
   D. 在到达站先进行卫生除害处理

2. 《出入境检验检疫机构实施检验检疫的进出境商品目录》由（　　）制定、调整并公布实施。
   A. 全国人大　　　　　　　B. 国家质检总局
   C. 海关总署　　　　　　　D. 商务部

3. 《出入境检验检疫机构实施检验检疫的进出境商品目录》中的"检验检疫类别"代码"R"和"Q"分别表示（　　）。
   A. 进口商品检验；进境动植物检疫
   B. 进口食品卫生监督检验；出境动植物检疫
   C. 出口食品卫生监督检验；出境动植物检疫
   D. 进境动植物检疫；出境动植物检疫

4. 某商品的"检验检疫类别"为"M.P/Q"，该商品入境时应实施（　　）。
   A. 商品检验和动植物检疫
   B. 食品卫生监督检验
   C. 商品检验和食品卫生监督检验
   D. 动植物检疫

5. 在《出入境检验检疫机构实施检验检疫的进出境商品目录》中，"成套设备"对应的"检验检疫类别"为（　　）。
   A. A/　　　　B. /D　　　　C. M/　　　　D. /S

6. 检验检疫机构对"检验检疫类别"中含有（　　）的商品实施进口商品检验。
   A. M　　　　B. N　　　　C. P　　　　D. Q

三、多项选择题

1. 出入境检验检疫工作程序包括（　　）。
   A. 出入境货物检验检疫工作程序

B. 出入境集装箱检验检疫工作程序
C. 出入境交通工具检验检疫工作程序
D. 出入境人员卫生查验工作程序

2. 进口商品检验工作程序包括( )。
   A. 受理报检　　　　　　　B. 抽样
   C. 检验　　　　　　　　　D. 签发证书

3. 以下所列，须经检验检疫机构卫生检查或检疫方准入境或出境的有( )。
   A. 人员　　　　　　　　　B. 交通工具
   C. 集装箱　　　　　　　　D. 可能传播检疫传染病的货物

4. 根据《中华人民共和国进出口商品检验法》，以下所列，属于进口商品合格评定程序的有( )。
   A. 抽样、检验和检查　　　B. 评估、验证和合格保证
   C. 注册、认可和批准　　　D. 熏蒸、消毒和除害处理

5. 以下所列货物，应向检验检疫机构报检的有( )。
   A. 来自检疫传染病疫区的货物　　B. 进境动植物产品
   C. 进口成套设备及其零配件　　　D. 进口的食品包装容器

6. 根据《中华人民共和国国境卫生检疫法》的规定，以下所列入境集装箱、货物等物品，须经检验检疫机构消毒、除鼠、除虫或其他卫生处理，方准入境的有( )。
   A. 来自检疫传染病疫区的
   B. 被检疫传染病污染的
   C. 发现与人类健康有关的啮齿动物或病媒昆虫的
   D. 可能传播检疫传染病的

7. 关于《出入境检验检疫机构实施检验检疫的进出境商品目录》，以下表述正确的有( )。
   A. 该目录由国家质检总局制定、调整并公布实施
   B. 该目录按《商品分类和编码协调制度》的分类方法编排
   C. 该目录内的商品属于法定检验检疫范围
   D. 该目录外的商品均不属于法定检验检疫范围

8. 检验检疫机构对( )的入境行李、货物、邮包等物品实施卫生检查，进行消毒、除鼠、除虫或者其他卫生处理。
   A. 来自检疫传染病疫区
   B. 被检疫传染病污染
   C. 可能成为检疫传染病传播媒介
   D. 被监测传染病污染

四、简答题

1. 入境货物报检的分类有哪些？
2. 入境报检时应提供的单据有哪些？

五、案例分析题

实际进口强制性认证产品与申报不符

×年×月，宁波保税区某日资企业从日本进口一批强制性认证产品，包含15个继电器和4个光电开关。上述产品虽为强制性认证产品目录内产品，但具体的规格却不在适用范围之内，故企业于报检前向检验检疫部门申请办理了进口"3C"认证商品确认报检联系单。企业报检后预约检验检疫部门现场查验，检验检疫人员查验时发现15个继电器中，仅有10个符合开具《进口CCC认证商品确认报检联系单》的条件，而其余5个仍在强制性认证范围以内，企业应提供相关的强制性认证证书。而企业在随后提供的情况说明中，没有如实对上述情况进行解释说明，意图蒙混过关。鉴于该企业行为违反了《中华人民共和国进出口商品检验法》及其实施条例和《中华人民共和国认证认可条例》的有关要求，检验检疫部门对该企业予以立案处罚。

问题：分析案例中违法现象发生的原因。

第6章 出入境商品强制性产品认证与管理

【教学目标和要求】

☞ 了解强制性产品认证相关概念。
☞ 掌握强制性产品认证与管理制度概念,理解认证的管理体制。
☞ 掌握强制性产品认证实施程序。

【知识架构】

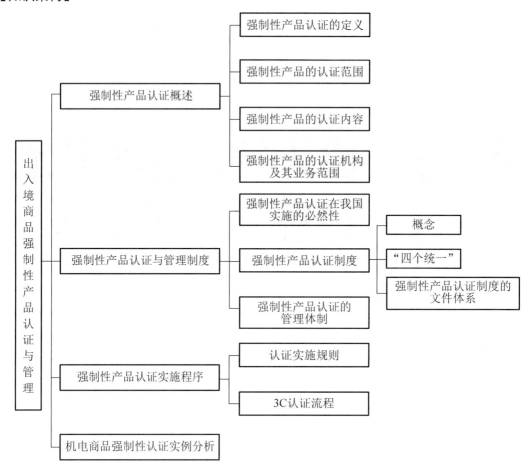

案例导入

2012年初，中山检验检疫局对一批产品认证标志违规的进口CCC产品进行了查处。这也是中山口岸进口商品首次因为强制性产品认证标志违规问题而受到查处。

该产品为一批进口瓷砖，共1170.4平方米，货值18667.88欧元。中山检验检疫局口岸工作人员在查验过程中发现，该批瓷砖外包装纸箱上虽印有CCC认证印刷标志及型号信息，但证书上显示的产品系列与包装上标识的型号不符。同时，其外包装上印刷的CCC标志并非标准规格认证标志，其CCC认证标志尺寸与进口商提交的《强制性产品认证印刷/模压标志批准书》上批复的印刷标志尺寸大小也不相同。中山检验检疫局及时将有关情况上报广东检验检疫局。广东检验检疫局主管部门经核实后，认为该批货物CCC认证证书与产品是一致的，但其外包装上的CCC认证标志与《强制性产品认证印刷/模压标志批准书》上批复的印刷标志尺寸严重不一致，不符合我国有关强制性产品认证标志管理的有关要求。中山检验检疫局按要求对该批货物进行了扣仓不予放行处理，并责成企业限期改正。

资料来源：http://www.zsnews.cn/news/2012/06/06/2037876.shtml。

6.1 强制性产品认证概述

6.1.1 强制性产品认证的定义

强制性产品认证(China Compulsory Certification，CCC)，简称"3C"认证。它是各国政府为保护消费者人身安全和国家安全、加强产品质量管理、依照法律法规实施的一种产品合格评定制度。我国加入 WTO 后，按要求采用国际上的通行做法，对涉及人类健康和安全、动植物生命和健康以及环境保护与公共安全的产品实施强制性认证，确定统一适用的国家标准、技术规则和实施程序，制定和发布统一的标志，规定统一的收费标准。"3C"认证标志如图 6.1 所示。

图 6.1 "3C"认证标志

"CCC"认证标志的分类

目前"CCC"认证标志可以分为 4 类：①CCC+S：安全认证标志；②CCC+EMC：电磁兼容类认证标志；③CCC+S&E：安全与电磁兼容认证标志；④CCC+F：消防认证标志。

"3C"认证标志一般贴在产品表面或通过模压压在产品上，仔细看会发现多个小菱形的"CCC"暗记。每个"3C"认证标志后面都有一个随机码，每个随机码都有对应的厂家及产品。认证标志发放管理中心在发放强制性产品认证标志时，已将该编码对应的产品输入计算机数据库中，消费者可通过国家质量认证中心进行编码查询。

需要注意的是"3C"认证标志并不是质量标志，而只是一种最基础的安全认证，它的某些指标代表了产品的安全质量合格，但并不意味着产品的使用性能也同样优异，因此购买商品时除了要看有没有"3C"认证标志外，其他指标也很重要。"3C"认证证书如图 6.2 所示。

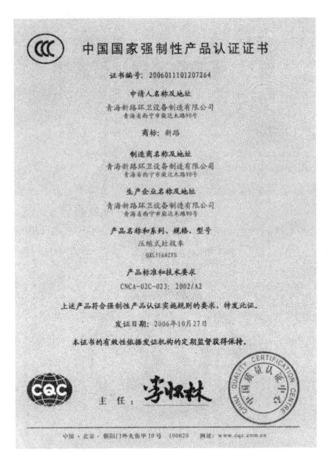

图 6.2 "3C"认证证书

6.1.2 强制性产品的认证范围

中国政府为兑现入世承诺，于 2001 年 12 月，国家质检总局、中国国家认证认可监督管理委员会(以下简称"国家认监委")发文公布了我国《第一批实施强制性产品认证的产品目录》(以下简称《强制性产品认证目录》)。从 2002 年 5 月 1 日起，国家认监委开始受理第一批列入《强制性产品》认证目录的 19 大类 132 种产品的认证申请，主要涉及电线电缆、低压电器、家用电器设备、音视频设备、机动车辆及安全附件、农机产品、医疗器械等商品，如表 6-1 所示。

表 6-1 第一批强制性产品认证目录

大类号	大类名称	小类号	小类名称	强制实施日期
1	电线电缆(共 5 种)	1	电线组件	2003-8-1
		2	矿用橡套软电缆	2003-8-1
		3	交流额定电压 3kV 及以下铁路机车车辆用电线电缆	2003-8-1
		4	额定电压 450/750V 及以下橡皮绝缘电线电缆	2003-8-1

续表

大类号	大类名称	小类号	小类名称	强制实施日期
1	电线电缆(共5种)	5	额定电压 450/750 V 及以下聚氯乙烯绝缘电线电缆	2003-8-1
2	电路开关及保护或连接用电器装置(共6种)	1	器具耦合器(家用和类似用途、工业用)	2003-8-1
		2	插头插座(家用和类似、用途、工业用)	2003-8-1
				2003-8-1
		3	热熔断体	2003-8-1
		4	小型熔断器的管状熔断体	2003-8-1
		5	家用和类似用途固定式电气装置的开关	2003-8-1
		6	家用和类似用途固定式电气装置电器附件外壳	2003-8-1
3	低压电器(共9种)	1	漏电保护器	2003-8-1
		2	断路器(含 RCCB、RCBO、MCB)	2003-8-1
		3	熔断器	2003-8-1
		4	低压开关(隔离器、隔离开关、熔断器组合电器)	2003-8-1
		5	其他电路保护装置(保护器类:限流器、电路保护装置、过流保护器、热保护器、过载继电器、低压机电式接触器、电动机启动器)	2003-8-1
		6	继电器(36V<电压≤1000V)	2003-8-1
		7	其他开关(电器开关、真空开关、压力开关、接近开关、脚踏开关、热敏开关、液位开关、按钮开关、限位开关、微动开关、倒顺开关、温度开关、行程开关、转换开关、自动转换开关、刀开关)	2003-8-1
		8	其他装置(接触器、电动机起动器、信号灯、辅助触头组件、主令控制器、交流半导体电动机控制器和起动器)	2003-8-1
		9	低压成套开关设备	2003-8-1
4	小功率电动机(共1种)	1	小功率电动机(GB 12350)	2003-8-1
			小功率电动机(GB 14711)	2005-5-1
5	电动工具(共16种)	1	电钻(含冲击电钻)	2003-8-1
		2	电动螺丝刀和冲击扳手	2003-8-1
		3	电动砂轮机	2003-8-1
		4	砂光机	2003-8-1
		5	圆锯	2003-8-1
		6	电锤(含电镐)	2003-8-1
		7	不易燃液体电喷枪	2003-8-1

续表

大类号	大类名称	小类号	小类名称	强制实施日期
5	电动工具(共16种)	8	电剪刀(含双刃电剪刀、电冲剪)	2003-8-1
		9	攻丝机	2003-8-1
		10	往复锯(含曲线锯、刀锯)	2003-8-1
		11	插入式混凝土振动器	2003-8-1
		12	电链锯	2003-8-1
		13	电刨	2003-8-1
		14	电动修枝剪和电动草剪	2003-8-1
		15	电木铣和修边机	2003-8-1
		16	电动石材切割机(含大理石切割机)	2003-8-1
6	电焊机(共15种)	1	小型交流弧焊机	2003-8-1
		2	交流弧焊机	2003-8-1
		3	直流弧焊机	2003-8-1
		4	TIG弧焊机	2003-8-1
		5	MIG/MAG弧焊机	2003-8-1
		6	埋弧焊机	2003-8-1
		7	等离子弧切割机	2003-8-1
		8	等离子弧焊机	2003-8-1
		9	弧焊变压器防触电装置	2003-8-1
		10	焊接电缆耦合装置	2003-8-1
		11	电阻焊机	2003-8-1
		12	焊机送丝装置	2003-8-1
		13	TIG焊焊炬	2003-8-1
		14	MIG/MAG焊焊枪	2003-8-1
		15	电焊钳	2003-8-1
7	家用和类似用途设备(共18种)	1	家用电冰箱和食品冷冻箱：有效容积在500立升以下，家用或类似用途的有或无冷冻食品储藏室的电冰箱、冷冻食品储藏箱和食品冷冻箱及他们的组合	2003-8-1
		2	电风扇：单相交流和直流家用和类似用途的电风扇	2003-8-1
		3	空调器：制冷量不超过21000大卡/小时的家用及类似用途的空调器	2003-8-1
		4	电动机－压缩机：输入功率在5000W以下的家用和类似用途空调和制冷装置所用密闭式(全封闭型、半封闭型)电动机－压缩机	2003-8-1
		5	家用电动洗衣机：带或不带水加热装置、脱水装置或干衣装置的洗涤衣物的电动洗衣机	2003-8-1

续表

大类号	大类名称	小类号	小类名称	强制实施日期
7	家用和类似用途设备(共18种)	6	电热水器：把水加热至沸点以下的固定的贮水式和快热式电热水器	2003-8-1
		7	室内加热器：家用和类似用途的辐射式加热器、板状加热器、充液式加热器、风扇式加热器、对流式加热器、管状加热器	2003-8-1
		8	真空吸尘器：具有吸除干燥灰尘或液体的作用，由串激整流子电动机或直流电动机的真空吸尘器	2003-8-1
		9	皮肤和毛发护理器具：用作人或动物皮肤或毛发护理并带有电热元件的电器	2003-8-1
		10	电熨斗：家用和类似用途的干式电熨斗和湿式(蒸汽)电熨斗	2003-8-1
		11	电磁灶：家用和类似用途的采用电磁能加热的灶具，它可以包含一个或多个电磁加热元件	2003-8-1
		12	电烤箱：包括额定容积不超过10升的家用和类似用途的电烤箱、面包烘烤器、华夫烙饼模和类似器具	2003-8-1
		13	电动食品加工器具：家用电动食品加工器和类似用途的多功能食品加工器	2003-8-1
		14	微波炉：频率在300MHz以上的一个或多个I.S.M.波段的电磁能量来加热食物和饮料的家用器具，它可带有着色功能和蒸汽功能	2003-8-1
		15	电灶、灶台、烤炉和类似器具：包括家用电灶、分离式固定烤炉、灶台、台式电灶、电灶的灶头、烤架和烤盘及内装式烤炉、烤架	2003-8-1
		16	吸油烟机：安装在家用烹调器具和炉灶的上部，带有风扇、电灯和控制调节器之类用于抽吸排除厨房中油烟的家用电器	2003-8-1
		17	液体加热器和冷热饮水机	2003-8-1
		18	电饭锅：采用电热元件加热的自动保温式或定时式电饭锅	2003-8-1
8	音视频设备类(不包括广播级音响设备和汽车音响设备)(共16种)	1	总输出功率在500W(有效值)以下的单扬声器和多扬声器有源音箱	2003-8-1
		2	音频功率放大器	2003-8-1
		3	调谐器	2003-8-1
		4	各种广播波段的收音机	2003-8-1

续表

大类号	大类名称	小类号	小类名称	强制实施日期
8	音视频设备类(不包括广播级音响设备和汽车音响设备)(共16种)	5	各类载体形式的音视频录制、播放及处理设备(包括各类光盘磁带等载体形式)	2003-8-1
		6	以上设备的组合	2003-8-1
		7	为音视频设备配套的电源适配器	2003-8-1
		8	各种成像方式的彩色电视接收机	2003-8-1
		9	监视器(不包括汽车用电视接收机)	2003-8-1
		10	黑白电视接收机及其他单色的电视接收机	2003-8-1
		11	显像(示)管	2003-8-1
		12	录像机	2003-8-1
		13	卫星电视广播接收机	2003-8-1
		14	电子琴	2003-8-1
		15	天线放大器	2003-8-1
		16	声音和电视信号的电缆分配系统设备与部件	2003-8-1
9	信息技术设备(共12种)	1	微型计算机	2003-8-1
		2	便携式计算机	2003-8-1
		3	与计算机连用的显示设备	2003-8-1
		4	与计算机相连的打印设备	2003-8-1
		5	多用途打印复印机	2003-8-1
		6	扫描仪	2003-8-1
		7	计算机内置电源及电源适配器充电器	2003-8-1
		8	计算机游戏机	2003-8-1
		9	学习机	2003-8-1
		10	复印机	2003-8-1
		11	服务器	2003-8-1
		12	金融及贸易结算电子设备	2003-8-1
10	照明设备(共2种)(不包括电压低于36V的照明设备)	1	灯具	2003-8-1
		2	镇流器	2003-8-1
11	电信终端设备(共9种)	1	调制解调器(音频调制解调器、基带调制解调器、DSL调制解调器,含卡)	2003-8-1
		2	传真机(传真机、电话语音传真卡、多功能传真一体机)	2003-8-1
		3	固定电话终端(普通电话机、主叫号码显示电话机、卡式管理电话机、录音电话机、投币电话机、智能卡式电话机、IC卡公用电话机、免提电话机、数字电话机、电话机附加装置)	2003-8-1

续表

大类号	大类名称	小类号	小类名称	强制实施日期
11	电信终端设备(共9种)	4	无绳电话终端(模拟无绳电话机、数字无绳电话机)	2003-8-1
		5	集团电话(集团电话、电话会议总机)	2003-8-1
		6	移动用户终端(模拟移动电话机、GSM 数字蜂窝移动台(手持机和其他终端设备)CDMA 数字蜂窝移动台(手持机和其他终端设备))	2003-8-1
		7	ISDN 终端[网络终端设备(NT1、NT1+)、终端适配器(卡)TA]	2003-8-1
		8	数据终端(存储转发传真/语音卡、POS 终端、接口转换器、网络集线器、其他数据终端)	2003-8-1
		9	多媒体终端(可视电话、会议电视终端、信息点播终端、其他多媒体终端)	2003-8-1
12	机动车辆及安全附件(共4种)	1	汽车:在公路及城市道路上行驶的 M、N、O 类车辆	2003-8-1
		2	摩托车:发动机排气量超过 50cc 或最高设计车速超过 50km/h 的摩托车	2003-8-1
		3	摩托车发动机	2003-8-1
		4	汽车安全带	2003-8-1
13	轮胎产品(共3种)	1	轿车轮胎(轿车子午线轮胎、轿车斜交轮胎)	2003-8-1
		2	载重汽车轮胎(微型载重汽车轮胎、轻型载重汽车轮胎、中型/重型载重汽车轮胎)	2003-8-1
		3	摩托车轮胎:摩托车轮胎(代号表示系列、公制系列、轻便型系列、小轮径系列)	2003-8-1
14	安全玻璃(共3种)	1	汽车安全玻璃(A 类夹层玻璃、B 类夹层玻璃、区域钢化玻璃、钢化玻璃)	2003-8-1
		2	建筑安全玻璃(夹层玻璃、钢化玻璃)	2003-8-1
		3	铁道车辆用安全玻璃(夹层玻璃、钢化玻璃、安全中空玻璃)	2003-8-1
15	农机产品(共1种)	1	植物保护机械[背负式喷雾机(器)、背负式喷粉机(器)、背负式喷雾喷粉机]	2003-8-1
16	乳胶制品(共1种)	1	橡胶避孕套	2003-8-1
17	医疗器械产品(共7种)	1	医用 X 射线诊断设备	2003-8-1
		2	血液透析装置	2003-8-1
		3	空心纤维透析器	2003-8-1
		4	血液净化装置的体外循环管道	2003-8-1
		5	心电图机	2003-8-1

续表

大类号	大类名称	小类号	小类名称	强制实施日期
17	医疗器械产品(共7种)	6	植入式心脏起搏器	2003-8-1
		7	人工心肺机(滚压式血泵、滚压式搏动血泵、鼓泡式氧合器、热交换器、热交换水箱、硅橡胶泵管)	2003-8-1
18	消防产品(共3种)	1	火灾报警设备(点型感烟火灾报警探测器、点型感温火灾报警探测器、火灾报警控制器、消防联动控制设备、手动火灾报警按钮)	2003-8-1
		2	消防水带	2003-8-1
		3	喷水灭火设备(洒水喷头、湿式报警阀、水流指示器、消防用压力开关)	2003-8-1
19	安全技术防范产品(共1种)	1	入侵探测器(室内用微波多普勒探测器、主动红外入侵探测器、室内用被动红外探测器、微波与被动红外复合入侵探测器、磁开关入侵探测器、振动入侵探测器、室内用被动式玻璃破碎探测器)	2003-8-1

随后,强制性认证产品的种类逐步增多:

(1) 第二批强制性认证产品包括无线局域网产品。

(2) 第三批强制性认证产品包括溶剂型木器涂料(指室内装饰装修用硝基漆类/醇酸漆类/聚胺脂漆类溶剂型木器涂料)、瓷质砖(用于建筑物装修用的吸水率平均值 E≤0.5%的瓷质砖)、混凝土防冻剂。

(3) 第四批强制性认证产品包括:①入侵探测器(磁开关入侵探测器、振动入侵探测器、室内用被动式玻璃破碎探测器);②防盗报警控制器;③汽车防盗报警系统;④防盗保险柜、防盗保险箱。

(4) 第五批强制性认证产品包括童车类、电玩具、塑胶玩具、金属玩具、弹射玩具、娃娃玩具。

(5) 第六批强制性认证产品包括:①机动车灯具产品(前照灯、转向灯、汽车前位灯、后位灯、制动灯、示廓灯、前雾灯、后雾灯、倒车灯、驻车灯、侧标志灯和后牌照板照明装置,摩托车牌照灯、位置灯);②机动车回复反射器;③汽车行驶记录仪;④车身反光标识;⑤汽车制动软管;⑥机动车后视镜;⑦机动车喇叭;⑧汽车油箱;⑨门锁及门铰链;⑩内饰材料;⑪座椅;⑫头枕。

6.1.3 强制性产品的认证内容

"3C"认证对强制性产品认证的法律依据、实施强制性产品认证的产品范围、强制性产品认证标志的使用、强制性产品认证的监督管理等作了统一的规定。主要内容概括起来有以下 6 个方面。

(1) 按照 WTO 有关协议和国际通行规则,国家依法对涉及人类健康安全、动植物生命安全和健康,以及环境保护和公共安全的产品实行统一的强制性产品认证制度。国家认证认可监督管理委员会(以下简称国家认监委)统一负责国家强制性产品认证制度的管理和组织实施工作。

(2) 国家强制性产品认证制度的主要特点是，国家公布统一的目录，确定统一适用的国家标准、技术规则和实施程序，制定统一的标志标识，规定统一的收费标准。凡列入《强制性产品认证目录》内的产品，必须经国家指定的认证机构认证合格，取得相关证书并加施认证标志后，方能出厂、进口、销售和在经营服务场所使用。

(3) 根据中国入世承诺和体现国民待遇的原则，原来两种制度覆盖的产品有138种，此次公布的《强制性产品认证目录》删去了原来列入强制性认证管理的医用超声诊断和治疗设备等16种产品，增加了建筑用安全玻璃等10种产品，实际列入《强制性产品认证目录》的强制性认证产品共有132种。

(4) 国家对强制性产品认证使用统一的标志。新的国家强制性认证标志为"中国强制认证"标志，即"3C"认证标志，该标志实施以后，取代了原实行的"长城"标志和"CCIB"标志。

(5) 国家统一确定强制性产品认证收费项目及标准。新的收费项目和收费标准的制定，将根据不以营利为目的和体现国民待遇的原则，综合考虑现行收费情况，并参照境外同类认证收费项目和收费标准。

(6) 强制性产品认证制度于2003年8月1日起实施,有关认证机构正式开始受理申请。原有的产品安全认证制度和进口安全质量许可制度自2003年8月1日起废止。

强制性产品认证是政府为保护国家安全、人身健康安全、环境等目的，依法实施的具有市场准入性质的合格评定制度，认证范围覆盖了涉及人身健康安全的电工、电子、电信、农机、机动车、建材、安防消防、医疗器械、轻工、化工等对国民经济有重要影响的10个行业。

 阅读资料

强制性产品认证

截至2012年3月，强制性产品认证证书累计发放近61.8万张，累计获证企业近8.8万家。处于有效状态的认证证书为30.9万张，其中境内证书有28.4万张，境外证书有2.5万张。持有有效证书的生产企业共计4.6万家，其中境内企业4.2万家，境外企业4000余家，境外企业覆盖了78个国家和地区。累计发放标准规格标志近39.9亿枚，核发印刷模压标志批准书近43.1万张。

资料来源：http://www.cqn.com.cn/news/zgzlb/disi/555327.html。

6.1.4 强制性产品的认证机构及其业务范围

 阅读资料

2012年4月9日，中国国家认证认可监督管理委员会总工程师刘卫军在强制性产品认证工作会议上表示，强制性产品认证制度实施10年来，指定认证机构和实验室的工作质量总体上保持着不断完善、发展上升的趋势。刘卫军介绍，截至2012年3月，国家认监委共已对7家指定认证机构实施了行政告诫，

对80家次指定认证机构要求限期整改；对43家次存在严重技术问题或违规情况的指定实验室予以了撤销指定检测业务的处理，对18家次指定实验室暂停了部分指定检测业务，对80家次指定实验室发出了限期整改通知书。"3C"认证是政府为保护国家安全、人身健康安全、环境等目的，依法实施的具有市场准入性质的合格评定制度，覆盖了对国民经济有重要影响的10个行业。

为提升"3C"认证工作质量，国家认监委一直把强化认证机构和实验室监督作为重要工作来抓。自制度实施以来，国家认监委在认可中心的大力协助下，组织开展了对认证检测活动和结果的专项监督，规范了"3C"认证检测工作。目前，强制性产品认证共有指定认证机构10家、实验室158家。

资料来源：新华网：http://www.gd.xinhuanet.com/newscenter/2012-04/10/content_25039035.htm.

目前，我国承担强制性产品认证工作的认证机构主要有中国质量认证中心、中国安全技术防范认证中心、中国农机产品质量认证中心、中国建筑材料检验认证中心、北京中化联合质量认证有限公司、公安部消防产品合格评定中心、中汽认证中心、北京国建联信认证中心有限公司、方圆标志认证集团、北京中轻联认证中心等。其主要的业务范围如表6-2所示。

表6-2 强制性产品认证机构及业务范围

序号	机 构 名 称	指定的业务范围
1	中国质量认证中心	CNCA-01C-001：电线组件；
		CNCA-01C-002：电线电缆；
		CNCA-01C-003：家用及类似用途插头插座；
		CNCA-01C-004：家用及类似用途固定式电器装置的开关；
		CNCA-01C-005：工业用插头插座和耦合器；
		CNCA-01C-006：家用及类似用途器具耦合器；
		CNCA-01C-007：热熔断体；
		CNCA-01C-008：家用及类似用途固定式电器装置电器附件外壳；
		CNCA-01C-009：小型熔断器的管状熔断体；
		CNCA-01C-010：低压成套开关设备；
		CNCA-01C-011：开关和控制设备；
		CNCA-01C-012：整机保护设备；
		CNCA-01C-013：小功率电动机；
		CNCA-01C-014：电动工具；
		CNCA-01C-015：电焊机；
		CNCA-01C-016：家用和类似用途设备；
		CNCA-01C-017：音视频设备；
		CNCA-01C-018：声音和电视信号的电缆分配系统设备与部件；
		CNCA-01C-019：卫星电视广播接收机；
		CNCA-01C-020：信息技术设备；
		CNCA-01C-021：金融及贸易结算电子设备；
		CNCA-01C-022：照明电器；
		CNCA-02C-023：汽车产品；
		CNCA-02C-024：摩托车产品；

续表

序号	机构名称	指定的业务范围
1	中国质量认证中心	CNCA-02C-025：摩托车发动机产品； CNCA-02C-026：汽车安全带产品； CNCA-03C-027：轮胎产品； CNCA-04C-028：安全玻璃产品； CNCA-07C-031：电信终端设备； CNCA-08C-032：心电图机； CNCA-08C-033：血液透析装置； CNCA-08C-034：血液净化装置的体外循环管道； CNCA-08C-035：空心纤维透析器； CNCA-08C-036：植入式心脏起搏器； CNCA-08C-037：医用X射线诊断设备； CNCA-08C-038：人工心肺机 滚压式血泵； CNCA-08C-039：人工心肺机 滚压式搏动血泵； CNCA-08C-040：人工心肺机 鼓泡式氧合器； CNCA-08C-041：人工心肺机 热交换器； CNCA-08C-042：人工心肺机 热交换水箱； CNCA-08C-043：人工心肺机 硅橡胶泵管； CNCA-10C-047：入侵探测器产品； CNCA-11C-048：无线局域网产品； CNCA-12C-049：溶剂型木器涂料； CNCA-12C-050：瓷质砖； CNCA-02C-055：机动车用喇叭产品； CNCA-02C-056：机动车回复反射器产品； CNCA-02C-057：汽车制动软管总成产品； CNCA-02C-058：汽车外部照明及光信号装置产品； CNCA-02C-059：汽车后视镜产品； CNCA-02C-060：汽车内饰件产品； CNCA-02C-061：汽车门锁及门保持件产品； CNCA-02C-062：汽车燃油箱产品； CNCA-02C-063：汽车座椅及座椅头枕产品； CNCA-02C-064：摩托车外部照明及光信号装置产品； CNCA-02C-065：摩托车后视镜产品； CNCA-13C-068：童车类产品； CNCA-13C-069：电玩具类产品； CNCA-13C-070：塑料玩具类产品； CNCA-13C-071：金属玩具类产品； CNCA-13C-072：弹射玩具类产品； CNCA-13C-073：娃娃玩具类产品；

续表

序号	机构名称	指定的业务范围
2	中国安全技术防范认证中心	CNCA-10C-047：入侵探测器产品； CNCA-10C-052：防盗报警控制器； CNCA-10C-053：汽车防盗报警系统； CNCA-10C-054：防盗保险柜(箱) CNCA-02C-066：汽车行驶记录仪产品； CNCA-02C-067：车身反光标识产品
3	中国农机产品质量认证中心	CNCA-05C-029：植物保护机械 背负式喷雾喷粉机(器)； CNCA-05C-074：拖拉机 中小功率轮式拖拉机
4	中国建筑材料检验认证中心	CNCA-04C-028：安全玻璃产品； CNCA-12C-050：瓷质砖
5	北京中化联合质量认证有限公司	CNCA-03C-027：轮胎产品； CNCA-06C-030：橡胶避孕套； CNCA-12C-049：溶剂型木器涂料
6	公安部消防产品合格评定中心	CNCA-02C-023：汽车产品(消防车产品)； CNCA-09C-044：火灾报警设备； CNCA-09C-045：消防水带； CNCA-09C-046：喷水灭火设备
7	中汽认证中心	CNCA-02C-023：汽车产品； CNCA-02C-024：摩托车产品； CNCA-02C-025：摩托车发动机产品； CNCA-02C-026：汽车安全带产品； (暂不承担进口汽车、摩托车及摩托车发动机产品认证工作) CNCA-02C-055：机动车用喇叭产品； CNCA-02C-056：机动车回复反射器产品； CNCA-02C-057：汽车制动软管总成产品； CNCA-02C-058：汽车外部照明及光信号装置产品； CNCA-02C-059：汽车后视镜产品； CNCA-02C-060：汽车内饰件产品； CNCA-02C-061：汽车门锁及门保持件产品； CNCA-02C-062：汽车燃油箱产品； CNCA-02C-063：汽车座椅及座椅头枕产品； CNCA-02C-064：摩托车外部照明及光信号装置产品； CNCA-02C-065：摩托车后视镜产品
8	北京国建联信认证中心有限公司	CNCA-12C-050：瓷质砖； CNCA-12C-051：混凝土防冻剂
9	方圆标志认证集团	CNCA-12C-049：溶剂型木器涂料； CNCA-12C-050：瓷质砖
10	北京中轻联认证中心	CNCA-13C-068：童车类产品； CNCA-13C-069：电玩具类产品； CNCA-13C-070：塑料玩具类产品； CNCA-13C-071：金属玩具类产品； CNCA-13C-072：弹射玩具类产品； CNCA-13C-073：娃娃玩具类产品

作为国际通行做法，"3C"认证一直遵循《世界贸易组织贸易技术壁垒协议》(WTO/TBT协议)及国际认证认可通行准则，并积极开展国际互认合作。在多边合作方面，中国作为IECEE-CB体系(国际电工委员会关于电工产品测试证书的互认体系)成员，2005—2011年，指定认证机构按照互认规则，累计认可IECEE各成员国颁发的CB测试证书16800余张，认可CB测试证书数量呈逐年增长趋势。

《强制性产品认证机构、检查机构和实验室管理办法》

《强制性产品认证机构、检查机构和实验室管理办法》规定：指定的认证机构、检查机构和实验室有下列情形之一的，责令改正，并处以2万元以上3万元以下罚款：缺乏必要的管理制度和程序区分强制性产品认证、工厂检查、检测活动与自愿性产品认证、委托检查、委托检测活动的；利用强制性产品认证业务宣传、推广自愿性产品认证业务的；未向认证委托人提供及时、有效的认证、检查、检测服务，故意拖延的或者歧视、刁难认证委托人，并牟取不当利益的；对执法监督检查活动不予配合，拒不提供相关信息的；未按照要求提交年度工作报告或者提供强制性产品认证、工厂检查、检测信息的。指定的认证机构、检查机构和实验室因出具虚假证明等违法行为被撤销指定的，其自被撤销指定之日起3年内不得申请指定。从事检查活动的检查员自被撤销执业资格之日起5年内，认可机构不再受理其注册申请。

资料来源：http://www.cnca.gov.cn/cnca/rdht/qzxcprz/flfg/72302-2.shtml.

为规范认证行为，经过不断探索，国家认监委建立完善了"法律规范、行政监管、认可约束、行业自律、社会监督"五位一体的监管体系。另外，国家认监委高度关注"3C"认证用标准的适用性和与国际标准接轨的情况。目前，"3C"认证所采用的标准共计361项，其中等效、等同、修改采用的国际标准共计248项，采标率达到69%。

6.2 强制性产品认证与管理制度

6.2.1 强制性产品认证在我国实施的必然性

长期以来，我国的强制性产品认证制度存在政出多门、重复评审、重复收费以及认证行为与执法行为不分的问题。尤其突出的是国产品和进口品存在对内、对外两套认证管理体系。原国家质量技术监督局对国内产品和部分进口商品实施安全认证并强制监督管理，原国家出入境检验检疫局对进口商品实施进口商品安全质量许可制度。这两个制度将一部分进口产品共同列入了强制认证的范畴，因而导致由两个主管部门对同一种进口产品实施两次认证、贴两个标志、执行两种标准与程序。

"3C"标志——进入欧洲市场的护照

在欧盟市场，"3C"标志属强制性认证标志。不论是欧盟内部企业生产的产品还是其他国家生产的产品，要想在欧盟市场上自由流通就必须加贴"3C"标志，以表明产品符合欧盟技术协调与标准化新方法、新指令的基本要求。因此，"3C"标志被视为制造商打开并进入欧洲市场的护照。

为了更好地参与国际合作与竞争并兑现我国在"入世"谈判中所作出的承诺，按照WTO有关协议和国际通行规则，我国也实行"3C"产品认证并逐步取代原来实行的"长城标志"和"CCIB"标志，有了新的"3C"认证企业将不再因无"3C"认证而不能将其产品打入欧盟以及其他国家市场而担忧，因为凡是贴有"3C"标志的产品均可在欧盟各成员国内销售，无须符合每个成员国的要求，从而实现了商品在欧盟成员国范围内的自由流通。

随着我国加入WTO，根据WTO协议和国际通行规则，要求我国将两种认证制度统一起来，对强制性产品认证制度实施"四个统一"，即统一目录，统一标准、技术法规、合格评定程序，统一认证标志，统一收费标准。同时，为完善和规范中国的强制性产品认证制度，解决政出多门、认证行为与执法行为不分离的问题，使之适应我国市场经济发展的需要，更好地为经济和贸易发展服务。2001年新成立的国家质量监督检验检疫总局和国家认监委，建立了新的国家强制性产品认证制度。

"3C"认证是对我国强制性产品认证工作的完善和规范，也是我国加入WTO后，与国际准则和国际惯例接轨的一项重大举措，它将为维护国家、社会和公众利益及减少国际贸易过程中不必要的技术壁垒而发挥显著作用。

案例 6-1

> 我国每年有大量摩托车整车及零配件出口越南市场，由于此前缺乏统一的市场监督和产品认证，致使出口摩托车及零配件质量良莠不齐，严重影响了我国出口商品的信誉。为此，经过中越两国商讨，双方达成协议，从2002年10月1日起，我国出口到越南的摩托车发动机、安全带和头盔3种产品，必须加贴"3C"标志，否则将不能再进入越南市场。
>
> 根据我国相关规定，凡列入我国"3C"认证产品目录的产品必须经过强制性产品认证，并标注"3C"认证标志后，方可出厂、销售、进口或者在其他经营活动中使用。同时，根据国家认监委有关规定，部分符合条件的列入"3C"目录的产品可以申请免办"3C"认证等特殊放行措施。
>
> 资料来源：新华网：http://news.xinhuanet.com/fortune/2002-02-28/content_293757.htm.

6.2.2 强制性产品认证制度

我国强制性产品认证制度是以《产品质量法》《商检法》《中华人民共和国标准化法》(以下简称《标准化法》)为基础建立的。强制性产品认证制度的对象涉及人体健康、动植物生命安全、环境保护、公共安全、国家安全的产品。国家认监委负责按照法律法规和国务院的授权，协调有关部门按照"四个统一"的原则建立国家强制性产品认证制度，拟定、调整《强制性产品认证目录》并与国家质检总局共同对外发布。指定的认证机构在授权范围内承担具体产品的认证业务，向获证产品颁发"3C"认证证书；地方质量技术监督局和各地检验检疫局负责对列入《强制性产品认证目录》内产品的行政执法监督工作，确保对列入《强制性产品认证目录》内的产品并且没有获得认证的，不得进入本行政区域内。

1. 概念

强制性产品认证制度是指各国政府为保护广大消费者人身和动植物生命安全，保护环境、保护国家安全,依照法律法规实施的一种产品合格评定制度,它要求产品必须符合国家标准和技术法规。强制性产品认证,是通过制定强制性产品认证的产品目录和实施强制性产品认证程序,对列入《强制性产品认证目录》中的产品实施强制性的检测和审核。凡列入《强制性产品认证目录》内的产品,没有获得指定认证机构的认证证书,没有按规定加施认证标志,一律不得进口、不得出厂销售和在经营服务场所使用。

2. "四个统一"

强制性产品认证制度在推动国家各种技术法规和标准的贯彻、规范市场经济秩序、打击假冒伪劣行为、促进产品的质量管理水平和保护消费者权益等方面,具有其他工作不可替代的作用和优势。认证制度由于其科学性和公正性,已被世界大多数国家广泛采用。实行市场经济制度的国家,政府利用强制性产品认证制度作为产品市场准入的手段,正在成为国际通行的做法。

 阅读资料

"四个统一"的背景

强制性产品认证制度"四个统一"的背景由于我国的认证认可制度建立在计划经济逐步向社会主义市场经济过渡的阶段,由于管理结构和职能划分问题,认证认可工作政出多门,各自为政,存在重复认证、重复收费等弊端。尤其是产品的强制性认证制度,自建立以来就存在多重体制、政出多门,发证与执法监督混淆,尤其是对内对外两套制度等问题。原国家质量技术监督局负责国产品的安全认证强制性监督管理制度,原国家出入境检验检疫局负责对进口商品的安全质量许可制度。两个制度覆盖的产品大部分交叉,评价依据的标准和技术规则虽不完全一致但大部分重复、收费结构和标准存在较大差异、两个标志独立存在,互不认可。中外企业对此反映强烈。企业和外国政府多年来通过不同渠道,向国务院和对外贸易主管部门反映情况,提出意见。这一问题还成为我国入世谈判中屡屡被质疑的问题。在我国加入 WTO 第 15 次多边谈判中,有关方面的谈判代表强烈要求我国将内外两种强制性产品认证制度整合,建立符合世界贸易规则要求的新的认证制度。为此,国务院领导明确指示:将我国产品的安全认证强制性监督管理制度与进口产品的安全质量许可制度统一为一个制度,做到"统一标准、技术法规和合格评定程序,统一目录,统一标志,统一收费标准"。即按"四个统一"的原则重新建立我国的强制性产品认证制度。

资料来源:http://www.9001.net.cn/product/product10.html.

为全面适应我国市场经济发展和加入的需要,发挥我国认证认可制度的总体效应,国务院又决定将原国家质量技术监督局和原国家检验检疫局合并组建国家质量监督检验检疫国家质检总局、中国国家认证认可监督管理委员会(以下简称国家认监委)和中国国家标准化管理委员会。国家认证认可监督管理委员会行政上隶属于国家质检总局,业务上直接接受国务院授权,是主管全国认证认可工作的最高行政机关。其主要职能是统一管理、统一监督和综合协调全国的认证认可工作。这种组织结构的调整,为"四个统一"工作的全面落实和实现奠定了组织保障基础。

尽管"四个统一"的实现是国家认证认可制度建立的重要标志,但"四个统一"并不意味着全部统一了由原国内有关行业主管部门实施的相关产品的强制性评价制度(如入网、许可、注册等制度),并不意味着真正解决了产品评价活动与行政执法监督职能的区分问题。

统一的国家认证认可制度的建立和有效实施尚需时日，尚需国务院有关部门、地方政府及社会各界和广大企业的支持。

"四个统一"——兑现入世承诺

2001年12月7日，国家质检总局和国家认监委在人民大会堂召开新闻发布会，对外公布了新的"四个统一"的强制性产品认证制度，发布了"四个统一"的规范性文件。这些文件的发布和实施标志着国家认证认可制度发展到了新阶段，即国家统一的认证认可制度建立和发展阶段，也标志着中国入世承诺的兑现。

资料来源：http://www.9001.net.cn/product/product10.html.

3. 强制性产品认证制度的文件体系

强制性产品认证制度的文件体系由以下几部分构成。

1) 法律与法规

"3C"认证制度，是依据《中华人民共和国产品质量法》《中华人民共和国进出口商品检验法》《中华人民共和国标准化法》《中华人民共和国进出口商品检验法实施条例》《中华人民共和国产品质量认证管理条例》等法律法规建立的。

强制性产品认证制度的对象为涉及人体健康、动植物生命安全、环境保护、公共安全、国家安全的产品。强制性产品认证的技术依据为国家强制性标准或国家技术规范中的强制性要求。

强制性产品认证制度的基本框架为3部分：一是认证制度的建立，二是认证的实施，三是认证实施有效性的行政执法监督。强制性产品认证制度的建立由中央政府负责，国家认监委负责按照法律法规和国务院的授权，协调有关部门按照"四个统一"的原则建立国家强制性产品认证制度；指定认证机构在授权范围内承担具体产品的认证任务，向获证产品颁发"3C"认证证书；地方质量技术监督局和各地出入境检验检疫局负责对列入《强制性产品认证目录》产品的行政执法监督工作，确保未获得认证的列入《强制性产品认证目录》内的产品不得进口、出厂、销售和在经营服务性活动中使用。对于特殊产品(如消防产品)，国务院有关行政主管部门按照授权职能承担相应的监管职能。

2) 规章

《强制性产品认证管理规定》(国家质检总局第117号局长令)是实施强制性产品认证制度的基础文件，详细规定了如下内容：

(1) 国家建立和实施强制性产品认证制度的法律法规依据。

(2) 国家强制性产品认证制度管理的产品范围为涉及人类健康和安全，动植物生命和健康，以及环境保护和公共安全的产品。

(3) 强制性产品认证制度以"四个统一"为基本原则。

(4) 列入《强制性产品认证目录》内的产品，未获得认证且未加施中国强制性认证标志的不得出厂销售、进口和在经营服务性活动中使用。

(5) 强制性产品认证制度建立和实施的基本体系是国家质检总局发布规章，国家认证认可监督管理委员会统一建立并组织实施；指定的认证机构及为其服务的检测、检查机构和人员负责认证的受理、检测、检查和证书的颁发以及获证产品的监督。

(6) 地方质检机构负责对列入《强制性产品认证目录》内的产品及生产者、进口商和销售商等进行市场监督检查。

(7) 指定的机构负责中国认证标志的发放和接受认监委的委托对认证标志使用方案进行审查。

(8) 列入《强制性产品认证目录》内产品具体认证规则程序的要求、认证证书以及认证证书的暂停、注销和撤销要求。

(9) 列入《强制性产品认证目录》内产品的生产者、销售商、进口商在强制性认证制度实施中的权利与义务。

(10) 违反《强制性产品认证管理规定》的行政处罚要求。

3) 规范性文件

(1)《强制性产品认证标志管理办法》，详细规定了如下内容：①强制性产品认证标志的性质：为政府拥有的，与指定机构颁发的认证证书一起作为列入《强制性产品认证目录》内产品进入流通和使用领域的标识。②认证标志的基本式样。③标准与非标准认证标志的要求。④认证标志的印制、使用要求以及申领程序。

(2)《第一批实施强制性产品认证的产品目录》，公布了第一批实施强制性产品认证制度的产品目录，共19类132种产品。

(3)《实施强制性产品认证有关问题的通知》，对强制性产品认证制度的生效日期以及新旧制度的过渡期和过渡期内的安排做出了具体规定。

(4) 列入《强制性产品认证目录》内产品的强制性认证实施规则。这些规则总计47份，详细规定了相关产品的强制性认证申请单元、型式试验、工厂审查、认证批准和认证后监督以及标志具体使用规定、认证变更、认证扩展等要求。是认证机构实施认证、认证申请人申请认证和地方执法机构对特定产品进行监督检查等的基本依据文件。

(5)《承担强制性产品认证检测检查机构指定管理办法》，规定了承担强制性产品认证任务的认证机构和为其提供产品检测和工厂审查任务的检查机构的指定条件和程序以及监督管理要求。

(6)《强制性产品认证收费规定》，由国家计划委员会核准发布，规定了强制性产品认证收费项目以及收费标准和相关收费管理要求，是"四个统一"文件的重要组成部分。

随着第一批强制性认证产品目录的实施，国家认监委和国家质检总局正逐步将强制性产品认证实施过程中的有关问题制定相关规范性文件，包括具体产品范围的界定(联合公告60号)、需备案销售产品的备案要求等。同时，国家认监委也在总结强制性产品认证制度实施经验，结合国际惯例提出认证认可工作立法建议，规范认证认可行为。

6.2.3 强制性产品认证的管理体制

国家认监委是国务院授权的负责全国强制性产品认证工作的机构，在强制性产品认证制度建立和实施中的职能主要是：拟定、调整《强制性产品认证目录》并与国家质检总局共同对外发布；拟定和发布《强制性产品认证目录》内产品认证实施规则；制定并发布认证标志，确定强制性产品认证证书的要求；指定承担认证任务的认证机构、检测机构和检查机构；指导地方质检机构对强制性产品认证违法行为的查处等。

强制性产品认证工作由国家认监委指定的认证机构负责认证的具体实施，并对认证结果负责；地方质检部门对列入《强制性产品认证目录》内的产品实施监督；生产者、销售者和进口商以及经营服务场所的使用者对生产、销售、进口、使用的产品负责；国家认监委指定的标志发放管理机构负责发放强制性认证标志。

免办"3C"认证说明

针对生产、进口和经营性活动中的特殊情况，国家认监委又发布 2002 年第 8 号公告，规定部分产品可申请免办"3C"认证。这部分产品范围包括：①为科研、测试需要进口和生产的产品；②以整机全数出口为目的而用进料或来料加工方式进口的零部件；③根据外贸合同，专供出口的产品(不包括该产品有部分返销国内或内销)；④为考核技术引进生产线需要进口的零部件；⑤直接为最终用户维修目的而进口和生产的产品；为已停止生产的产品提供的维修零部件；⑥其他特殊情况的产品。

对可免予办理"3C"认证的产品，生产厂商或代理人应向国家认监会提出申请，并提交符合免办条件的证明材料、责任担保书、产品符合性声明(包括形式试验报告)等，经批准获得《免办强制性产品认证证明》自 2003 年 5 月 1 日起开始办理并生效。

另外，国家认监会还规定，对上述免办"3C"认证的产品范围是第 2 条、第 3 条的产品，国内组装厂或国内生产厂可依据自身方便向所在地国家直属的检验检疫局或申请办理免办证明。

资料来源：http://www.ccc-cn.org/cccsystom.htm.

6.3 强制性产品认证实施程序

按照"3C"认证制度的规定，2003 年 8 月 1 日起，凡列入"3C"认证目录内的产品必须获得指定机构的认证证书，未按规定加施认证，不得进口、出厂销售和在经营活动中使用。

目前，我国多数应该认证的企业已经通过或已经申请"3C"认证，认证企业产品市场的覆盖率已达 90%以上，但是还有部分企业没有申请认证。其实，对于企业来说，"3C"认证可以促使企业生产的产品按照认证模式依据的产品性能认真定位，在提高人体健康、保护环境和公共安全方面最大限度地避免产品产生的危害，从而给企业产品的性能和生命周期等的确定带来科学的标准。企业产品对国家、人民负责，在市场上有了特殊的通行证，也就更能拓宽自己的市场空间。因此，要有效推行"3C"认证制度，一方面，要切实加强市场的监管力度，尤其是对小城镇市场和小型商场的监管，从流通渠道上使未经过认证的产品无处遁形；另一方面，则要在整治市场秩序的同时加强对企业的宣传指导，使其充分认识到"3C"认证对企业发展的有利影响，从而自觉地参与进来。

要全面推行"3C"认证制度，还要对广大消费者进行"3C"认证制度各方面知识的宣传，如"3C"认证的主要特点、国家公布产品目录、确定的国家标准、技术规则等知识，不仅要让企业了解，还要让广大消费者知道，这样才能使"3C"认证重要性和必要性日渐深入人心，使选用通过认证的产品成为整个社会共识。

6.3.1 认证实施规则

根据《强制性产品认证管理规定》的规定，国家认监委应编制并对外发布列入《强制性产品认证目录》内产品的认证实施规则，以指导申请人申请认证、明确认证机构实施认证的依据、指导地方质检机构对强制性认证制度实施有效性的监督。具体产品认证实施规则的编制，参照国际指南(ISO/IEC 指南 28)的要求，一般包括如下内容：①规则覆盖的产品范围；②规则覆盖产品认证依据的国家标准和技术规则；③认证模式以及对应的产品范围和标准；④认证申请单元划分规则或规定；⑤产品抽样和送样要求；⑥关键部件的确认要求(需要时)；⑦检测标准和检测规则等相关要求；⑧工厂审查的特定要求(需要时)；⑨跟踪检查的特定要求；⑩认证标志及使用的具体要求；⑪其他规定。

认证实施规则中所列标准，采用最新有效的国家标准、行业标准和相关规范。标准更新时，认证实施规则中所列标准自动更新，对于需要特殊安排过渡期的，国家认监委将负责对外公布有关安排。

6.3.2 认证流程

企业"3C"认证申请应注意：申请书含申请人、制造商、生产厂和产品的有关信息；每种型号的商品应单独申请，同一型号、不同生产厂家的商品也应单独申请。

"3C"认证流程如图 6.3 所示。

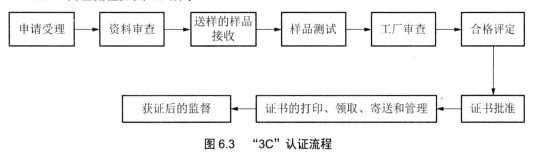

图 6.3 "3C"认证流程

1. 申请受理

收到符合要求的申请后，中国质量认证中心(CQC)向申请人发出受理通知，通知申请人发送或寄送有关文件和资料。同时，CQC 发送有关收费和通知，申请人按要求将资料提供到 CQC。申请人付费后，按要求填写付款凭证。

2. 资料审查

在资料审查阶段，产品认证工程师需对申请进行单元划分。单元划分后，若需要进行样品测试，产品认证工程师向申请人发送送样通知以及相应的付费通知，同时，通知申请人向相应的检测机构发送样品接收通知。

3. 送样的样品接收

样品由申请人直接送达指定的检测机构，申请人付费后，按要求填写付款凭证。检测机构对收到的样品进行验收，填写样品验收报告，对于不合格的样品将出具样品整改通知，整改后填写样品验收报告。样品验收后，检测机构填写样品检测进度表报 CQC。

CQC 收到样品检测进度后，在确认申请人相关费用付清后，向申请人发出正式受理通知，向检测机构发出检测任务书，样品测试正式开始。

4. 样品测试

样品测试过程中，对于出现的不符合项，申请人应依照样品测试整改通知进行整改。样品测试结束后，检测机构填写样品测试结果通知，检测机构还将试验报告等资料传送至 CQC。

5. 工厂审查

对于需要进行工厂审查的申请，检查处组织进行工厂审查。

6. 合格评定

产品认证工程师对各阶段的结果进行收集整理后，进行初评，合格评定人员对以上结果进行复评。

7. 证书批准

主任签发证书。

8. 证书的打印、领取、寄送和管理

申请人打印领证凭条，自取或要求寄送证书。

9. 获证后的监督

(1) 如果生产的产品与型式试验的样品不一致，应得到认证机构的确认后再生产。

(2) 要与认证机构商定正常监督的日期。

(3) 在监督时，生产线应正常生产，并有认证的产品在工厂或能提供一定量的产品供抽样(如外面的仓库、市场等)。

(4) 准备好监督所要求的文件和记录。

(5) 确认不符合项和监督结论。

(6) 尽快完成不符合项的整改。

6.4　机电商品强制性认证实例分析

我国主要的进出口机电商品包括：各种电机、电力变压器、开关柜等电工产品；传真机、复印机、显示器、移动通话设备等信息技术产品；继电器、断路器等电子电工产品；所有类型的一次电池及二次电池产品；家用电器产品；摄、录像机、录像编辑器、监视器等广播电视设备；其他电子、电工产品等。

案例 6-2

2016 年，常熟检验检疫局在对进口设备的检验监管中，连续查获未经 3C 认证的进口机电产品。截至今年 7 月，该局共查获不符合我国 3C 认证制度规定的进口激光打印机、微型计算机 4 批、19 台。

根据我国相关规定，凡列入我国 3C 认证产品目录的产品必须经过强制性产品认证，并标注 3C 认证标志后，方可出厂、销售、进口或者在其他经营活动中使用。同时，根据国家认监委有关规定，部分符合条件的列入 3C 目录的产品可以申请免办 3C 认证等特殊放行措施。

常熟检验检疫局查获的上述进口激光打印机、微型计算机均未标注 3C 标志，收用货人及其代理商也未能提交 3C 证书、3C 免办证明等相关 3C 证明文件。

由于目前进口设备大都存在着货值高、安装工期紧等实际情况，为了避免收用货单位不必要的损失，提出三点建议。一是收用货单位及其代理商，应加强与国外设备供应商及制造商的沟通交流，对即将进口的设备中列入 3C 认证目录的产品情况要心中有数；二是收用货单位及其代理商，应加强与出入境检验检疫等部门的沟通，对列入 3C 认证目录却没有获得过 3C 认证的进口产品，在进口前咨询检验检疫等部门，并按规定办理 3C 认证或 3C 免办等相关手续；三是收用货单位及其代理商应通知发货人对无法取得 3C 认证或 3C 免办等证明文件的 3C 认证进口产品不予发运，在不影响设备使用的前提下，尽可能在我国国内购买国产的已获得 3C 认证的替代产品。由于目前进口设备大多存在着货值高、安装工期紧等实际情况，为了避免收用货单位不必要的损失，检验检疫部门建议收用货单位及其代理商，加强与国外设备供应商及制造商的沟通交流，对即将进口的设备中列入"3C"认证目录的产品情况要心中有数；收用货单位及其代理商，加强与出入境检验检疫等部门的沟通，对列入"3C"认证目录却没有获得过"3C"认证的进口产品，在进口前咨询检验检疫等部门，并按规定办理"3C"认证或"3C"证书免办等相关手续；对无法取得"3C"认证或"3C"证书免办等证明文件的"3C"认证进口产品不予发运；在不影响设备使用的前提下，尽可能在国内购买国产的已获得"3C"认证的替代产品。

资料来源：http://www.ccaaedu.com/3g/show.asp?d=4279&m=1.

本 章 小 结

通过对本章的学习，我们充分认识了我国强制性产品认证的概念、认证的内容以及管理制度等。自 2001 年首次发布《强制性产品认证实施规划》至今，国家认监委以公告形式持续发布了 36 份有关强制性产品认证实施规则的文件(统计时间为 2005 年至今)。实施规则的调整主要随强制性产品认证目录范围的变化而变化。

通过实施规则的改进和技术类文件的不断完善，目前已发布的实施规则基本上实现了增强针对性、充分体现责任和义务的期望。虽然实施规则改进工作地法律基础、技术基础和政策基础基本具备，但技术机构和企业消化并理解新实施规则需要一个过程。因此，改进后的实施规则的落地、实施是一项长期艰巨的任务，有待于多方共同维护和贯彻推广。

 关键术语

强制性认证(compulsory certification)
认证制度(the authentication system)

习 题

一、判断题

1. 对重要的原材料、零部件的包装入库跟单员应去供应商的仓库查看。（　）
2. 一般而言，长期合作的供应商的报价是最低的。（　）
3. 箱纸板物理强度高、防潮性能好、外观质量好，适用于运输包装。（　）
4. 聚氯乙烯(PVC)可以用作食品包装材料。（　）
5. 全数检验就是对待检产品批100%地逐一进行检验。（　）
6. 原材料较为贵重时，不宜进行外包(协)作业。（　）
7. 进口货物应当自运输工具申报进境之日起21天内向海关申报，超过上述规定期限未向海关申报的，由海关征收滞纳金。（　）
8. 海关事务担保期限在一般情况下，不得超过20天。（　）
9. 滞报金的起征金额为50元人民币。（　）
10. 石棉是一种化学纤维。（　）
11. 玻璃类产品的特点是耐酸(所有酸)、耐碱、耐油、防火。（　）
12. "3C"认证对所有出口产品执行国家强制的安全认证。（　）
13. GS与CE认证的区别是，GS是强制认证，CE是自愿认证。（　）
14. 电子数据报关单和纸质报关单具有同等的法律效力。（　）
15. 根据《UCP500》，信用证未清楚地表明"可撤销"或"不可撤销"，应视为"不可撤销信用证"。（　）

二、单项选择题

1. 中国国家强制性产品认证证书由(　　)颁发。
    A. 国家质检总局
    B. 中国国家认证认可监督管理委员会
    C. 国家质检总局指定的认证机构
    D. 中国国家认证认可监督管理委员会指定的认证机构

2. 我国对涉及人类健康和安全、动植物生命和健康，以及环境保护和公共安全的产品实行强制性认证制度，认证标志是(　　)，其名称是(　　)。
    A. CCIB，中国强制认证　　　B. CCIB，中国安全认证
    C. CCC，中国强制认证　　　D. CCC，中国安全认证

3. 以下关于强制性产品入境验证的表述，正确的是(　　)。
    A. 海关要检验入境货物检验检疫证明
    B. 海关要检验强制性产品认证证书
    C. 检验检疫机构只对旅客携带的商品进行验证
    D. 检验检疫机构要检验强制性产品认证证书

三、多项选择题

1．强制性产品的认证是国家对涉及(　　)的产品实行必须认证的一种制度。
    A．人类健康和安全　　　　　　B．动植物生命和健康
    C．动植物与卫生检疫疫区　　　D．环境保护和公共安全
2．下列属于《强制性产品认证目录》中产品认证的环节有(　　)。
    A．进口验证　　B．型式试验　　C．抽样检测　　D．工厂审查
3．列入《中华人民共和国实施强制性产品认证的产品目录》内的商品必须(　　)，方可进口。
    A．加施认证标记
    B．取得产品卫生证书
    C．取得指定认证机构颁发的认证证书
    D．经指定的认证机构认证合格
4．下列无须办理强制性产品认证的有(　　)。
    A．政府间援助、赠送的物品
    B．入境人员随身从境外带入境内的自用物品
    C．外国驻华使馆、领事馆和国际组织驻华机构及其外交人员自用的物品
    D．我国香港、澳门政府驻内地官方机构及其工作人员自用的物品
5．以下产品中，可申请免予办理强制性产品认证的有(　　)。
    A．暂时进口，须退运出关的产品
    B．直接为最终用户维修目的所需的产品
    C．以整机全数出口为目的而用一般贸易方式进口的零部件
    D．仅用于商业展示，但不销售的产品

四、案例分析题

一起涉刑移送的未经"3C"认证案

近期某质监局执法人员对辖区一新建铸造企业进行检查，发现该企业使用的成套低压开关设备涉嫌未经"3C"认证，在对该设备生产企业A公司取得联系后得知，该批设备系B公司冒用A公司名义生产销售，进一步调查得知B公司销售的该批设备未取得"3C"认证证书，该设备货值12万元。同时B公司还存在伪造A公司公章、伪造质量证明文件等行为。

由于涉案企业不在该局辖区，且案值达到涉刑移送标准，执法人员建议该案移送公安部门。由于我国实施的不是判例法，法无明文规定不处罚。该案是否应当移送的问题上，公安部门和质监部门内部都有不同的意见。

问题：谈一谈你对此事件的看法。

第7章 出入境商品报关管理

【教学目标和要求】

- 掌握出入境商品报关管理制度的作用,了解报关管理制度的产生和发展。
- 掌握出入境商品征收关税的种类,熟悉关税的征收流程。
- 掌握保税物流园区与保税物流中心的概念,了解现有的保税物流中心。
- 理解出入境商品的报关规范和报关流程。

【知识架构】

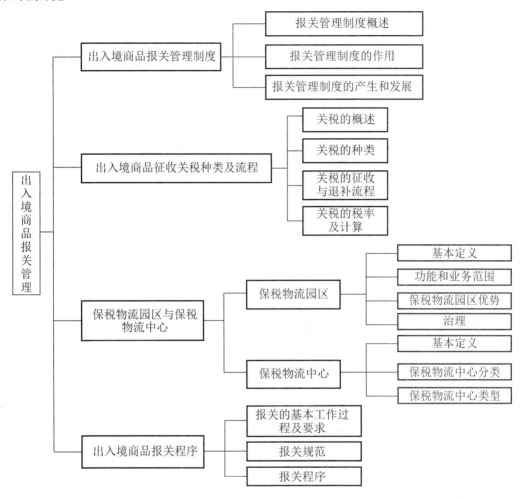

案例导入

据海关统计，2014 年，我国进出口总值 26.43 万亿元人民币，比 2013 年增长 2.3%。其中，出口 14.39 万亿元人民币，增长 4.9%；进口 12.04 万亿元人民币，下降 0.6%；贸易顺差 2.35 万亿元人民币，扩大 45.9%。按美元计价，2014 年，我国进出口、出口和进口分别增长 3.4%、6.1%和 0.4%。

海关总署新闻发言人、综合统计司司长郑跃声在发布会上表示，纵观 2014 年全年，我国外贸进出口呈稳中向好走势。一季度，进出口值为 5.9 万亿元人民币，下降 3.8%；二季度 6.5 万亿元人民币，增长 1.7%；三季度 7 万亿元人民币，增长 7.1%；四季度 7 万亿元人民币，增长 4%。其中，出口方面，一季度下降 6.1%，二、三季度分别增长 3.4%、12.7%，四季度增长 8.7%；进口方面，一季度下降 1.3%，二季度基本持平，三季度增长 0.8%，四季度下降 1.6%。

2014 年，我国与主要贸易伙伴贸易额有升有降。对欧盟、美国双边贸易稳定增长，对日本、中国香港地区贸易下降，对新兴市场贸易表现良好。机电产品、传统劳动密集型产品出口平稳增长。消费品进口加速，主要大宗商品进口量增价跌。当年我国消费品进口 9362.7 亿元人民币，增长 14.9%，明显快于同期我国进口的总体增速，占同期我国进口总值的 7.8%。

资料来源：http://www.chinairn.com/news/20150114/172156603.shtml.

出入境商品质量检验与管理

随着我国加入 WTO,国际交往与合作日益增多,也给我国海关更好地实施进出境监管带来机遇和挑战。除了海关,我国进出境监督管理机关还有检验检疫、边检等部门。地方的工商局、税务所、银行等,与进出境监管都有或多或少的联系。我国海关是垂直管理部门,与地方政府部门的联系相对较少。海关各项工作的开展离不开地方政府的支持和配合。单靠海关一个部门的力量,完全有效地实现贸易管制目标是很难的。因此,各部门联合起来,发挥各自的优势和作用,才能达到监管目标。

7.1 出入境商品报关管理制度

7.1.1 出入境商品报关管理制度概述

报关管理制度是海关对报关单位及其报关行为实施管理的基本业务制度,是报关人员必须掌握的内容之一,是实现海关职能的基础业务制度。它的根本作用在于确保海关对进出境运输工具、货物、物品的监管、征收税费、查缉走私、编制统计和办理其他海关业务任务的顺利完成。

7.1.2 出入境商品报关管理制度的作用

报关管理制度是实现海关职能的基础业务制度。它是海关实现进出境监督管理职能、维护国家进出口经济贸易活动正常秩序的重要保证。

1. 报关管理制度是完成海关各项工作任务的重要保证

海关监管、征税、查私、编制统计等任务的完成是通过对进出境活动的监督管理来实现的,向海关报关、办理进出境手续是进出境活动的主要部分,因此,报关单位的报关活动能否遵守有关法律、法规的要求,报关行为是否规范直接影响到海关工作的效率,关系到海关各项任务的完成,报关管理制度是完成海关各项工作任务的重要保证。

2. 报关管理制度是维护国家进出口经济贸易活动正常秩序的重要保证

最大限度地方便合法进出,制止走私违法是维护国家进出口经济贸易活动正常秩序的需要。报关管理制度通过对报关主体资格的管理和规范报关行为,确保良好的报关秩序,是提高进出口通关效率的重要保障。

3. 报关管理制度是报关单位及其报关员的报关行为准则

遵守《中华人民共和国海关法》(以下简称《海关法》)及相关法律、行政法规的规定,是报关单位和报关员的基本义务,否则将承担相应的法律责任。报关管理制度明确规定了报关单位和报关员向海关办理报关手续的行为规范,为报关单位和报关员的报关活动提供了行为准则,为报关单位合法进出、守法经营创造了条件。

7.1.3 我国报关管理制度的产生和发展

鸦片战争后,中国海关主权长期被外国侵略者攫取,实行的是具有殖民地色彩的海关制度。除了少数较大的洋行自行报关以外,绝大多数报关事务由报关行或海关事务经纪人来完成。新中国成立后,海关管理主权收归人民所有,新的海关管理体制确立,海关对报关的管理也发生了很大变化。

1. 我国报关管理制度的产生

为了维护国家的主权,新中国建立伊始,就制定了进出口货物应向海关申报的报关制度,统一使用新的报关单证。在一段时期内,由于国有经济、合作社经济、农民和手工业者个体经济、私人资本主义经济和国家资本主义经济 5 种经济成分并存,新中国成立以前遗留下来的报关行在口岸的报关业务中仍然发挥着重要作用。

随着国营进出口公司在对外贸易中逐步占据主导地位,专业外贸公司自行报关开始在报关业务中占据主导地位。特别是从 1951 年开始,随着国家对外贸易管制政策的实行和《中华人民共和国暂行海关法》的实施,在以许可证为依据的进出口货物海关监管制度下,报关行逐步退出报关业务,报关主要由国营外贸公司自行办理。由于国营外贸公司的经营主要采用有计划、有组织和大量集中的方式进行,海关报关申报手续较为简单。海关在坚持必要制度的前提下,逐步实行凭合同或协定灵活快速验放,有重点开验的办法办理进出口手续。

1956 年,我国社会主义改造基本完成。中国的对外贸易由多种成分转为单一的国有经济,海关对进出口货物的监管手续进一步简化。由于对外贸易都是经国家批准的国营对外贸易专业公司来经营,进出口货物全部都是在商务部统一领导下,有组织、有计划地进行,报关均由各外贸公司单独直接办理。报关管理对象较为单一,报关管理不是海关工作的重点。"文化大革命"期间,海关的报关管理工作几乎陷于停滞状态。

1972 年,海关部分恢复了对进出口货物要求申报查验的职能,重新开始了对报关申报环节的管理。

总之,从新中国成立之初到改革开放前,在高度计划经济体制下,对外经济贸易计划由国家统一下达,材料由国家统一调拨,产品统一分配,财务由国家统收统支,海关监管只是国家对外经济活动实现计划的一种监督形式。

相比较而言,海关管理以许可证管理为主。企业获得了对外贸易进出口经营权,就顺理成章地取得了进出口报关资格。海关通过审查其是否经由国家或经贸主管部门批准有无进出口经营权来决定其是否有报关权。由于外贸经营单位执行的是国家计划,走私违规行为极少发生。海关对报关单位和个人在法律责任上没有特别的规定和要求。海关的报关管理也只是一种形式上的管理,没有充分体现海关是报关单位的资格审查批准和管理机关的职能。党的十一届三中全会以来,随着全党工作重心的转移和对外开放政策的实行,海关在进出境监督领域的职能作用越来越突出。

1980 年,海关恢复和实行对外贸易公司进出口货物全国统一的报关制度,开始启用新的"进口货物报关单"和"出口货物报关单"。要求对所有进出口货物,不论采取何种经营方式,都必须向海关申报。申报的单据必须齐全、正确、有效,所报货物的品名、品质、规格、数量、价格、贸易国别和原产国别或地区,必须与实际货物相符,加大了企业报关的法律责任。考虑到国营专业进出口贸易公司在进出口活动中仍占有较大比重,允许存在两种报关形式:一是对地方外贸公司以及其后成立的工贸公司,规定它们的货物在地方进口口岸海关申报;二是各外贸进出口总公司采用集中报关纳税的方式报关,由北京海关派员驻在各总公司,总公司负责将每天统一编号的国内收款结算凭证和国外发票送交海关驻公司人员,作为申报计税的凭证。海关按公司开出的结算证,计征税款。

随着对外开放政策不断深入和外贸体制改革的迅速发展,我国对外经济贸易活动的经营成分和贸易方式发生了很大的变化。工贸、农贸、商贸、军贸和技贸等公司或企业异军突起,加上积极引进外资后成立的外商独资、中外合资、中外合作企业,打破了原有国营外贸专业公司一统天下的局面。除了一般贸易外,"三来一补"贸易、易货贸易等有利于我国对外贸易发展的各种贸易方式在我国对外贸易进出口总量中占有越来越大的比重。外贸总公司进口的贸易额在整个进口总额中所占比重逐渐减小,原有外贸总公司采用集中申报、集中纳税方式的进口贸易额也大幅减少。大批的非外贸专业公司、企业及其报关人员加入到进出口报关业务行列,形成了一支多经营成分、多贸易方式企业组成的报关队伍。

20世纪80年代中期,我国加快了改革开放的步伐,实行经济特区、沿海开放城市、经济技术开发区、沿海经济开放区等关税优惠政策。在这些地区,越来越多的海关业务机构开始设立,报关业务急剧增加。面对众多初涉报关业务的企业及报关员,为了提高报关质量和效率,加大打击违规、走私偷逃税款的不法行为,海关开始重视加强对企业报关资格审批以及报关人员的培训、考核和发证工作。1985年2月,海关总署发布了《中华人民共和国海关对报关单位实施注册登记制度的管理规定》。这个规定明确了报关单位的范围和报关员的资格条件,明确了报关单位和报关员的权利、义务和法律责任,对报关单位提出了注册登记的要求。该规定是我国海关第一个较为完善的全国统一的报关管理制度,它的出台是我国海关报关制度基本形成的一个重要标志。

2. 我国报关管理制度的发展完善

1987年7月1日,《海关法》颁布实施,首次以国家法律的形式对报关注册登记、报关企业、代理报关企业、报关员的管理作了规定,为我国报关管理制度的发展和完善提供了坚实的法律基础。《海关法》的有关规定,明确了海关对企业、单位的进出口货物报关权的审批权力,解决了长期以来存在的进出口经营权、国际货运代理权与报关权相混淆的问题,为海关加强报关管理工作提供了充分的法律依据。随着《海关法》的颁布实施,我国海关报关管理制度逐步走向规范化、法制化轨道。1992年,《中华人民共和国海关对报关单位和报关员的管理规定》公布实施,进一步明确了报关企业或者有权经营进出口业务的企业必须由海关注册登记后才能具有向海关办理报关纳税手续的资格,并将报关单位分为代理报关单位(指专业报关企业和代理报关企业)和自理报关单位两大类,对其申请注册登记的条件资格作了明确的规定;明确了报关员的资格条件以及报关员的报关行为规则、义务和法律责任;首次明确了经电子计算机传送数据的报关单与手工填写的报关单具有同等的法律效力,规定在实现计算机报关的口岸,代理和自理报关单位或报关员应当负责将报关单上的申报数据录入计算机,不具备自行录入报关数据条件的可委托数据录入服务单位代为录入;明确提出报关管理制度改革方向是报关专业化、社会化和网络化,支持专业报关企业的发展。1994年10月24日,《中华人民共和国海关对专业报关企业的管理规定》公布实施。1995年7月6日,《中华人民共和国海关对代理报关企业的管理规定》公布实施。1997年4月8日,《中华人民共和国海关对报关员管理规定》公布实施。这些规定进一步明确了专业和代理报关企业的性质、开办的法定程序和其主要业务范围,明确了报关员的资格考试、审定、注册和年审制度以及报关员的权利义务,明确了专业和代理报关企业以及报关员的法律责任。这些规定的实施,对我国的报关管理制度进行了进一步改革,积极推进了报关管理制度的进一步法制化、规范化。同时,也使我国的报关管理制度向国际化迈进了一大步。2001年1月1日起,新修订的《海关法》以法律的形式明确规定了向海关办理报关纳税手续的企业及人员的主体资格,报关企业及其委托人的法律地位和法律责任,企业的报关注册登记,报关从业人员资格,报关企业和报关人员的业务守则等内容,将我国的报关管理制度进一步法制化和规范化,使我国的报关管理更加适应外贸体制的改革与中国加入WTO的要求,标志着我国报关管理制度走向完善[①]。

7.2 出入境商品征收关税种类以及流程

7.2.1 关税的概述

关税(Customs Duties,Tariff)是进出口商品经过一国关境时,由该国政府所设置的海关向其进出口商所征收的税收[②]。

关税的征收是依据《海关法》《中华人民共和国进出口关税条例》(以下简称《关税条例》),以及其他有关法律、行政法规进行的。关税的征收主体是国家,其他人不得行使该项权力。关税的课税对象是进出口货物、进出境物品。

关税是一国贯彻其对外贸易政策的重要工具,但却不是唯一的重要工具。当前,国际市场竞争激烈,贸易保护主义盛行。例如进口限制、进口配额、甚至贸易禁运等都是广泛使用的贸易措施,且其政策性远比关税明显而剧烈;但这些措施多是为调整国际收支困难而采取的,所以现代国际经济学者多将其视为体现国际收支政策的工具,以与关税相区别。关税可分为出口税和进口税。前者是对本国出口商品的征税,后者是对输进本国的商品征税。但出口税实行者甚少,而进口税实行广泛,且问题极为复杂,因而进口税是关税问题的主要内容。此外,还有一种叫转口税,这是对转运往其他国家的在途商品征税,其意义就更小了。

有的国家也把关税视为重要的财政税收来源。它与其他税收一样,具有强制性和无偿性。与其他税收不同,关税具有以下几个特点:一,征收关税的对象是进出口货物和物品;二,关税是一种间接税;三,关税是对外贸易政策的重要措施;四,关税可起到调节经济和对外贸易的作用,可调节市场上商品供求情况、保护幼稚工业的发展以调节经济结构、调节进出口商品结构、调节分配与消费、调节贸易差额等。

案例 7-1

中美轮胎特保案

2009年9月13日,商务部依照中国法律和世贸组织规则,对原产于美国的部分进口汽车产品启

---

① 施京京. 中华人民共和国进出口商品检验法实施条例[J]. 中国质量技术监督,2005:10-13.
② 周大庆. 关税种类知多少[J]. 经济研究参考,2002,39:16-36.

动了反补贴立案审查程序,对原产于美国的进口肉鸡产品启动了反倾销和反补贴立案审查程序。

资料来源: http://www.mofcom.gov.cn。

7.2.2 关税的主要种类

关税的种类繁多,按照不同的标准,主要可分为以下几类。

1. 进口税、出口税和过境税

按照商品流向,关税可分为进口税、出口税和过境税。

(1) 进口税(import duty)。进口税是指进口国家的海关在外国商品输入时,根据海关税则对进口商品所征收的减税,主要有最惠国税和普通税两种。最惠国税适用于与该国签订有最惠国待遇条款的贸易协定的国家进出口的商品;普通税适用于与该国没有签订这种贸易协定的国家所进口的商品。最惠国税率比普通税率低,二者税率差幅往往很大。

(2) 出口税(export duty)。出口税是指出口国家的海关对本国产品输往国外时,对出口商品所征收的关税。目前大多数国家为了降低出口商品的成本、提高竞争能力和扩大出口,对绝大多数商品出口多不征收出口税。

(3) 过境税(transit duty)。过境税又称通过税,它是一国对于通过其关境的外国货物所征收的关税,第二次世界大战后绝大多数国家都不设过境税。

2. 财政关税和保护关税

按照征税的目的,关税可分为财政关税和保护关税。

(1) 财政关税(revenue tariff)。财政关税又称收入关税,是指以增加国家的财政收入为主要目的而征收的关税。征收财政关税的进口商品通常是国内不能生产或无代用品而国内消费量较大,必须从国外进口的商品,财政关税税率要适中或较低,如税率过高,将阻碍进口,达不到增加财政收入的目的。

(2) 保护关税(protective tariff)。保护关税是指以保护本国工业或农业发展为主要目的而征收的关税。保护关税税率较高,有的税率高达100%以上,等于禁止进口,成为禁止关税(prohibited tariff)。一些国家利用高关税限制甚至禁止某些商品进口,这就形成了高关税壁垒。

3. 进口附加税、差价税、特惠税和普惠税

按照差别待遇和特定的实施情况，关税可分为进口附加税、差价税、特惠税和普惠税。

(1) 进口附加税(import surtaxes)。进口附加税又称为特别关税，是进口国家在对进口商品征收正常进口税后，还会出于某种目的，再加征部分进口税，加征的进口税部分，就是进口附加税。进口附加税不同于进口税，不体现在海关税则中，并且是为特殊目的而设置的，其税率的高低往往视征收的具体目的而定。一般是临时性的或一次性的。

案例 7-2

美国在1971年由于国际收支出现危机，为了限制进口，对进口商品一律征收10%的附加税；有些国家为了增加财政收入或限制高价奢侈品的进口，对其征收附加税；有些国家(如澳大利亚)曾因某种商品一时进口量过多使国内生产，受到威胁而征收紧急进口税。关税及贸易总协定(以下简称"关贸总协定")对缔约方的关税正税加以约束，不能任意提高。除在规定的例外情况之外；不准征收超过正税的附加税。但为了抵制倾销、贴补，允许缔约方对构成倾销或贴补的进口商品征收反倾销税或反贴补税。鸦片战争后中国征收过"二五附加税"，即对进口货物除征收"值百抽五"的正税外，另征2.5%的附加税。新中国成立后，从1985年开始，对一些国内已能生产，但又大量进口的消费品，如汽车、机电产品等，一些国内幼稚工业或新兴工业产品和一些盲目引进的生产线，于进口关税之外，另征收进口调节税。这些调节税已于1992年4月全部取消。

资料来源：王海涛. 美国国际收支与次贷危机. 中国高新技术企业，2010.

进口国通常把征收进口附加税作为限制外国商品输入的一种临时性措施，其目的主要有三个：一是应付国际收支危机，维持进出口平衡。如美国20世纪70年代初出现了首次贸易逆差，尼克松政府为应付国际收支危机，实行"新经济政策"，宣布对外国进口商品一律加征10%的进口附加税；二是防止外国商品低价倾销；三是对某一国家实行歧视或报复。因此进口附加税又称为特别关税。

目前各国为了实现其特定的保护目的，还会采用以下5种关税：反倾销税、反补贴税、紧急关税、惩罚关税和报复关税。反倾销税(anti-dumping duty)。是对低于正常价格进行倾销的外国进口商品，并对进口国的同类商品造成实质性损害而征收的进口附加税。其目的在于抵制商品倾销，保护本国产的国内市场。

(2) 差价税(variable duty)。差价税又叫差额税，当某种本国生产的产品国内价格高于同类的进口商品价格时，为了削弱进口商品的竞争能力，保护国内生产和国内市场，按国内价格与进口价格之间的差额征收关税，就叫差价税。差价税也是欧盟对从非成员国进口的农产品征收的一种进口关税。其税额是欧盟所规定的门槛价格与实际进口的货价加运保费(CIF)之间的差额。征收差价税是欧盟实施共同农业政策的一项主要措施。其主要目的是保护和促进欧盟内部的农业生产。

(3) 特惠税(preferential duty)。特惠税全称为特定优惠关税。它是指对从特定国家或地区进口的全部商品或部分商品，给予特别优惠的低关税或零关税待遇，其税率低于最惠国税率。特惠税有的是互惠的，有的是非互惠的(单向的)。不适用于从非优惠国家或地区进口的商品。特惠关税一般在签订有友好协定、贸易协定等国际协定或条约国家之间而实施的。任何第三国不得根据最惠国待遇条款要求享受这一优惠待遇。

(4) 普惠税是根据联合国贸易发展会议在1968年通过的普通优惠制(generalized system

of preferences, GSP，简称普惠制)决议产生的。该决议规定发达国家承诺对从发展中国家或地区输入的商品，特别是制成品和半制成品，给予普遍的、非歧视的和非互惠的优惠关税待遇。这种关税成为普惠税，普惠制的主要原则是普通的、非歧视的、非互惠的。普惠制的目的是增加发展中国家或地区的出口收入，促进发展中国家或地区的工业化，加速发展中国家或地区的经济增长率。普惠税是通过普惠制给惠方案实施的[①]。

7.2.3　关税的征收与退补流程

关税征收的过程是税则归类、税率运用、价格审定及税额计算的过程。进出口关税的计算方法是：关税税额=完税价格×进出口关税税率。进出口货物的到、离岸价格是以外币计算的，应由海关按照签发税款缴纳证之日国家外汇牌价的中同价，折成人民币。

按照规定，进口货物的收货人、出口货物的发货人、进出境物品的所有人是关税的纳税义务人；同时有权经营进出口业务的企业也是法定纳税人。纳税人应当在海关签发税款缴纳证的次日起 7 日内，向指定银行缴纳税款；逾期不缴纳的，由海关自第 8 天起至缴清税款日上，按日征收税款总额的 1% 的滞纳金；对超过 3 个月仍来缴纳税款的，海关可责令担保人缴纳税款或者将货物变价抵缴，必要时，可以通知银行在担保人或纳税人存款内扣除。

关税的退补分补征、追征和退税 3 种情况。

① 补征。是指进出口货物、进出境物品放行后，海关发现少征或漏征税款时，应当自缴纳税款或者货物、物品放行之日起一年内，向纳税义务人补征。

② 追征。是指因纳税义务人违反规定而造成少征或者漏征的，海关在 3 年内可以追征。

③ 退税。是指海关多征的税款，发现后应当立即退还；纳税义务人自缴纳税款之日起一年内，可以要求海关退还，逾期不予受理。

办理退税时，应做到退税依据确实，单证齐全，手续完备。纳税单位应填写退税申请，连同原来税款缴纳书及其他必要证件，送经原征税海关核实，并签署意见，注明退税理由和退税金额。单位退税，一律转账退付，不退现金。办理退税手续，除海关原因退税外，由纳税单位向海关交纳 50 元人民币手续费。

7.2.4　关税的税率及计算

1. 关税税率的定义

关税税率是指海关税则规定的对课征对象征税时计算税额的比例。

2. 关税税率的设置

1) 法定税率

根据新的《关税条例》规定，我国进口关税的法定税率包括最惠国税率、协定税率、特惠税率和普通税率。

(1) 最惠国税率。最惠国税率适用原产于与我国共同适用最惠国待遇条款的世界贸易组织成员国或地区的进口货物；或原产于与我国签订有相互给予最惠国待遇条款的双边贸

---

① 李彦荣. 关税与非关税措施[J]. 科技情报开发与经济，2008, 18(33): 100.

易协定的国家或地区的进口货物；以及原产于中华人民共和国境内的进口货物。

(2) 协定税率。协定税率适用原产于与我国订有含关税优惠条款的区域性贸易协定的有关缔约方的进口货物。目前，我国对原产于韩国、斯里兰卡和孟加拉国 3 个曼谷协定成员的 739 个税目的进口商品实行曼谷协定税率。

(3) 特惠税率。特惠税率适用原产于与我国签订有特殊优惠关税协定的国家或地区的进口货物。目前，我国对原产于孟加拉国的 18 个税目的进口商品实行曼谷协定特惠税率。

(4) 普通税率。普通税率适用原产于上述国家或地区以外的国家和地区的进口货物；或者原产地不明的国家或者地区的进口货物。

2) 暂定税率

根据新的《关税条例》规定，对特定进出口货物，可以实行暂定税率。实施暂定税率的货物、税率、期限，由国务院关税税则委员会决定，海关总署公布。

暂定税率的商品可分为两类：一类无技术规格，海关在征税时只需审核品名和税号无误后，即可执行；另一类附有技术规格，海关在征税时，除审核品名和税号外，还需对进口货物的技术规格进行专业认定后才能适用。2015 年中国首次实施进口暂定税率和进一步降低税率的产品包括先进制造业所需的设备、零部件；有利于节能减排的环保设备；国内生产所需的能源资源性产品；药品和日用消费品。同时，对制冷压缩机、汽车收音机、喷墨印刷机等商品不再实施进口暂定税率，适当提高天然橡胶等商品的暂定税率水平，继续以暂定税率的形式对煤炭、原油、化肥、铁合金等产品征收出口关税。

3) 配额税率

关税配额制度是国际通行的惯例，这是一种在一定数量内进口实行低关税，超过规定数量就实行高关税的办法。日本采取一次关税和二次关税就是依据不同数量规定实施不同税率的关税配额制度。配额是一种数量限制措施，超过限额数量后不能进口。而关税配额就有灵活性，对于必要的数量实行低关税；对于超过一定数量的进口则实行高关税，虽然这样关税高了，但还是允许进口，体现了关税杠杆的调节作用。这种办法许多国家都采用，关贸总协定和 WTO 也没有对其限制。在亚太经济合作组织的讨论中，也是把关税配额作为关税手段加以保留的。这种措施既可以控制总量，也比较公开透明。

根据新的《关税条例》规定，对特定进出口货物，可以实行关税配额管理。实施关税配额管理的货物、税率、期限，由国务院关税税则委员会决定，海关总署公布。如 2002 年我国对小麦、玉米、豆油、羊毛等 10 种农产品和尿素等 3 种化肥实行了进口关税配额税率。2015 年继续对小麦等 7 种农产品和尿素等 3 种化肥的进口实施关税配额管理，并对尿素等 3 种化肥实施 1%的暂定配额税率。对关税配额外进口一定数量的棉花继续实施滑准税，税率不变。

4) 信息技术产品税率(以下称 ITA 税率)

在 WTO 成立以后，在以美国为首的 WTO 成员国之间又达成了一项旨在使发展中国家的关税水平进一步降低的《信息技术产品协议》(Information Technology Agreement，ITA)。它的主要内容是将占全世界电子信息技术产品份额 80%以上的该类产品关税，在 2000 年以前降为零。2001 年年底我国成功加入了 WTO，因此也必须承担对信息技术产品进口关税的减让义务。

2002 年我国对 251 个税目的进口最惠国税率实行了 WTO 信息技术产品协议税率，其中零税率的有221种,有15个税目的产品只有在为生产信息技术产品而进口的条件下,才可适用ITA税率。

为此,凡申报进口上述15个税目产品并要求适用ITA税率的单位,需经信息产业部出具证明并经海关确认后方可适用ITA税率。

5) 特别关税

根据新的《关税条例》规定,特别关税包括报复性关税、反倾销税、反补贴税、保障性关税和其他特别关税。任何国家或者地区对其进口的原产于中华人民共和国的货物征收歧视性关税或者给予歧视性待遇的,海关对原产于该国家或者地区的进口货物,可以征收特别关税。征收特别关税的货物、适用国别、税率、期限和征收办法,由国务院关税税则委员会决定,海关总署负责实施。

3. 关税的计算

1) 从价关税的计算方法

从价关税是指按进出口货物的价格为标准计征关税。这里的价格不是指成交价格,而是指进出口商品的完税价格。因此,按从价税计算关税,首先要确定货物的完税价格。从价关税税额的计算公式如下:

应纳税额=应税进(出)口货物数量×单位完税价格×适用税率

2) 从量关税的计算方法

从量关税是依据商品的数量、重量、容量、长度和面积等计量单位为标准来征收关税的。它的特点是不因商品价格的涨落而改变税额,计算比较简单。从量关税税额的计算公式如下:

应纳税额=应税进(出)口货物数量×关税单位税额

3) 复合关税的计算方法

复合税亦称混合税。复合关税是对进口商品既征收从量关税又征收从价关税的一种办法。一般以从量为主,再加征从价税。复合关税税额的计算公式如下:

应纳税额=应税进(出)口货物数量×关税单位税额+应税进(出)口货物数量×单位完税价格×适用税率

4) 滑准关税的计算方法

滑准关税是指关税的税率随着进口商品价格的变动而反方向变动的一种税率形式,即价格越高,税率越低,税率为比例税率。因此,实行滑准税税率,进口商品应纳关税税额的计算方法,与从价关税税额的计算方法相同。其计算公式如下:

应纳关税税额=T1、2×P×汇率[①]

5) 特别关税的计算方法

特别关税的计算公式如下:

特别关税=关税完税价格×特别关税税率

进口环节消费税=进口环节消费税完税价格×进口环节消费税税率

进口环节消费税完税价格=(关税完税价格+关税+特别关税)/(1−进口环节消费税税率)

进口环节增值税=进口环节增值税完税价格×进口环节增值税税率

---

① 韩大凡. 关税的作用、种类及税率[J]. 国际贸易,1982(3):40-41.

进口环节增值税完税价格=关税完税价格+关税+特别关税+进口环节消费税

关于调整进境物品进口税有关问题的通知

税委会〔2016〕2号

海关总署：

为完善进境物品进口税收政策，经国务院批准，对进境物品进口税税目税率进行调整。现将有关问题通知如下：

一、对现行《中华人民共和国进境物品进口税率表》进行调整。调整后的税目税率详见附件。

二、上述调整自2016年4月8日起实施。

三、《国务院关税税则委员会关于调整进境物品进口税税目税率的通知》(税委会〔2011〕3号)自本通知实施之日起废止。

特此通知。

国务院关税税则委员会

2016年3月16日

《中华人民共和国进境物品进口税率表》

税号	物品名称	税率(%)
1	书报、刊物、教育用影视资料；计算机、视频摄录一体机、数字照相机等信息技术产品；食品、饮料；金银；家具；玩具、游戏品、节日或其他娱乐用品	15
2	运动用品(不含高尔夫球及球具)、钓鱼用品；纺织品及其制成品；电视摄像机及其他电器用具；自行车；税目1、3中未包含的其他商品	30
3	烟、酒、贵重首饰及珠宝玉石；高尔夫球及球具；高档手表；化妆品	60

注：税目3所列商品的具体范围与消费税征收范围一致。

资料来源：http://gss.mof.gov.cn/zhengwuxinxi/zhengcefabu/201603/t20160324_1922971.html。

关于跨境电子商务零售进口税收政策的通知

财关税〔2016〕18号

各省、自治区、直辖市、计划单列市财政厅(局)、国家税务局，新疆生产建设兵团财务局，海关总署广东分署、各直属海关：

为营造公平竞争的市场环境，促进跨境电子商务零售进口健康发展，经国务院批准，现将跨境电子商务零售(企业对消费者，即B2C)进口税收政策有关事项通知如下：

一、跨境电子商务零售进口商品按照货物征收关税和进口环节增值税、消费税，购买跨境电子商务零售进口商品的个人作为纳税义务人，实际交易价格(包括货物零售价格、运费和保险费)作为完税价格，电子商务企业、电子商务交易平台企业或物流企业可作为代收代缴义务人。

二、跨境电子商务零售进口税收政策适用于从其他国家或地区进口的、《跨境电子商务零售进口商品清单》范围内的以下商品：

(一)所有通过与海关联网的电子商务交易平台交易，能够实现交易、支付、物流电子信息"三单"比对的跨境电子商务零售进口商品；

(二) 未通过与海关联网的电子商务交易平台交易，但快递、邮政企业能够统一提供交易、支付、物流等电子信息，并承诺承担相应法律责任进境的跨境电子商务零售进口商品。

不属于跨境电子商务零售进口的个人物品以及无法提供交易、支付、物流等电子信息的跨境电子商务零售进口商品，按现行规定执行。

三、跨境电子商务零售进口商品的单次交易限值为人民币 2000 元，个人年度交易限值为人民币 20000 元。在限值以内进口的跨境电子商务零售进口商品，关税税率暂设为 0%；进口环节增值税、消费税取消免征税额，暂按法定应纳税额的 70%征收。超过单次限值、累加后超过个人年度限值的单次交易，以及完税价格超过 2000 元限值的单个不可分割商品，均按照一般贸易方式全额征税。

四、跨境电子商务零售进口商品自海关放行之日起 30 日内退货的，可申请退税，并相应调整个人年度交易总额。

五、跨境电子商务零售进口商品购买人(订购人)的身份信息应进行认证；未进行认证的，购买人(订购人)身份信息应与付款人一致。

六、《跨境电子商务零售进口商品清单》将由财政部商有关部门另行公布。

七、本通知自 2016 年 4 月 8 日起执行。

特此通知。

财政部　海关总署　国家税务总局

2016 年 3 月 24 日

资料来源：http://gss.mof.gov.cn/zhengwuxinxi/zhengcefabu/201603/t20160324_1922968.html

国务院关税税则委员会

2016 年 3 月 16 日

7.3　保税物流园区与保税物流中心

随着中国外贸进出口总量的增加，中国口岸物流规模迅速扩大，已经形成沿海、沿江水运、航空和内陆边境全方位开放的立体化口岸体系。口岸物流涉及集疏运输、仓储配送、流通加工、口岸通关、增值服务等物流过程，是进出口贸易的重要环节。传统的港口、航空、公路优势与现代物流业相结合，将会出现物流功能依托口岸进行整合的新动向。

目前，中国主要的保税物流形式有保税仓库及出口监管仓库、保税物流中心(A 型和 B 型)、保税区、保税物流园区、出口加工区、跨境工业区和保税港区。保税物流园区其实在于区港联动，是在保税区与港区之间划出专门的区域，并赋予特殊的功能政策，专门发展仓储和物流产业，达到吸引外资、推动区域经济发展、增强国际竞争力和扩大外贸出口的目的，它是目前中国法律框架下自由贸易区的初级形式。图 7.1 为北京天竺综合保税区。

图 7.1　北京天竺综合保税区

国际口岸物流业的繁荣在于成熟的口岸物流运营企业。随着中国物流市场的全面开放，国际物流企业纷纷进驻各地口岸。UPS、FedEx、DHL、TNT、近铁等国际物流巨头纷纷在口岸新建或扩建转运中心或物流中心，马士基、美国总统轮船等航运企业纷纷租用口岸物流仓库，作为开展国内物流业务的重要枢纽。中国口岸物流企业以仓储、运输和货运代理企业为主，大部分是国有或合资企业。国有物流企业通过重组改制和业务转型，向现代物流发展，如中远、中海、中外运、中国货运航空、大连港集团、天津港(集团)、蛇口集装箱码头、招商局物流等全国领先的物流企业都把口岸作为重要的发展基地。民营物流企业在立足国内物流市场的基础上，也开始完善口岸物流环节，走向全球化的供应链体系，如锦程、海丰、大田、南方、宝供、宅急送等第三方物流企业纷纷开始国际化战略的制定和实施。

7.3.1　保税物流园区

1. 保税物流园区的定义

保税区(bonded area)是指在境内的港口或邻近港口、国际机场等地区建立的在区内进行加工、贸易、仓储和展览由海关监管的特殊区域。

保税物流园区(bonded the thing flows the garden zone/bonded logistics park)。保税物流园区是指经国务院批准，在保税区规划面积或者毗邻保税区的特定港区内设立的、专门发展现代国际物流业的海关特殊监管区域。它实行保税区的政策，以发展仓储和物流产业为主，按"境内关外"定位，海关实行封闭管理的特殊监管区域。在该区域内，海关通过区域化、网络化、电子化的通关模式，在全封闭的监管条件下，最大限度地简化通关手续。通过保税区与港口之间的"无缝对接"，实现货物在境内外的快速集拼和快速流动。

案例 7-3

进出口关税的计算

1. 进口关税
1) CIF 价格

$$进口关税 = 完税价格 \times 进口关税税率$$

2) FOB 价格

$$进口关税 = (FOB + 运费)/(1 - 保险费率) \times 进口关税税率$$

3) CFR 价格

$$进口关税 = CFR/(1 - 保险费率) \times 进口关税税率$$

2. 出口关税
1) FOB 价格

$$出口关税 = FOB/(1 + 出口关税税率) \times 出口关税税率$$

2) CIF 价格

$$出口关税 = (CIF - 保险费 - 运费)/(1 + 出口关税税率) \times 出口关税$$

3) CFR 价格

$$出口关税 = (CFR - 运费)/(1 + 出口关税税率) \times 出口关税税率$$

计算实例：红酒的进口关税税率为 14%，现在海关核定一支红酒的关税完税价格为 100 元，那么此红酒在进口环节一共产生多少税负？

解析：关税 = $100 \times 14\% = 14$(元)。

资料来源：韩大凡. 关税的作用、种类及税率[J]. 国际贸易，1982(3)：40-41.

2. 保税物流园区的功能和业务范围

保税物流园区的主要功能是报税物流，可以开展以下物流业务：

(1) 储存进出口货物及其他未办结海关手续的货物。

(2) 对所存货物开展流畅简略加工和增值办事，如分级分类、分拆分拣、分装、计量、组合包装、打膜、印刷运输标志、改换包装、拼装等具有贸易增值的辅助办事。

(3) 进出口贸易，包括转口贸易。

(4) 国际采购、分派和配送。

(5) 国际中转。

(6) 商品展示。

(7) 经海关批准的其他国际物流业务。

3. 保税物流园区的优势

除享受保税区免征关税和进口环节税、海关监管等方面的政策外，还叠加了出口加工区的政策，即实现国内货物入区视同出口，办理报关手续，实行退税。从而改变了保税区现行的"货物实行离境方可退税"的方式，大大降低了企业的运营成本。区内享受"境内关外"的待遇，货物在区内可以自由流通，不征收增值税和消费税。此外，区港联动区域实行封闭管理，参照出口加工区的标准建设隔离设施，专门发展仓储和物流产业，区内不得开展加工贸易业务①。

1) 政策优势

保税物流园区内除继续执行现有的保税区政策外,还享受以下 3 条配套政策。

(1) 对进入保税物流园区的国内货物实行进区退税。比照出口加工区,对从区外进入保税物流园区内的国内货物实行进区退税。若进入保税物流园区内的国内货物重新回到区外,应严格按照货物的实际状态办理货物的进口手续,改变了保税区现行的离境退税方式,降低了企业运营成本。

(2) 给予区内企业在税费政策和市场准入方面的国民待遇。区内企业无论什么性质,都享受统一的税费政策和市场准入待遇;取消现行对国内企业征收监管手续费的政策,取消对区内企业在货代、船代和外贸经营权等多领域方面的限制。

(3) 适度放宽外汇管理。货物在保税物流园区与境外之间流动,区内企业无须办理出口收汇和进口付汇核销手续;货物在保税物流园区与境内之间流动,由区外企业按照规定办理出口收汇和进口付汇核销手续;区内企业办理进出口收付汇核销后,与区外企业(无进出口经营权)结算以人民币计价。

2) 功能提升

根据"一线放开、二线管住、区内宽松"的区域管理理念,可以充分发展"区港一体"的优势,进一步完善货物配载、货物中转与仓储、国内外货物代理、多式联运、物流信息管理的功能;进一步完善进出口贸易、报送、通关、货物装卸、保税仓储、分拨配送等服务功能。中转集装箱在保税物流园区可以进行拆、拼箱,改变中转集装箱在港区内只能整箱进出的现状,集装箱在保税物流园区堆存无时间限制,改变集装箱在港区只有 14 天报关期限的现状。

3) 通关便捷

通过实施"区域管理封闭化、海关管理智能化、园区管理信息化、海关通关快捷化"等措施,一次申报、一次查验、一次放行,园区和港区之间开辟海运直通式通关通道,设立自动判别体系,自动生存管理数据,实现 EDI 无纸报关,直通式卡口实货放行。特别是对园区同保税区、出口加工区、保税仓库之间的保税货物结转可实行"分批出区、集中报关"的快捷通关手续,大大提高了通关效率。

4) 监管高效

采用高科技手段,设置先进的海关监管设施和完备的企业电子账册管理系统,既保证了海关对园区的严密监管,又使货物能够快速流通。

5) 体制创新

海关、检验检疫、边检等监管单位,在园区试行"一站式"申报,并与邻近港口的监管单位紧密配合,减少通关环节,提高通关效率和降低商务成本。

4. 保税物流园区的治理

保税物流园区是海关监管的特定区域。园区与境内其他地区之间园区与境内其他地区之间应当设置符合海关监管要求的卡口、围网隔离设施、视频监控系统及其他海关监管所需的设施。

---

① 董维忠. 对我国保税区和保税物流园区发展的认识与建议[J]. 宏观经济研究, 2005, (5): 52.

海关正在园区派驻机构，按照相关执法、行政准则，对进出园区的货物、运输物品及园区内相关场所施行24小时监管。

1) 禁止事项

(1) 除安定职员和相关部分、企业值班职员外，其他职员不得正在园区内歇息。

(2) 园区内不得建立产业生产加工场所和贸易消费设施。

(3) 园区内不得开展贸易零售、加工制造、翻新、拆解及其他与园区相关的业务。

(4) 执法、行政准则禁止进出口的货物、物品不得进出园区。

2) 企业治理

保税物流园区行政管理机构及其经营主体、在保税物流园区内设立的企业等单位的办公场所应当设置在园区规划面积内、围网外的园区综合办公区内。海关对园区企业实行电子账册监管制度和计算机联网管理制度。园区行政管理机构或者其经营主体应当在海关指导下通过电子口岸建立供海关、园区企业及其他相关部门进行电子数据交换和信息共享的计算机公共信息平台。园区企业应当建立符合海关监管要求的电子计算机管理系统，提供海关查阅数据的终端设备，按照海关规定的认证方式和数据标准与海关进行联网。

园区企业须按照执法、行政准则的规定，规范财务治理，设置相符海关监管请求的账簿、报表、记录本企业的财务情况和相关进出园区货物、物品的库存、转让、转移、出售、简略加工、使用等情况，照实填写相关单证、账册，凭正当有效的凭证记账核算。

5. 保税物流园区与保税区的区别

(1) 国内货物进区视同出口：保税物流园区特有政策。

(2) 打印退税联：保税物流园区出口报关完成即可，保税区需要跟踪到货物出境。

(3) 出境报关：保税物流园区仅一次出境备案，保税区需两次出境备案。

(4) 出口报关：保税物流园区仅一次出口报关，保税区一次出口报关和一次进区报关共两次。

(5) 区内企业自用设备、办公和生活消费用品的产品认证：保税物流园区检验检疫机构免予强制性产品认证，免予实施品质检验；保税区需检验检疫机构必须强制性产品认证。

(6) 集装箱业务：保税物流园区可以拆、拼箱，并无堆存时间限制；保税区中转集装箱只能整箱进出，并要求14天必须报关。

7.3.2　保税物流中心

1. 保税物流中心的定义和分类

保税物流中心是指封闭的海关监管区域，并且具备口岸功能，分A型和B型两种。A型保税物流中心，是指经海关批准，由中国境内企业法人经营、专门从事保税仓储物流业务的海关监管场所。注册资本不低于3000万元人民币。A型保税物流中心可以开展的业务：存储、简单加工和增值服务、分拨配送、转口中转等；不可以开展的业务：零售、生产加工、维修翻新和拆解、存储国家禁止进出口货物。B型保税物流中心，是指经海关批准，由中国境内一家企业法人经营，多家企业进入并从事保税仓储物流业务的海关集中监管场所。注册资本不低于5000万元人民币。保税物流中心按照服务范围分为自用型物流中心和公用型物流中心。自用型物流中心是指中国境内企业法人经营，仅向本企业或者本企业集团内部成员提供保税仓储物流服务的海关监管场所。公用型物流中心是指由专门从事仓储物流业务的中国境内企业法人经营，向社会提供保税仓储物流综合服务的海关监管场所。

2. 保税物流中心 A 型和 B 型的设立

1) A 型保税物流中心的设立

第一步：向直属海关提交申请。

第二步：报海关总署审批，由总署做出批准申请企业筹建物流中心的文件。

第三步：得到文件后 1 年内向直属海关申请验收。验收合格的，由海关总署向企业核发"保税物流中心 A 型验收合格证书"和"保税物流中心 A 型注册登记证书"，颁发"保税物流中心 A 型标牌"。获准开业后，6 个月未开展业务的，视同撤销申请。登记证书有效期 2 年，到期前 30 日办延续手续，延续期为 2 年。

2) B 型保税物流中心的设立

第一步：向直属海关提交申请。

第二步：报海关总署审批，由总署做出批准申请企业筹建物流中心的文件。

第三步：得到文件后 1 年内向海关总署申请验收。由海关总署核发"保税物流中心 B 型验收合格证书"，颁发"保税物流中心 B 型标牌"。获准开业后，1 年内未开展业务的，视同撤销申请。注册登记证书有效期 3 年，到期前 30 日办理延续手续，延续期 3 年。

3. 保税物流中心 A 型和 B 型的区别

A 型保税物流中心是指以一个物流公司为主，满足跨国公司集团内部物流需要开展保税货物仓储、简单加工、配送的场所；B 型保税物流中心是指由多家保税物流企业在空间上集中布局的公共型场所，是海关封闭的监管区域，即海关对 B 型保税物流中心按照出口加工区监管模式实施区域化和网络化的封闭管理，并实行 24 小时工作制度。

A 型与 B 型的区别在于 A 型保税物流中心由一家企业作为经营主体，由他向海关总署申请，如 NOKIA 的保税物流中心 A 型项目；而 B 型保税物流中心类似于物流园区的概念，可以有 n 家企业入驻，同时经营，需要由这个园区的管委会向总署申请，许可也是批给这个园区的。

在海关政策方面，区港联动、保税物流中心 A 型和 B 型大致相似，基本体现"进口保税仓""出口监管仓"两仓合一的功能。进口的货物进入区港联动、A 型和 B 型保税物流中心即可实现对外付汇，出口的货物进入区港联动、A 型和 B 型保税物流中心即可申请出口退税。

能立即办理出口退税是非常具有诱惑力的一个优势。但当前因为海关总署与国税局在沟通方面有一些问题，政策执行起来还不是很顺畅，很多企业都处在观望中。但区港联动、A 型和 B 型保税物流中心对于普通保税区、保税仓库、监管仓库的冲击是毋庸置疑的。每一个关注国际物流的业内人士都应该仔细研究相关资料。

建设 B 型保税物流中心，有利于引进跨国公司、知名企业、国际新兴产业等大型项目投资，提高招商引资的档次和水平。有效整合物流资源，推进物流中心建设，促进供应链形成，加快产业结构优化。

7.4 出入境商品报关程序

7.4.1 报关的基本工作过程及要求

报关是指出入境运输工具的负责人、进出境货物的所有人、进出口货物的收发货人或其代理人向海关办理运输工具、货物、物品进出境手续的全过程。

报关的基本工作过程及要求如表 7-1 所示。

表 7-1 报关的基本工作过程及要求

职业功能	工作内容	技能要求	相关要求
一、报关事务管理	报关资格管理	能够办理报关单位、报关员海关注册登记、变更、延续、注销手续	海关对报关单位、报关员的知识管理
二、报关单证准备与管理	(一) 报关随附单证及相关信息的获取	① 能够获取与申报货物相关的成交、包装、运输、结算等单证及货物相关信息； ② 能够获取与申报货物相关的进出境贸易管理许可证件、海关备案、核准、审批单证； ③ 能够判断商品货物申报价格是否合理，并确认商品的完税价格； ④ 能够根据报关随附单证确认申报货物的海关监管方式和征免性质	① 国际贸易知识、外贸单证知识； ② 海关监管证件基本知识； ③ 进出口商品常识； ④ 申报货物的完税价组成常识； ⑤ 海关监管方式、征免性质知识
	(二) 进出口商品归类及编码查找	① 能够获取、整理海关商品归类管理信息； ② 能够根据《中华人民共和国进出口税则》《进出口税则商品及品目注释》等明确规定进出口商品编码	① 海关商品归类知识； ② 海关商品编码查找知识
	(三) 货物原产地确认	能够根据非优惠原产货物原产地确定原产地	非优惠原产地规则
	(四) 报关单填制	能够填制进出口货物报关单	① 报关单填制规范； ② 进出口商品申报规范
三、报关作业实施与管理	(一) 现场作业实施与管理	① 能够进行电子数据报关单的录入、发送、查询和打印； ② 能够按规定提交纸质报关单和随附单证； ③ 能够根据海关查验货物的要求进行搬移、开拆、重封包装、提取样品作业和确认海关查验记录； ④ 能够计算应税货物的关税额或进口环节税并办理进出口税费缴纳手续； ⑤ 能够办理进出口货物审结后的放行手续； ⑥ 能够办理报关单证明联和进出口货物证明书的申领签发手续	① 海关电子通关系统知识； ② 进出口货物海关查验知识； ③ 进出口税费计算知识； ④ 进出口税费缴纳知识； ⑤ 进出口货物海关放行知识； ⑥ 国家出口收汇、进口付汇管理知识； ⑦ 海关对报关员记分考核管理知识

续表

职业功能	工作内容	技 能 要 求	相 关 要 求
三、报关作业实施与管理	(二) 报批、报核作业实施与管理	① 能够办理加工贸易合同备案、备案变更、备案延期、核销手续； ② 能够办理货物进出海关保税场所、特殊监管区域和其他监管场所的申请手续； ③ 能够办理特定和临时减免申请手续； ④ 能够办理暂时进出境货物的核请标准、销案手续	① 加工贸易合同备案、核销知识； ② 海关对保税货物场所和海关特殊监管区域的管理知识； ③ 进出口货物减税、免税知识； ④ 海关对暂时进出口货物的管理知识

7.4.2 报关规范

(1) 进口许可证的有效期为 1 年，当年有效。特殊情况需跨年度使用时，有效期最长不得超过次年 3 月 31 日，逾期自行失效。

(2) 出口许可证的有效期最长不得超过 6 个月，且有效期截止时间不得超过当年 12 月 31 日。

(3) 进出口许可证一经签发，不得擅自更改证面内容。

(4) 进出口许可证实行"一证一关"("一证一关"指进口许可证只能在一个海关报关)，一般情况实行"一批一证"("一批一证"指进口许可证在有效期内一次报关使用)。如要实行"非一批一证"(进口许可证在有效期内可多次报关使用)，发证机关在签发许可证时在许可证的备注栏中注明"非一批一证"字样，但最多不超过 12 次。

(5) 对实行"一批一证"进出口许可证管理的大宗、散装货物。以出口为例，溢短装数量在货物总量 5%以内予以免证，其中原油、成品油在货物总量 3%以内予以免证。"非一批一证"的，在最后一批货物出口时，应按该许可证实际剩余数量溢装上限，即 5%(原油、成品油溢装上限为 3%)以内计算免证数额。

(6) 凡列入禁止出口、出口配额许可证、出口许可证管理货物目录的商品，因添加、混合其他成分，或仅简单加工导致商品编号改变的，仍须按照原海关商品编号的管理方式进行管理。

(7) 凡申报出口的商品成分中含有(添加或混合)禁止出口、出口配额许可证、出口许可证管理的商品(贵金属超过 2%，其他超过 10%)，须按含有禁止出口、出口配额许可证、出口许可证管理商品的管理方式进行管理。

(8) 为维护正常的经济秩序，国家对部分出口货物实行指定出口报关口岸管理。

7.4.3 报关程序

报关涉及的对象可分为进出境的运输工具和货物、物品两大类。由于性质不同，其报关程序各异。运输工具如船舶、飞机等通常应由船长、机长签署到达、离境报关单，交验载货清单、空运、海运等单证向海关申报，作为海关对装卸货物和上下旅客实施监管的依据。而货物和物品则应由其收发货人或其代理人，按照货物的贸易性质或物品的类别，填写报关单，并随附有关的法定单证及商业和运输单证报关。如属于保税货物，应按"保税货物"方式进行申报,海关对应办事项及监管办法与其他贸易方式的货物有所区别。

报关工作的全部程序分为申报、查验、放行3个阶段。图7.2为入境商品检验报关流程。

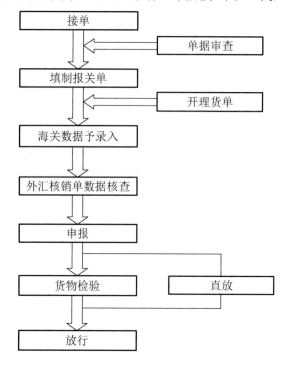

图7.2 入境商品检验报关流程

1. 进出口货物的申报

进出口货物的收货人、发货人或者他们的代理人,在货物进出口时,应在海关规定的期限内,按海关规定的格式填写进出口货物报关单,随附有关的货运、商业单据,同时提供批准货物进出口的证件,向海关申报。报关的主要单证有以下6种。

① 进口货物报关单。一般填写一式两份(有的海关要求报关单份数为三份)。报关单填报项目要准确、齐全、字迹清楚,不能用铅笔;报关单内各栏目,凡海关规定有统计代号的,以及税则号列及税率一项,由报关员用红笔填写;每份报关单限填报四项货物;如发现情况有无或其他情况需变更填报内容的,应主动、及时向海关递交更改单。

② 出口货物报关单。一般填写一式两份(有的海关要求三份)。填单要求与进口货物报关单基本相同。如因填报有误或需变更填报内容而未主动、及时更改的,出口报关后发生退关情况,报关单位应在3天内向海关办理更正手续。

报关单海关编号及备案号

报关单海关编号为18位数字,其中第1~4位为接受申报海关的编号(《关区代码表》中相应海关代码),第5~8位为海关接受申报的公历年份,第9位为进出口标志("1"为进口,"0"为出口),后9位为顺序编号。

向海关办理加工贸易合同备案或征、减、免税审批备案手续时,海关给予备案审批文件的编号。

备案号长度为12位。例如,C 2302 4 300159,第1位为标记代码;第2~5位为关区代码,如浦江海关2201;广州海关5100;武汉海关4700;第6位为年份,第7~12位为序列号。

③ 随报关单交验的货运、商业单据。任何进出口货物通过海关,都必须在向海关递交以填好的报关单的同时,交验有关的货运和商业单据,接受海关审核诸种单证是否一致,并由海关审核后加盖印章,作为提取或发运货物的凭证。随报关单同时交验的货运和商业单据有:海运进口提货单;海运出口装货单(需报关单位盖章);陆运、空运运单;货物的发票(其份数比报关单少一份,需报关单位盖章等);货物的装箱单(其份数与发票相等,需报关单位盖章)等。需要说明的是如海关认为必要,报关单位还应交验贸易合同、订货卡片、产地证明等。另外,按规定享受减、免税或免检的货物,应在向海关申请并已办妥手续后,随报关单交验有关证明文件。

④ 进(出)口货物许可证。进出口货物许可证制度,是对进出口贸易进行管理的一种行政保护手段。我国与世界上大多数国家一样,也采用这一制度对进出口货物、物品实行全面管理。必须向海关交验进出口货物许可证的商品并不固定,而是由国家主管部门随时调整公布。凡按国家规定应申领进出口货物许可证的商品,报关时都必须交验由对外贸易管理部门签发的进出口货物许可证,并经海关查验合格无误后才能放行。但对外经济贸易合作部所属的进出口公司、经国务院批准经营进出口业务的个部位所属的工贸公司、各省(直辖市、自治区)所属的进出口公司,在批准的经营范围内进出口商品,视为以取得许可,免领进出口货物许可证,只凭报关单即可向海关申报;只有在经营进出口经营范围以外的商品时才需要交验许可证。

⑤ 检验检疫制度:国家出入境检验检疫局与海关总署,从2000年1月1日起实施新的检验检疫货物通关制度,通关模式为"先报检,后报关"。同时出入境检验检疫部门将启用新的印章、证书。

新的检验检疫制度对原卫检局、动植物局、商检局进行"三检合一",全面推行"一次报检、一次取样、一次检验检疫、一次卫生除害处理、一次收费、一次发证放行"的工作规程和"一口对外"的国际通用的新的检验检疫模式。而从2000年1月1日起,对实施进出口检疫的货物启用"入境货物通关单"和"出境货物通关单",并在通关单上加盖检验检疫专用章,对列入《出入境检验检疫机构实施检验检疫的进出口商品目录》范围内的进出口货物(包括转关运输货物),海关一律凭货物报关地检验检疫局签发的"入境货物通关单"或"出境货物通关单"验放,取消原"商检、动植检、卫检"以放行单、证书及在报关单上加盖放行章通关的形式。同时,正式启用出入境检验检疫证书,原来以"三检"名义对外签发的证书自2000年4月1日起一律停止使用。

同时,从2000年起对外签订合同、信用证时都要按新制度办事。

⑥ 海关要求报关单位出具"入境货物通关单"或"出境货物通关单",一方面是监督法定检验商品是否已经接受法定的商检机构检验;另一方面是取得进出口商品征税、免税、减税的依据。根据《商检法》以及《商检机构实施检验的进出口商品种类表》(以下简称《种类表》)规定,凡列入《种类表》的法定检验的进出口商品,均应在报关前向商品检验机构报检。报关时,对进出口商品,海关凭商检机构签发的"入境货物通关单"和"出境货物通关单"进口货物报关单上加盖的印章验收。

除上述单证外,对国家规定的其他进出口管制货物,报关单位也必须向海关提交由国家主管部门签发的特定的进出口货物批准单证,由海关查验合格无误后再予以放行。诸如药品检验,文物出口鉴定,金银及其制品的管理,珍贵稀有野生动物的管理,进出口射击运动、狩猎用枪支弹药和民用爆破物品的管理,进出口音像制品的管理等均属此列。

2. 进出口货物的查验

进出口货物,除海关总署特准查验的以外,都应接受海关查验。查验的目的是核对报关单证所报内容与实际到货是否相符,有无错报、漏报、瞒报、伪报等情况,审查货物的进出口是否合法。海关查验货物,应在海关规定的时间和场所进行。如有特殊理由,事先报经海关同意,海关可以派人员在规定的时间和场所以外查询。申请人应提供往返交通工具和住宿并支付费用。

海关查验货物时,要求货物的收、发货人或其代理人必须到场,并按海关的要求负责办理货物的搬移、拆装箱和查验货物的包装等工作。海关认为必要时,可以径行开验、复验或者提取货样、货物保管人应当到场作为见证人。

查验货物时,由于海关关员责任造成被查货物损坏的,海关应按规定赔偿当事人的直接经济损失。赔偿办法:由海关关员如实填写《中华人民共和国海关查验货物物品损坏报告书》一式两份,查验关员和当事人双方签字,各留一份。双方共同商定货物的受损程度或修理费用(必要时,可凭公证机构出具的鉴定证明确定),以海关审定的完税价格为基数,确定赔偿金额。赔偿金额确定后,由海关填发《中华人民共和国海关损坏货物物品赔偿通知》,当事人自收到通知单之日起,3个月内凭单向海关领取赔款或将银行账号通知海关划拨,逾期海关不再赔偿。赔款一律用人民币支付。

3. 进出口货物的放行

海关对进出口货物的报关,经过审核报关单据、查验实际货物,并依法办理了征收货物税费手续或减免税手续后,在有关单据上签盖放行章,货物的所有人或其代理人才能提取或装运货物。此时,海关对进出口货物的监管才算结束。另外,进出口货物因各种原因需海关特殊处理的,可向海关申请担保放行。海关对担保的范围和方式均有明确的规定。

本 章 小 结

通过学习本章我们可以了解出入境商品管制的含义、目的和实现途径,掌握我国外贸管制制度的主要内容,理解我国外贸管制的主要管理措施。报关管理制度是实现海关职能的基础业务制度。它的根本作用在于确保海关对进出境运输工具、货物、物品的监管,征收税费,查缉走私,编制统计和办理其他海关业务任务的顺利完成。它是海关实现进出境监督管理职能、维护国家进出口经济贸易活动正常秩序的重要保证。

关税(customs duty)

保税区(bonded area)

报税物流园区(bonded the thing flows the garden zone)

习 题

一、判断题

1．在计算进出口关税时，有暂定税率的，暂定税率的执行优先于出口税率。（ ）

2．对于经批准以加工贸易方式保税进口的原材料转为内销时，向海关办理纳税时，其税率应适用向海关申报转为内销之日的税则税率。（ ）

3．进口转关运输货物，应当适用指运地海关接受货物申报进口之日实施的关税。
（ ）

4．根据《中华人民共和国海关进出口税则》，对于原产于中国境内的进口货物，适用最惠国税率。（ ）

二、单项选择题

1．报关员已达(　　)分，拒不参加考核，直属海关可以将报关员的姓名及所在单位等情况对外公告。

  A．30　　　　　　B．20　　　　　　C．10　　　　　　D．5

2．某报关员不慎将报关员证丢失。根据海关规定，该报关员应当及时向注册地海关书面说明情况，并在报刊声明作废。海关应该自收到情况说明和报刊之日起(　　)日内予以补发。

  A．7　　　　　　B．14　　　　　　C．15　　　　　　D．20

3．下列关于首次申请报关员注册的注册程序的表述，错误的是(　　)。

  A．申请人应当到报关单位所在的直属海关提出报关员注册申请

  B．应提交注册申请书及报关员资格证书复印件

  C．所在报关单位为其缴纳社会保险证明的复印件

  D．应当提交实习报关单位所出具的一个月以上的报关业务实习证明材料

4．目前国际上对对外贸易管制按其管制手段分为(　　)。

  A．关税措施　　　　　　　　　　B．进出口限制

  C．进口贸易管制　　　　　　　　D．出口贸易管制

5．在我国不属于海关征收的税种是(　　)。

  A．营业税　　　　　　　　　　　B．关税

  C．进口环节增值税　　　　　　　D．船舶吨税

6．我国关税的客体即征税对象是(　　)。

  A．进出口货物的货主

  B．办理通关手续的海关

  C．准许进出口的货物和物品

  D．各类进出境人员、运输工具、货物和物品

三、简答题

1. 简述关税的依据以及征税对象。
2. 出入境商品征收关税的种类有哪些？
3. 简述保税物流园区的定义及其与保税区的区别之处。

四、论述题

1. 报税物流中心 A 型和 B 型对比，有什么异同？
2. 出入境商品报关管理制度的作用。

五、案例分析题

新达电器(东莞)有限公司是太平海关辖下的以生产电风扇为主的台商独资企业，成立于 2003 年 10 月，投资总额 300 万美元，产品 70%外销，30%用自己的品牌"肯成"内销。以下为该企业一年的报关工作：①2004 年 1 月，该企业向海关申请进口冲床 2 台；②2004 年 2 月，开始申请新合同；③2004 年 3 月，进口生产原料一批；④2004 年 4 月，一部分原料不合格退运出境；⑤2004 年 5 月，内销成品一批；⑥2004 年 6 月，出口成品风扇一批；⑦2004 年 7 月，出口成品返工一部分；⑧2004 年 8 月，出口成品返工复出；⑨2004 年 9 月，加签新成品。

如果你是该公司的报关员，请简要说明有关报关流程。

第8章 重要出入境商品质量检验与管理

【教学目标和要求】

☞ 掌握粮食检验的主要方法，了解进出口粮谷检验操作规程。
☞ 掌握我国进出口水果检疫准入状况，了解国际的总体状况。
☞ 掌握日化产品在检验中的注意事项，熟悉其化学检验的应用。
☞ 了解石油化工类产品的相关检验与管理程序。

【知识架构】

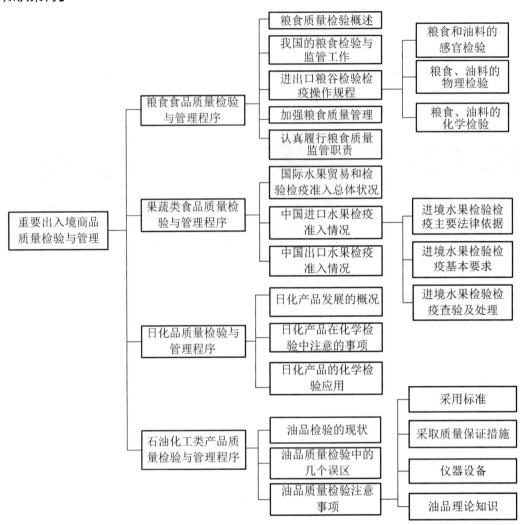

案例导入

优质品牌农产品市场占有率稳步提高。农业标准化能力显著提高，促进了农民增收和农业生产方式的转变。无公害、绿色、有机等品牌农产品已成为出口农产品的主体，占到出口农产品的 90%。近 5 年来，绿色食品出口以年均 40% 以上的速度增长，已得到 40 多个贸易国的认可。截至 2014 年年底，全国认证无公害农产品近 8 万个，涉及 3.3 万个申请主体，绿色食品企业总数达 8700 家，产品总数超 2.1 万个；农业系统认证的有机食品企业 814 家，产品超过 3300 个；登记保护农产品地理标志产品 1588 个。2014 年无公害农产品抽检总体合格率为 99.2%；绿色食品产品抽检合格率为 99.5%；有机食品抽检合格率为 98.4%；地理标志农产品连续 6 年重点监测农药残留及重金属污染合格率保持在 100%。

农业部表示，我国 2012 年蔬菜中农药残留监测合格率达到 97.9%，分别比 2002 年和 2007 年提高了 23.7% 和 4%；2012 年蔬菜中禁用农药检出仅 7 次，分别比 2007 年和 2011 年减少了 215 次和 17 次；限用农药超标 243 次，分别比 2007 年和 2011 年减少 106 次和 66 次。数据还显示，2012 年我国农药产品质量合格率已达到 88.4%。目前，低毒、微毒农药产品占农药产品登记总数的 70% 以上，高毒、剧毒农药产品所占比例已降至 2% 以下。

8.1 粮食食品质量检验与管理程序

在《中华人民共和国农产品质量安全法》中明确规定,农产品质量安全是指"农产品品质符合保障人身健康和生命安全的要求"。就粮食而言,质量安全意味着粮食在生产、储藏、运输、加工、销售等环节中,使各种有毒有害物质得到有效控制,产品达到安全标准要求,对消费者和环境不会导致危害和损失,否则,易产生粮食质量安全问题或形成安全隐患。

8.1.1 粮食质量检验概述

粮食安全是国策,粮食生产是前提,粮食流通是环节,粮食检验则是保证。粮油质量检验是粮食工作的基础,是一项政策性、社会性很强的工作,如果粮食质量出了问题,不仅在经济上给经营者造成损失,同时也会给社会带来不安定因素。粮食质量检验又是一门专业技术性很强的工作,它是运用科学的方法和手段对粮油及其制成品的物理特性、工艺品质、营养品质、食用品质、储藏品质及卫生指标进行分析与评价。粮油质量检验工作贯穿于粮油行业的粮食流通各环节的全过程,是整个粮油工作的重要组成部分。目前粮油市场已形成多元化格局,竞争日趋激烈,粮食食品以次充好、以假乱真的现象时有发生,在涉及粮食质量方面的活动中,粮食质量检验工作在行政执法中起着至关重要的作用。因此,加强粮油检验监测工作具有重要的现实意义,而影响粮食质量安全的物质因素有以下两个方面。

(1) 内在性物质因素内在性物质因素是由生物的遗传因素所决定的,不受栽培环境、管理措施变化的影响。

(2) 外在性物质因素外在性物质因素是由自然环境污染和生产过程对有毒有害物质控制不当引起的,最终附着或残留在粮食产品之中(如真菌毒素、农药残留等)。

8.1.2 我国的粮食检验与监管工作

粮食检验工作是依据国家颁布的有关的法律、法规来进行检验和监测,通过相应的仪器和检测手段来分析粮食的质量、营养价值以及含有的有害物质的水平。其中粮食检验的方式主要有以下几种。

1. 感官检验

通过人的嗅觉、视觉等来观察粮食的外在的特征,如颜色、气味、味道等,以判断食品是否变质、是否掺假等。该检测方法是最快的判断方法,也是准确度最低的一种检测手段。

2. 物理检验

根据粮食的物理特征,如纯度、硬度、出糖率、相对密度等,采用物理方法对其检验,鉴定其使用价值,进而评定其品质优劣。具体方法有类型及互混检验、不完善粒及纯粮率等。

3. 化学检验

通过化学方法检测粮食的水分、脂肪、蛋白质、微量元素等成分的含量，用以评定粮食的品质。具体方法有电测法、加热烘干法、核磁共振法等。

4. 微生物检验

在食品检测中，通过一定的手段与技术，发现、观察食品中含有的微生物的种类，以及其结构形态、排列等，以此鉴定食品的质量。具体方法有显微镜检测、生化检验、染色体标本检测等。

5. 仪器检验

粮食检测的仪器有水分仪器、种子净度工作台、天平仪器等，通过这些仪器对粮食品质进行物理检测或化学分析，对其结果进行分析，从而对粮食进行质量鉴定。粮食类食品品质检验检测流程初案根据粮食类作物的某些特征和用途，通常分为谷类、豆类、油料及薯类4大类。

8.1.3 进出口粮谷检验检疫操作规程

我国是进出口贸易大国，近几年来进口粮食数量持续增长，表8-1列出了我国2015年5月27日更新的允许进口粮食种类及输出国家的名单。为了确保粮食生物安全，有效防范与降低进出口粮食携带传播有害生物的潜在风险，提高安全把关能力，对进出口粮谷检验检疫操作进行规范化流程有着重要的意义。

表8-1 我国允许进口粮食种类及输出国家名录

粮食种类	输出国家
小麦	澳大利亚、加拿大、法国(罗讷-阿尔卑斯省除外)、哈萨克斯坦、匈牙利、英国、美国、塞尔维亚、蒙古
玉米	泰国、美国、秘鲁(限大玉米)、老挝、阿根廷、俄罗斯(仅限劳务输出种植并返销在边境地区加工)、乌克兰、保加利亚、巴西、柬埔寨、南非
大麦	澳大利亚、加拿大、丹麦、法国、阿根廷、蒙古、乌克兰、芬兰、乌拉圭
大豆	美国、巴西、阿根廷、加拿大、乌拉圭、俄罗斯(仅限劳务输出种植并返销在边境地区加工)、乌克兰
油菜籽	加拿大、澳大利亚、蒙古
木薯(干、片)	泰国、越南、印度尼西亚、尼日利亚、柬埔寨、加纳、老挝、马达加斯加
稻谷	俄罗斯(仅限劳务输出种植返销试进口)
饲用杂粮、杂豆(如豌豆、高粱等)	参照总局《首次进口需风险分析的植物源性食品及已有输华贸易的国家或地区目录》

1. 粮食、油料的感官检验

感官检验是检验者利用眼、耳、鼻、舌等感觉器官直接判断粮油品质的检验方法。各种粮油都具有固有的色、香、味，由此可以鉴定判断粮油商品品质的好坏。

1) 色泽的鉴定

鉴定时，将试样置于散射光下，肉眼察看其颜色和光泽。其结果用"正常"或"不正常"表示。

2) 气味的鉴定

取少量试样，嘴对试样呵气，立即嗅辨气味是否正常。也可将试样放入密闭器皿内，在 60～70℃温水杯中保温数分钟，取出，开盖，嗅辨其气味。检验结果用"正常"或"不正常"表示。

3) 口味的鉴定

口味鉴定时，粮食和油料可取少量试样于口中咀嚼辨别口味。成品粮应做成熟食品尝其口味。其结果用"正常"或"不正常"表示。

2. 粮食、油料的物理检验

物理检验是应用各种仪器，检测商品的物理量，以确定其品质或性能的方法。粮食、油料的物理检验项目主要有容重、出糙率、纯粮(质)率、纯仁率、杂质、不完善粒、成品粮加工精度、含砂量、磁性金属物、面筋等。

1) 杂质的检验

粮食油料的杂质，是指夹杂在粮食、油料中，没有食(使)用价值的物质和影响粮油品质的异种粮粒。这是评定粮油商品质量的主要指标。

检验方法：称取定量试样，用标准规定逐层筛选出大样杂质，称重；再取定量试样拣出小样杂质，称重。根据试样重量、大杂质重量、小杂质重量，计算杂质总量(%)。

2) 粮食、油料不完善粒的检验

不完善粒是指籽粒不完善，但尚有使(食)用价值的粮粒，如发芽粒、未熟粒、虫蚀粒等。

检验方法：取定量试样，按标准规定拣出不完善粒，称重。根据试样重量和不完善粒重量计算不完善粒的含量(%)。

3) 出糙率的检验

出糙率是指净稻谷脱壳后的糙米重量(其中不完善粒折半计算)占试样重的百分率。它是稻谷定等的基础项目。

检验方法：从平均样品中称取净稻谷(除去谷壳糙米)试样 20 克，先拣出生芽粒、生霉粒单独剥壳，称重；然后将剩余稻谷用胶辊砻谷机脱壳，除去糠杂，称重；再拣出不完善粒，称重。根据糙米重量、不完善粒重量、生芽粒和生霉粒重量及试样重量计算出糙率(%)。

4) 纯粮(质)率的检验

纯粮率是指去掉杂质后的粮油籽粒(其中不完善粒折半计算)占试样重量的百分率。纯粮率是大豆、蚕豆、玉米、大麦、花生仁等多种原粮和油料质量定等的基础项目。

检验方法：按试样用量规定称取定量净试样，按规定拣出不完善粒，称重。根据试样重量和不完善粒重量计算纯粮率(%)。

5) 容重的测定

容重是指粮食籽粒在一定容积内的重量，单位为克/升。粮食容重的大小与其加工出品率成正比。它是小麦、高粱、粟、黍、稷、莜麦等粮食质量定等的基础项目。

检验方法：从平均样品中取一定量试样，先按规定筛层筛选，取其筛上物，用 HG-1000 型容重器按规定的操作顺序测定。结果可在仪器上直接读出。

6) 成品粮加工精度的测定

大米等米类成品粮的加工精度是指籽粒皮层被碾去的程度或米粒背沟和粒面留皮或去皮程度。小麦粉等粉状成品粮的加工精度，则是指粉色和麸星。加工精度直接关系到商品外观、食用品质和营养品质。因此，它是评定米类和粉类等成品粮质量等级的基础项目。加工精度均须按标准样品对照检验，大米加工精度有直接比较法和染色比较法两种，以直接比较法为标准方法。

检验方法：称取试样 50 克，置于黑色桌面或玻璃板上，直接与标准样品对照比较其留皮程度，符合哪等标样，就定为哪等。

小麦粉加工精度检验可以采用湿烫法对比粉色，干烫法对比麸星；制定标准样品时，除按仲裁法外，还可以通过蒸馒头对比粉色麸星。

7) 纯仁率的测定

纯仁率是指带壳油料净试样脱壳后的籽仁重量(其中不完善粒折半计算)占试样重量的百分率。它是花生、葵花籽、棉籽、桐籽等带壳油料定等的基础项目。

检验方法：按照试样用量规定称取一定量净试样，剥壳后，除去无使用价值的籽仁，称取籽仁总重量，再按规定拣出不完善粒，称重。根据净试样重量、籽仁总重量和不完善粒重量计算纯仁率。

8) 湿面筋的测定

小麦和小麦粉发生异常变化时，对面筋含量和性质均有影响，面筋的含量和性质，是评定小麦和小麦粉品质好次的重要指标。测定湿面筋的方法有清水洗涤法、盐水洗涤法和机洗法 3 种，以清水洗涤法为仲裁法。

检验方法：从平均样品中称取定量试样，加相当于试样一半的温水和成面团(直到不粘手为止)，再将面团置于清水中反复揉洗后，至挤出的水不混浊或遇碘液无蓝色为止。然后将面筋中的水排尽，称重。根据湿面筋重量与试样重量计算湿面筋含量(%)。

9) 磁性金属物的测定

混入粉类粮食中的磁性金属物对人体肠胃有害，危害人体健康。因此，磁性金属物是评定粉类成品粮质量和卫生品质的指标。

检验方法：根据磁性金属物与磁铁发生吸引的特性，用磁铁将试样中的磁性金属物吸引出来，称重，根据磁性金属物的重量与试样重量求得磁性金属物的含量(克/公斤)。目前采用的测定方法有磁性金属物测定器法与磁铁吸引法。

10) 含砂量的测定

在粉类粮食中含有细砂的量，称为含砂量，在感官鉴定中叫牙碜程度。含砂量超过一定限度时，影响食用品质又有害于人体。因此，含砂量是评定粉类成品粮质量和卫生品质的重要指标。

检验方法：含砂量的检验方法有四氯化碳法、灰化法和感官法 3 种。感官法是将粉类制作熟食后品尝，若有牙碜感觉，说明含砂量超过国家标准。四氯化碳法是根据沙子、粉类和四氯化碳的比重不同，将定量试样置于四氯化碳溶液中充分搅拌，使细砂分离出来，称重，根据细砂含量和试样重量计算细砂含量(%)。灰化法是根据细砂不溶于盐酸的特性来进行分离测定的。

11) 粗细度的测定

粗细度是指粉状粮食的粗细程度，是以试样通过留存在规定筛绢上的百分率来表示的。粗细度与粮食加工精度密切相关，加工精度越高，粉粒越小。因此，粗细度是评定粉状成品粮加工精度的指标之一。

测定方法：称取定量试样，用标准规定的筛层筛分，取出筛层上面的留存物，称重，根据试样重量和留存物重量计算留存量。用感量 0.1 克天平称不出的，称为全部通过。

12) 碎米测定

碎米对米的整齐度与食味均有影响，碎米率高低与原粮品质以及加工工艺密切相关。因此，碎米含量是评定米的质量及加工工艺效果的指标之一。

测定方法：碎米的测定方法有筛选法与分离器分离法两种。筛选法是将定量试样用标准规定筛绢筛分，将大碎米(大于整米 2/3)、小碎米分别称重。分离器分离法是将定量试样装入分离器中分离，再拣出大碎米与小碎米，称重。根据试样重量、小碎米重量、大碎米重量分别计算出大碎米、小碎米含量(%)及碎米总量(%)。

3. 粮食、油料的化学检验

粮食、油料质量检验项目中的水分、灰分、脂肪酸值、含油量是标准规定的化学检验项目。

1) 水分的测定

粮食、油料的水分含量是指自由水和结合水的总和。粮油籽粒中水分含量过多，干物质相应减少，不利于安全储藏，因此，水分是评定粮油品质的重要指标。

测定粮食、油料水分时，是将试样置于高温环境中烘干，由烘干减重而求得水分的含量(%)。目前采用的有电烘箱 105℃恒重法、定温定时法等，其中以 105℃恒重法为标准法。

2) 灰分的测定

粮食经高温灼烧后，剩下的不能氧化燃烧的残渣叫灰分。灰分与粮食加工精度有关，成品粮加工精度越高，灰分含量越少。

3) 脂肪酸值的测定

脂肪酸值是指中和粮食试样中游离脂肪酸所需氢氧化钾的毫克数。粮食在储藏期间，若其品质发生劣变时，脂肪易分解，脂肪酸含量增加显著。因此，测定脂肪酸值是评定粮食品质的指标。

脂肪酸值是采用滴定法测定的。具体做法是：将试样粉碎，利用苯溶液来浸出试样中的脂肪酸，再用氢氧化钾(KOH)乙醇溶液进行滴定，根据试样重量与用去氢氧化钾的量计算脂肪酸值。

4) 含油量的测定

含油量是指每百斤油料所含油脂的重量。脂肪是许多粮食、油料的主要营养素。因此含油量是衡量油料等级、确定油料价格的重要指标。

根据脂肪不溶于水，而溶于苯、乙醚等有机溶剂的特性，将试样中的脂肪分离出来，而求得油脂的重量(%)。目前含油量的测定方法有索氏抽提法、直滴式改进法、折光指数法等。常用的油脂提取溶剂有乙醚、石油醚和苯 3 种。用有机溶剂提取的油脂，也包括甾醇、蜡等脂溶性物质，因此，测定的结果称为粗脂肪。

8.1.4 切实加强粮食质量管理

1. 制定地方性法规

为了全面贯彻落实《粮食流通管理条例》和《粮食质量监管实施办法(试行)》，可根据各地的实际情况，制定相应的地方性法规。地方性法规除了对粮食市场准入、规范粮食经营活动、完善粮食市场调控机制等作出相应的规定外，还应把"配备相应的检验粮食质量指标的检验(化验)设备"和"具有适当数量有资质的专职的或者兼职的粮食质量检验人员"作为从事粮食收购活动的经营者应当具备的条件；把"严格执行国家粮食质量标准，按质论价，不得压级压价"作为粮食收购者应当遵守的经营行为规范；把"严格执行国家有关粮食质量标准和卫生标准"和"不得短斤少两、掺杂使假、以次充好"作为粮食销售者应当遵守的经营行为规范。应专门规定"建立粮食销售出库质量检验制度，禁止陈化变质、不符合食用卫生标准的粮食流入口粮市场"。对地方储备粮管理方面应规定：轮换补库结束后，承储企业应当委托具有资质的粮食质量检验机构对入库粮食质量进行鉴定；出库的地方储备粮储存时间超过国家规定年限的，应当按照国家有关规定，由承储企业委托具有资质的粮食质量检验机构进行质量鉴定；经鉴定确定为已陈化变质、不符合食用卫生标准的地方储备粮，应当严格按照国家有关规定处理，不得流入口粮市场；承储企业应健全质量管理制度、粮食出库检验制度、建立质量档案、严格执行地方储备粮储存情况定期检查和品质检测制度等。

2. 建立质量管理制度

为了做好粮食质量监管工作，应建立完善粮食质量管理制度，如制定地方储备粮油出入库检验制度和抽(复)查制度、收获粮食质量调查和品质测报制度、原粮卫生调查制度、军供粮定期抽查制度等。根据制度的规定，在每年年初制订工作计划和工作实施方案，切切实实把制度规定的工作落实到实处，同时可把各地对上述工作的完成情况列入年终考核的内容之一。

 阅读资料

中国政府按照"预防为主、源头监管、全过程控制"的原则，建立健全了以"一个模式，十项制度"为主要内容的出口食品安全管理体系。

一个模式，就是出口食品"公司＋基地＋标准化"生产管理模式。这个生产管理模式符合中国的国情，符合出口食品的实际，是出口食品质量的重要保障，也是企业走规模化、集约化和国际化发展的必由之路。经过多年的不懈努力，中国的主要出口食品，特别是肉类、水产、蔬菜等高风险食品基本实现了"公司＋基地＋标准化"。

十项制度，包括源头监管三项：对种植养殖基地实施检验检疫备案管理制度、疫情疫病监测制度和农兽药残留监控制度；工厂监管三项：严格实施卫生注册制度，全面实行企业分类管理制度，稳步推行高风险食品大型出口生产企业驻厂检验检疫官制度；产品监管三项：对出口食品的法定检验检疫制度、质量追溯与不合格品召回制度、风险预警与快速反应制度；诚信建设一项：对出口食品企业实施红黑名单制度。

资料来源：http://www.aqsiq.gov.cn/zjxw/dfzjxw/dfftpxw/200708/t20070820-36660.htm.

3. 制定内控标准，使粮食质量管理的可操作性更强

为了确保各级地方储备粮的质量安全，应制定具体的管理细则或标准，对新入库的粮食质量进行控制。对新入库的粮食，不仅要符合质量和储存品质指标的要求，考虑到储存期间的品质变化，也应把储存品质控制在一定范围内。规定储备粮油轮换实行储存品质和储存年限"双控制"，制定各类粮油的内控标准。如当籼稻谷脂肪酸值大于 32mg KOH/(100g 干基)、粳稻谷大于 30mg KOH/(100g 干基)应当考虑轮换出库；当小麦品尝评分值接近或达到 65 分、大豆油过氧化值接近或达到 4.5mmol/kg 时，应尽快轮换出库。对特殊粮食实行不定期抽样检验，如对自查不宜存的粮食，特别是晚粳稻谷，实行 1~2 次脂肪酸检验；或在高温季节过后，及时抽样检验脂肪酸值等，以便随掌握粮食质量变化动态。

4. 实行质量事故追究制度，加强有关人员的责任心

国有粮食存储企业不允许发生重度不宜存的粮食，因管理不善造成粮食重度不宜存和其他坏粮事故的，要追究承储企业有关责任人和领导人的责任，从而确保储备粮的质量安全。

8.1.5 认真履行粮食质量监管职责

1. 加强对地方储备粮的质量监管

对地方储备粮的质量监管工作主要通过开展对地方储备粮质量抽(复)查、对新入库的储备粮和超期储存的储备粮委托有资质的粮食质量检验机构进行质量鉴定、建立粮油出库检验制度、要求储备粮存储企业建立粮食质量档案等形式进行。

2. 严把地方储备粮油入库质量检验关

对新入库的各级地方储备粮油，委托有资质的粮食质量检验机构进行满仓质量鉴定，对鉴定不合格的粮油及时发出不合格通知(确认)书，并由储备粮油管理部门责成承储单位进行整改，直到重新抽样鉴定合格为止。实践证明，这样做能极大提高各级地方储备粮油的质量水平。同时在满仓鉴定前由承储单位进行质量把关，是把握好储备粮油质量的基础，特别对缺粮地区来说尤其重要。根据实际情况，可列入库的粮食采取了不同的质量控制方式，如边入库，边整理，边抽样检验，或到粮源地抽样检验，入库时逐车(船)检验等，确保新入库粮食的质量。

3. 把好地方储备粮油出库质量检验关

严格实行储备粮油出库检验制度，并出具检验报告，对超期储存粮油出库严格执行委托有资质的粮食质量检验机构进行质量鉴定制度，经鉴定确定为重度不宜存、不符合食用卫生标准的地方储备粮，严格按照国家有关规定处理，不得流入口粮市场。只有检验合格的粮油产品才能参加拍卖，保证出库的储备粮油质量安全。

4. 建立地方储备粮质量三级监督检查工作制度

在对地方储备粮的质量监管中，省级粮食主管部门应建立承储企业自查，市、县(市、区)粮食行政管理部门组织互查，省级粮食行政管理部门组织抽(复)查的三级监督检查工作制度，以全面、动态掌握地方储备粮油的总体质量情况。

5. 建立粮食质量档案

建立粮食质量档案，是建立粮食质量安全长效机制的需要，是建立粮食质量安全追溯制度和责任追究制度的客观要求，是解决粮食质量问题、调解粮食质量纠纷办案取证、索赔的基本依据，更是进一步提高我国粮食质量工作整体水平的重要举措。从进货粮油检验报告索证、入库满仓后质量鉴定委托有资质的粮油质量检验机构检验等开始，坚持一年两次的质量自查(特殊质量的粮油除外，必要时市级互查和省级抽查或复查) 制度。出库检验制度、 超期储存粮油委托有资质的粮油质量检测机构检验制度，完善的记录粮食质量检验结果，并保存所有检验报告，并在出库销售时，出具检验报告。实行对库存粮食质量进行动态质量管理，及时发现问题，并解决问题。从储备粮油入库到出库，进行全程质量监控，以确保各级地方储备粮的质量安全。

6. 做好粮食收获质量调查与品质测报工作

粮食收获质量调查与品质测报工作，是服务于"三农"、为粮食宏观调控服务的重要基础性工作，对我国粮食种植结构调整、促进优质专用粮食的产销衔接，具有重要的指导作用。通过对当地粮食进行系统、完整、全面的质量调查和品质测报，建立科学、准确的粮食质量数据库。在此基础上，可对当地粮食品种的质量和品质状况作出科学、客观、正确的分析和评价，并有效地指导当地粮食品种种植结构调整，同时，为上级领导制定政策提供科学数据。

7. 做好原粮卫生专项抽查工作

国家食品药品安全"十一五"规划指出：建立原粮污染监控制度，开展原粮质量安全和卫生监测，建设粮食质量安全和原粮卫生监测网络，是食品质量安全的重要组成部分。通过组织对收购环节、储存环节和流通环节原粮(包括成品粮)卫生专项抽查，摸清粮食中农药残留检出和超标的农药品种、重金属等污染物品种、真菌毒素品种等。确定当地流通粮食中农药残留、重金属等污染物和真菌毒素等的必检卫生项目，建立粮食质量安全和原粮卫生监测网络，并每年对确定的必检卫生项目进行有计划的、有目的地进行抽查和监测。

8. 做好军供粮质量监管工作

(1) 省级军供粮管理部门每年要定期组织军供粮质量抽查，对抽检不合格的军供粮，责令有关军粮供应站认真查找原因，拿出切实有效的整改措施，及时进行整改。同时，把军供粮的质量合格与否列入对各市、县粮食行政管理部门年度考核指标之一，以引起有关责任人的高度重视，从而确保供应部队粮食的质量安全。

(2) 各地军粮管理部门应制定军供粮质量监管的具体办法，如军供粮实行集中组织粮源、定点加工、统一配送；建立军粮定点采购制度和军粮质量管理档案，对军供粮的质量检验报告进行归档保存；对军粮供应质量做到专项检查和平时检查相结合，实行定期和不定期的质量抽查，做到不合格的粮油绝不供应部队，保证部队官兵吃上放心粮油。

9. 加强粮食检验检测体系建设

加强粮食质量检测机构，建设粮食质量安全和原粮卫生监测网络，加强粮食质量检测部门的力量，从健全机构、落实经费、加强装备、配备人员等方面入手，完善以省级检验中心为龙头，市级和重点粮食产销县(市)粮食质检站为骨干，基层收储公司、中心粮库和批发市场化验室(站)为基础的粮食质量监督检验体系，切实承担当地粮食质量安全的监督和保障任务。

阅读资料

目前，中国已建立了一套完整的食品安全法律法规体系，为保障食品安全、提升质量水平、规范进出口食品贸易秩序提供了坚实的基础和良好的环境。

法律包括《中华人民共和国产品质量法》《中华人民共和国标准化法》《中华人民共和国计量法》《中华人民共和国消费者权益保护法》《中华人民共和国农产品质量安全法》《中华人民共和国刑法》《中华人民共和国食品卫生法》《中华人民共和国进出口商品检验法》《中华人民共和国进出境动植物检疫法》《中华人民共和国国境卫生检疫法》和《中华人民共和国动物防疫法》等。

行政法规包括《国务院关于加强食品等产品安全监督管理的特别规定》《中华人民共和国工业产品生产许可证管理条例》《中华人民共和国认证认可条例》《中华人民共和国进出口商品检验法实施条例》《中华人民共和国进出境动植物检疫法实施条例》《中华人民共和国兽药管理条例》《中华人民共和国农药管理条例》《中华人民共和国出口货物原产地规则》《中华人民共和国标准化法实施条例》《无照经营查处取缔办法》《饲料和饲料添加剂管理条例》《农业转基因生物安全管理条例》和《中华人民共和国濒危野生动植物进出口管理条例》等。

部门规章包括《食品生产加工企业质量安全监督管理实施细则(试行)》《中华人民共和国工业产品生产许可证管理条例实施办法》《食品卫生许可证管理办法》《食品添加剂卫生管理办法》《进出境肉类产品检验检疫管理办法》《进出境水产品检验检疫管理办法》《流通领域食品安全管理办法》《农产品产地安全管理办法》《农产品包装和标识管理办法》和《出口食品生产企业卫生注册登记管理规定》等。

资料来源：http://www.aqsiq.gov.cn/zjxw/dfzjxw/dfftpxw/200708/t20070820-36660.htm。

10. 加强粮油质量检验员队伍建设

为加强粮油质量检验员队伍建设，提高检验员自身素质，更好地开展粮油检验工作，主要进行以下几项工作。

1) 开展粮油检验职业技能鉴定工作

粮油检验职业技能鉴定工作是加强粮油检验高技能人才队伍建设的重要举措，也是为了适应粮食流通市场化改革的新形势，进一步规范粮油检验人员从业行为，实现依法管粮的需要。各级粮食主管部门要高度重视行业人才队伍建设和行业教育培训工作，充分认识到建设一支高素质的技能型人才队伍的必要性。一方面粮食经营企业和粮油检验机构为了不断提高粮油检验员的素质，迫切要求有一个激励员工学技术、提高单位整体素质的具体措施；另一方面单位员工通过单位提供的这个学习培训机会，提高了检验技术操作的理论知识水平，使在操作过程中，既知其然，又知其所以然。而这些，只有通过粮油检验员职业技能培训鉴定才能达到。

2) 做好新标准的宣传贯彻和技术培训工作

随着科学技术的不断发展，产品质量的不断提高，检验技术的不断进步，检验方法标准也在不断完善和更新中，要针对新标准的发布，及时组织检验人员进行新标准的宣传贯彻，统一检验方法等培训，使新标准能及时得到正确地贯彻和实施。

3）积极参加检验机构比对考核工作

检验机构比对考核工作是计量认证管理部门判定检验机构相应检验技术能力的重要技术手段之一，比对考核计划为参加的检验机构提供了一个评估和证明其出具数据可靠性的客观手段，是参加检验机构相应技术能力的有效证明。检验机构通过参加检验机构之间比对考核，已验证其检测能力，发现检验结果可能存在的系统偏差与不足，以此来检查检验结果的准确性和可信度。检验的方式方面有以下3个方面。

(1) 参加国家粮食局或当地质量技术监督局等部门组织的考核，对考核中发现的问题，应查找造成问题的原因，是仪器设备问题，还是人员技术问题，或是试剂等其他问题，根据不同的原因采取相应的整改措施。

(2) 组织当地粮油质量检验机构进行比对考核。通过比对发现问题，对制定培训计划、加强检验机构建设、地方检验结果互认等都有重要的指导意义。

(3) 检验机构内部的比对考核，是重要的内部质量控制手段，对检验人员不断学习检验技术，提高实际操作技能有重要的督促作用。

11. 成立联合检测组织

把当地的主要粮油质量检验机构组织起来，成立粮食行业协会粮油检测组织，成为当地粮食质量监督检验体系的主要力量。检测组织可针对粮食检验工作面临的新情况、新任务，积极参与人员培训、宣传国家政策、共享检测资源、修订质量标准，配合工商、质量技监部门打假治劣、粮食质量监管工作等，并在其中发挥应有的作用。

 阅读资料

在国内食品监管方面，我国已经建立了一批具有资质的食品检验检测机构，初步形成了"国家级检验机构为龙头，省级和部门食品检验机构为主体，市、县级食品检验机构为补充"的食品安全检验检测体系。检测能力和水平不断提高，能够满足对产地环境、生产投入品、生产加工、储藏、流通、消费全过程实施质量安全检测的需要，基本能够满足国家标准、行业标准和相关国际标准对食品安全参数的检测要求。中国对食品实验室实行了与国际通行做法一致的认可管理，加强国际互认、信息共享、科技攻关，保证了检测结果的科学、公正。中国认定了一批食品检验检测机构的资质，共有3913家食品类检测实验室通过了实验室资质认定(计量认证)，其中食品类国家产品质检中心48家，重点食品类实验室35家，这些实验室的检测能力和检测水平达到了国际较先进水平。在进出口食品监管方面，形成了以35家"国家级重点实验室"为龙头的进出口食品安全技术支持体系，全国共有进出口食品检验检疫实验室163个，拥有各类大型精密仪器10000多台(套)。全国各进出口食品检验检疫实验室直接从事进出口食品实验室检测的专业技术人员有1189人，年龄结构、专业配置合理。各实验室可检测各类食品中的农兽药残留、添加剂、重金属含量等786个安全卫生项目以及各种食源性致病菌。截至2006年，已经建设国家级(部级)农产品质检中心323个、省地县级农产品检测机构1780个，初步形成了部、省、县相互配套、互为补充的农产品质量安全检验检测体系，为加强农产品质量安全监管提供了技术支撑。

资料来源：http://www.aqsiq.gov.cn/zjxw/dfzjxw/dfftpxw/200708/t20070820-36660.htm。

8.2 果蔬类食品质量检验与管理程序

8.2.1 国际水果贸易和检验检疫准入总体状况

1. 国际水果贸易特点

水果贸易量占总产量的 9%～10%，并且呈上涨趋势，主要贸易种类有香蕉、柑橘、苹果、葡萄、梨等。

2. 中国水果进出口贸易状况

我国自 20 世纪末成为世界第一水果生产大国。2013 年中国果园播种面积为 1113.95 万公顷，水果总产量 2 亿吨，居世界第一位。2013 年中国人均果园面积为 83.5 平方米，人均水果产量为 15.28 吨，略高于世界平均水平。2013 年，我国水果贸易顺差 22 亿美元。2014 年上半年，我国水果进口 145.9 万吨，同比增长 13.2%，进口额 10.5 亿美元，同比增长 21.1%；出口 233.3 万吨，同比下降 3.4%，出口额 18.6 亿美元，同比增长 5.6%，贸易顺差 8.1 亿美元。我国水果出口排名前 3 位的是苹果、柑橘和梨，其出口量占据了我国水果出口的半壁江山。

3. 国际检验检疫准入总体状况与趋势

由于鲜水果易感疫情，直接食用，安全卫生问题突出，是极其敏感的农产品，因此各国政府高度关注进口水果的质量安全问题，检验检疫部门投入了大量的人力、物力等，并建立了严格的检验检疫准入制度。

食品安全问题如农药残留等受到消费者和各国政府的极大关注，其对人体健康的影响不容忽视，已成为水果国际贸易的一大安全隐患。如今检疫准入制度是国际市场水果贸易前提，各国的检疫准入难度逐步增大。目前各国制定的进境植物检疫卫生要求普遍通过有害生物风险分析的手段来完成。

8.2.2 中国进口水果检疫准入情况

目前，我国从 34 个国家或地区进口桔、橙、柚等水果，其中泰国、美国、智利、新西兰、越南、马来西亚、菲律宾、厄瓜多尔等是中国进口水果的主要来源地。中国水果进口由过去的禁止进口过渡到现在的风险分析准入程序，这与很多国家的做法是一致的。

1. 中国进境水果检疫准入程序

(1) 输出国官方向中国国家质检总局提出某种水果对华出口申请，并提交有关技术资料。
(2) 中方启动水果风险分析工作。
(3) 中方组织专家进行有害生物风险分析工作，并与输出方联系专家实地考察事宜。
(4) 中方向输出方提供风险分析报告，与输出方进行风险交流。
(5) 中方与输出方签署检疫议定书。
(6) 完成有关法律程序后允许进口。

2. 有害生物风险分析的技术难点

(1) 不同国家不同水果上发生的有害生物成百上千种，差别很大。

(2) 分析这些有害生物的检疫风险高低，确定有效的检疫管理措施是一件复杂的、技术性很强的工作，需要投入大量的人力资源和较长的时间。

(3) 水果上存在实蝇等检疫风险很高的有害生物，必须采取有效的非疫区、除害处理等措施。输出国没有有效的检疫措施，或者检疫除害处理条件无法满足要求时，会导致暂时无法进口。

(4) 根据疫情变化，回顾审查风险分析是长期任务。根据现实情况，其解决方案为：输出国官方及产业界，要尽早全面地提供风险分析所需材料，并配合做好相关工作；要从水果种植、收获、包装、储运各环节，不断提升产业安全卫生管理水平，系统控制好有害生物及有毒有害物质；针对中方关注的高风险检疫性有害生物，开展科研攻关，提出并采取有效控制措施，申请获得中方认可。

3. 我国进境水果检验检疫主要法律依据

(1)《中华人民共和国进出境动植物检疫法》及其实施条例。

(2)《中华人民共和国进出口商品检验法》及其实施条例。

(3)《中华人民共和国食品卫生法》。

(4)《进境水果检验检疫监督管理办法》(中国国家质检总局第68号令)。

(5)《进境植物及植物产品风险分析风险管理规定》(中国国家质检总局第41号令)。

4. 我国进境水果检验检疫基本要求

(1) 签署水果贸易合同前，进口商应办妥进境检疫许可证。

(2) 不带有中国关注的检疫性有害生物、土壤及枝叶等。

(3) 用集装箱装运的，在植检证书上注明集装箱号码。

(4) 包装箱上须用中文或英文注明产地、包装厂名称或代码。

(5) 应符合中国相关安全卫生标准。

(6) 经港澳中转进入内地的水果须经中国国家质检总局认可的检验检疫机构进行预检。

5. 我国进境水果检验检疫查验及处理

(1) 核查货物与证书是否相符。

(2) 开箱检查，发现可疑疫情送实验室检疫鉴定。

(3) 经检验检疫合格的，准予放行；发现疫情并经除害处理合格的，准予放行；货证不符或无有效处理方法的，作退运或销毁处理。

(4) 发生以下情形将采取暂停进口措施：①输出国产区爆发严重植物疫情；②发现中方关注的进境检疫性有害生物；③检出有毒有害物质超标。

6. 规范管理有序进口的一些措施

(1) 为防止疫区水果经港澳中转进入内地，要求中转水果必须原集装箱、原证书、原包装。

(2) 为解决部分口岸水果进口量远远超出检验检疫能力，要求进口水果从不同港口入境。这种做法既保障了进口水果的安全卫生问题，也有利于货物的快捷通关。

8.2.3 中国出口水果检疫准入情况

1. 中国出口水果的目标市场分析

(1) 东南亚、俄罗斯、中国香港是传统市场，为水果出口主要市场，交通便捷。
(2) 北美、欧洲市场是高端市场，其检验检疫总体要求高，特别是美国。
(3) 日本、韩国为待开发市场，虽然交通便捷，但大多数的中国水果属禁止进口之列。
(4) 中东、非洲、印度市场出口潜力大。
(5) 大洋洲与中国的水果季节互补性强，出口潜力大，但检验检疫要求严格。
(6) 南美市场可作为调剂市场，但距离我国较远，同时其也是世界水果主产区。

2. 中国出口水果检疫准入谈判情况

(1) 近年来开发的新市场：苹果、梨出口墨西哥、秘鲁、阿根廷、智利；香梨、鸭梨出口美国、澳大利亚、新西兰；荔枝、哈密瓜出口日本；荔枝、龙眼出口澳大利亚、美国等。

(2) 正在对外交涉的市场：苹果出口美国、澳大利亚；柑橘出口日本、美国、澳大利亚、墨西哥、秘鲁、智利；樱桃、芒果出口韩国、日本；荔枝、龙眼出口韩国等。中国正在逐步加强出口水果检验检疫管理，其目标是确保符合输入国进境检验检疫要求。一是严格按照输入国进口检验检疫要求及双方签署的检疫议定书对出口水果进行检验检疫和监督管理；二是从源头抓起，做好出口水果基地、果园、包装厂的备案注册管理，制定《出口水果检验检疫监督管理办法》，做好全过程检验检疫监管。

3. 我国出口果蔬产品各大类别的加工方式及产品特性

为便于开展风险分析和实施风险管理，根据我国现阶段出口果蔬产品加工过程工艺的特点和传统习惯将果蔬类产品分为 5 大类，即腌渍果蔬类、脱水果蔬类(包括植物源调味品和干食用菌) 、速冻果蔬、籽仁和干坚果类、保鲜果蔬类。对 5 大类果蔬产品的加工工艺特点、储存方式、预期用途和生产企业管理情况分别进行描述，并将之作为开展危害评估、风险分析和提出风险管理措施的基础资料，以保证风险分析活动和过程更加合理和有效。各大类别的加工方式及产品特性如表 8-2 所示。

表 8-2 出口各大类果蔬产品生产加工方式与产品特性

产品类别	加工工艺特点	生产企业管理情况	储存方式	预期用途
腌渍果蔬	原料要经过漂烫、盐渍(饱和盐水)	卫生注册登记管理(原料可能为半成品)；关键控制点：清洗和去杂	塑料桶常温储藏	作为半成品需进一步加工(脱盐、水煮、调味或其他加工)，直接食用或不直接食用
自然晾晒脱水果蔬	原料经过自然晾晒和风干	卫生注册登记管理(原料均为半成品)关键控制点：挑选去杂和水分控制	常温纸箱或塑料袋包装	作为半成品需进一步加工(浸泡复原、水煮、焯煮或其他加工)，不直接食用；但部分产品可直接食用

续表

产品类别	加工工艺特点	生产企业管理情况	储存方式	预期用途
速冻果蔬	原料经过(或不经过)漂烫、急冻(-35℃)或冷冻(-18℃)	卫生注册登记管理(原料均需来自备案基地或果园);关键控制点:速冻和储存	-18℃条件下储藏	作为半成品需进一步加工(解冻作为罐头原料或水煮进行洗涤后烹调食用或其他加工),不直接食用
机械脱水果蔬	原料经过高温(>75℃)烘干、选别后再进行磨粉等其他方式处理	卫生注册登记管理(原料来源不同);关键控制点:清洗、去杂和烘干	常温纸箱或塑料袋包装	作为半成品需进一步加工(作为其他产品的原辅料、烹调食用或其他加工),不直接食用
籽仁坚果类	利用植物的种子做原料,机械脱去外壳或不进行脱壳处理,然后进行机械或人工选别	卫生注册登记管理(原料均为半成品);关键控制点:去杂和防潮	常温纸袋或塑编袋包装	作为半成品需进一步加工(榨油、烘烤炒制或其他加工),不直接食用
保鲜果蔬	对来自生产基地的原料仅进行简单的去杂和整理	卫生注册登记管理(原料均需来自备案基地);关键控制点:有毒有害物质和疫情	保鲜储藏	作为食用蔬菜原料,可以作为生食的蔬菜可以直接食用,其他蔬菜要经过进一步加工或烹饪过程

从表 8-2 的内容可以判断出,出口果蔬产品中保鲜果蔬产品和自然晾晒果蔬产品存在一定的植物检疫风险,其他大类产品可以适当关注。

4. 不同大类出口果蔬产品不同危害项目风险大小确定

1) 危害项目大类的确定原则

果蔬产品作为一类植物源性食品(或食品原料和半成品),由于其加工方式和产品特性的相对近似,故其潜在的危害具有与其他植物源食品相似的危害,即包括致病菌、化学物质残留、食品添加剂和非法添加物、生物毒素、重金属、转基因和物理损害等,另外作为出口产品还包括一些非安全因素的风险,如进口国的证书要求、标示和包装、除害处理技术指标差异等。

2) 危害项目风险大小分析

按照风险分析矩阵的原理,汇总 2008—2010 年连续 3 年我国出口各大类果蔬产品被国外通报情况,共采集 615 数据进行归类研究分析。确定出口果蔬产品不同大类中被通报批次较高的项目作为本类产品的检验检疫高风险危害因子大类,将各类产品中潜在危害因子中实际存在的因子作为中等风险危害因子,将其他没有实际数据证明的潜在危害因子作为低风险危害因子。各大类果蔬产品出口时各危害因子的风险大小,具体如表 8-3 所示。

表 8-3 出口时各危害因子的风险

产品种类	高风险危害因子	中/低风险危害因子
新鲜果蔬	农残指标、植物疫情	其他危害因子风险相对较小,生物毒素超标情况没有发生

续表

产品种类	高风险危害因子	中/低风险危害因子
冷冻果蔬	农残超标和致病菌	偶尔有化学添加剂加物超标情况,其他危害因子情况没有发生
干坚果类	生物毒素超标	其他危害因子风险相对较小,重金属超标情况没有发生
调味品类	几乎包含了所有的食品中主要危害因子,但各类危害因子风险相对较小,且风险大小无显著差异;重金属超标情况没有发生	
脱水果蔬类	农残超标、化学添加剂和品质原因	其他危害因子风险相对较小
腌渍果蔬类	添加剂超标和品质原因	其他危害因子风险相对较小,农残超标和生物毒素超标情况没有发生
干食用菌类	农残超标和品质原因	其他危害因子风险相对较小,生物毒素超标情况没有发生

3) 各大类果蔬产品中应当关注的主要危害项目及来源分析

通过分析表 8-3 可以得出如下结论,不同产品类别由于其加工过程的特殊性和最终产品的状态不同,导致各类产品中危害因子分布不同,且风险大小也不同。详细情况如表 8-4 所示。

表 8-4 各大类果蔬产品中应当关注的高风险危害因子情况分布

产品种类	原料中的危害		加工过程中的危害		
	农药残留	污染物	添加剂	生物毒素	致病菌
保鲜	√	原料为地下可食用部分;铅+总砷	Nil	Nil	Nil
冷冻	√	保鲜蔬菜;亚硝酸盐	Nil	Nil	√
腌渍	Nil		√	Nil	√
脱水	√		√	Nil	√
籽仁及坚果	Nil		Nil	√	√

注:"√"表示该项目有被检出超标情况发生,应当作为高风险危害大类;"Nil"表示该项目从未被检出超标情况或近来极少发生。

5. 风险管理措施

1) 生产加工企业的风险控制措施

作为出口果蔬产品生产加工企业要对自己的产品中潜在危害进行了解,依据产品的特点、本企业加工状况和目标市场国家的官方及客户要求,展开自我产品风险分析。同时依据危害的性质和特点,结合风险来源,采取不同的风险控制措施。对于危害风险来自原料的,应当加强源头风险控制。如出口果蔬产品中农药残留、重金属和植物疫情等,应采取基地规范化管理,并保证危害的"可预见性"和"可控制性"。若上述危害可利用其后的加工过程进行消除(如物理性异物和植物疫情等),则最终产品可以忽略该危害的风险。对于加工和储存过程中引入的危害风险,如添加剂超标、致病菌、非法添加物等,可以通过合理使用添加剂、改善加工工艺、严格控制加工过程质量卫生状况和采取特殊工艺等措施消除或降低危害风险。

2) 检验检疫危害风险监控项目设定原则

通过上述危害评估风险分析结论,可以在此基础上分析高风险危害项目的来源,并结合企业的生产管理现状、产品风险、企业自检自控能力和状况、出口国家的检验检疫要求,建立一套具有可操作性的官方出口检验检疫控制手段。建议在出口前应当有针对性地开展风险监测,而不是同等对待、处理不同危害因子。在设定出口果蔬产品检验检疫危害风险监控项目时主要是考虑如下因素。

(1) 分析危害产生的来源,以确定官方控制危害的对象。如农药残留和重金属含量一般都是在原料中引入,而且国外官方所有限量标准均以某单一品种自然生长状态(即鲜品)的原料作为限量标准的设定对象,所以在进行这些项目检测时,应当以原料批进行监控。而对于添加剂、生物毒素和特殊化学物质,其最大可能由生产加工过程产生或引入,应当考虑以生产批进行监控。

(2) 对于高风险项目应当采取较高的关注度,因此出口果蔬产品时,可重点关注高风险项目的监控检测,适当增加检测频率。

(3) 对于新开检品种,首先应当对该产品出口前自原料生产到产品包装全过程可能引入危害进行全面评估,通过风险分析确定不同危害的风险等级,然后进行检测和判定。

6. 风险控制措施

对于出口新鲜蔬菜,应当重点做好蔬菜生长过程中农药及化肥的使用管理;对于出口冷冻果蔬产品,既要重点关注原料生长工程中农药及化肥的使用情况,还要保证生产加工工程中不受致病菌感染;对于腌渍果蔬产品,应当重点关注产品加工工程使用添加剂和违规添加物情况,其他危害因子只做一般性监测即可;对于脱水果蔬产品(包括食用菌)应当同时关注原料中农药残留、产品植物疫情(尤其是易于受到昆虫感染的)和加工工程使用添加剂和违规添加物情况;对于籽仁和坚果类产品重点关注生物毒素(如黄霉毒素、赭曲霉毒素等)和是否受到病原菌污染(对于直接食用的尤为重要),即加强产地危害因子的调查和加工储存工程的卫生控制。此外,对于食用部分为地下根或茎,一般要考虑是否出现重金属超标情况发生。

对于危害因子来自原料的,如农药残留、过量化学代谢物(蔬菜中亚硝酸盐含量)、转基因和重金属污染,应当加强原料果蔬在农田生产阶段的控制和原料进厂验收加以辅助性的监控检测,保证危害因子不会出现在其后加工过程中。

对于危害因子来自加工和储藏过程的,如非法添加物和食品添加剂、致病菌及生物毒素等,则应当关注和优化生产过程和储存包装期间的卫生控制和工艺改善,并对环境是否会引入这些危害因子进行关注和监控。

8.3 日化品质量检验与管理程序

8.3.1 日化商品

日用化学商品是指由化学原料制成的、人们用于清洁卫生、美容保健、修饰仪表、驱蚊杀虫的日常用品。

日用化学商品品种繁多、范围广泛，主要包括洗涤用品，如皂类和各种合成洗涤剂；口腔清洁用品，如牙膏、口腔清洁剂、口腔保健用品；日用化妆品，如护肤保健用品、护法美发用品、美容用品及其他化妆用品；皮革保护用品，如皮鞋油、皮衣油、皮革清洁上光剂等；驱蚊杀虫用品，如各种驱蚊、杀虫用品、驱虫、杀虫用品；其他日用化学商品是指除去上述 5 类之外的其他日用化学商品，如空气清新剂、地板、家具上光剂、日用胶粘剂等。

8.3.2　日化产品发展的概况

目前，我国日化市场呈现出三足鼎立之势，化妆品、洗涤剂及口腔清洁用品 3 大类共占日化市场份额的 93%。在化妆品领域，洗发护发品市场容量渐趋饱和，增长速度开始减慢，但其中美发市场增长较快；护肤品是化妆品市场中发展最快的一个细分市场，存在巨大的利润空间，但护肤品领域没有绝对优势的领先品牌，护肤品产业已经到了一个寻求品牌突围的关键时期。美容用品呈明显的上升趋势，并有望超过护肤品和洗发护发品。2006 年，中国日用化工行业的各类产品都有着比较清晰的发展脉络。补水、防晒和抗衰老产品是化妆品理念发展的重点，以生物制剂、植物、生物活性提取物、天然植物添加剂为代表的化妆品新原料，仍是产品开发的主导方向和高科技象征的主流；洗涤剂功能趋向于洗涤效果、方便使用、织物保养和个性化需求等方面，并且更加关注环保、节能、节水产品的研发；口腔清洁用品则向天然、多品种、多档次、多功能方向发展，功能性牙膏仍是销售热点，如符合中国传统消费习惯的中草药牙膏、处于国际口腔用品发展潮流的增白牙膏、多合一牙膏和生物牙膏等。据了解，以大连市质检所为依托的国家日化产品质量监督检验中心实验室面积达 1500 平方米，拥有液相色谱一串级质谱、液相色谱、飞行质谱、电感耦合等离子体质谱等国内一流的检测设备和凝胶净化系统、固相萃取等前处理装置，并已经取得了"国家化妆品市场准入技术委员会委员单位""全国化妆品生产许可证的发证检验单位"两项权威资格，其检验能力范围已经覆盖了化妆品、洗涤品、消毒剂等产品领域。

8.3.3　日化产品在化学检验中的注意事项

(1) 化工产品种类繁多，采样条件千变万化。采样时应根据采样的基本原则和一般规定，按照实际情况选择最佳采样方案和采样技术。

(2) 采样是一种和检验准确度有关的，技术性很强的工作。采样工作应由受过专门训练的人承担。

(3) 采样前应对选用的采样方法和装置进行可行性实验，掌握采样操作技术。

(4) 采样过程中应防止被采物料受到环境污染和变质。

(5) 采样人员必须熟悉被采产品的特性和安全操作的有关知识和处理方法。

(6) 采样时必须采取措施，严防爆炸、中毒、燃烧、腐蚀等事故的发生。

8.3.4　日化产品的化学检验应用

1. 日化产品的世界潮流

当前日化产品的发展潮流日化产品是提高人民生活水平，优化人民生活质量的日用消费品。随着经济的发展，人民生活的富裕化，人们对日化产品的品种、档次、质量、功能提出了更高层次的要求,促使日用化学工业正以日新月异的速度发展着,品种也正趋向五光十色和琳琅满目。日化产品是一种流行产品,它和社会进步有着密切的关系,新产品的开发常常随社会潮流而动。

2. 日化产品的安全意识

安全无公害的绿色产品广受青睐,人口增长、工农业发展、环境污染加重正威胁着人类的生存和发展,为此,世界各地同时掀起了波澜壮阔的环境保护和绿色运动。日化产品生产商也积极紧跟形势,大力生产、销售对环境无害,对人体安全的日化产品。他们在原料上采用易生物降解和可再生的无污染原料,以及性能温和、对皮肤无刺激的表面活性剂和添加剂;在制造过程中推行清洁生产工艺,以及力求减少和消除包装废弃物对环境的污染。

1) 肥皂

肥皂是高级脂肪酸盐的总称,是用油脂、蜡或脂肪酸与碱性物质经皂化反应再加工而成的。肥皂、香皂是人们洗浴身体和洗涤衣物的必需品,市场上的假冒伪劣产品会造成损伤皮肤、毁坏衣物的事件。为维护消费者权益,商业企业等要认真做好检验工作,消费者也要识别其质量的优劣。

(1) 包装检验。肥皂成型时有块状和两个小块的连状两种形式、按照《洗衣皂》(GB 2486—2008)的要求,包装箱外部标识应有:商品名称和商标,干皂含量及每连块标准重量,每箱连块数、毛重、净重和体积,制造厂名及厂址,生产批号及生产日期。

(2) 外观检验。对洗衣皂的感官指标要求是图案清晰,字迹清楚,形状端正,色泽均匀,无不良异味。

(3) 理化检验。肥皂的理化检验内容及指标如表 8-5 所示。

表 8-5 肥皂的理化指标

指标名称	指标	
	A 型	B 型
干皂含量	≥43%	≥54%
氯化钠含量	≤0.7%	≤1.0%
游离苛性碱含量	≤0.3%	≤0.3%
乙醇不溶物含量	2-11	2-11
发泡力(5 分钟)/毫升	≥400	≥269

注:油脂肥皂执行 A 型技术指标:①干皂含量:新国标参照美国标准以干钾皂的含量来区分肥皂的 A 型和 B 型。②氯化钠含量:成品肥皂中氯化钠含量应严格限制,否则易造成糊烂开裂。③游离苛性碱含量:制皂时投料过多,未能与高级脂肪酸起反应的游离氢氧化钠,是导致洗衣皂冒霜的主要原因。④乙醇不溶物含量:肥皂的洗涤功能,是因为其中的钠皂是一种阴离子表面活性物,它能溶解于乙醇,标准对乙醇不溶物做出了规定。⑤发泡力:洗衣皂的泡沫量越多,越能把污垢吸附聚集并带走,提高洗衣皂的洗涤性能。其测定方法是:在 150ppm 的硬水中,配制标准浓度 0.3%的肥皂溶液,将一定量的肥皂溶液倒入带刻度的量筒中,用泡沫上升的高度和 5 分钟后的泡沫高度来计算泡沫量的大小和持久性。

2) 化妆品

化妆品是直接用于人的皮肤和毛发,并起保护、清洁和美化作用的商品。化妆品的质量检验有以下 10 个方面。

(1) 包装、装潢：化妆品的包装应整洁、美观，封口严密，不得泄漏；商标、装饰图案、文字说明等应清晰、美观、色泽鲜艳、配色协调。

(2) 使用说明：使用说明要标准、规范，应包括以下内容：①组成成分；②正确使用方法；③安全保养；④贮存条件；⑤有效期。

(3) 色泽：无色固状、粉状、膏状、乳状化妆品应洁白有光泽，液状应清澈透明；有色化妆品应色泽均匀一致，无杂色。

(4) 组织形态：固状化妆品应软硬适宜；粉状化妆品应粉质细腻，无粗粉和硬块；膏状、乳状化妆品应稠度适当，质地细腻，不得有发稀、结块、剧烈干缩和分离出水等现象；液状化妆品应清澈、均匀、无颗粒等杂质。

(5) 气味：化妆品必须具有幽雅芬芳的香气，香味可根据不同的化妆品呈不同的香型，但必须优厚持久，没有强烈的刺激性。化妆品不仅要经过质量检验同时还要有理化微生物检验。

(6) 耐温性、干缩度：耐温性是指化妆品在经受高温、低温变化后能保持原组织状态的性能。如冷霜在 40℃恒温箱中存放 3 小时后取出，恢复至室温，无严重渗油、膏体分离或膏体流动的现象；在 0℃时软硬如初，在-15℃条件下存放 3 小时取出，恢复至室温，膏体应无变化，无分离现象。干缩度是指化妆品经存放后，因水分蒸发所失去的重量与原重的百分比。如雪花膏在正常保管条件下，一年内其干缩度不得超过 10%。

(7) 化妆品所用原料的限定：化妆品所用的原料必须保证不对人体造成伤害，对不同类型的化妆品所禁止使用的原料以及限定使用的着色剂也不相同。具体内容参照我国《化妆品卫生监督条例》。

(8) 化妆品中化学有毒物质：根据各国法规规定，有关化妆品中有毒物质的含量标准，在卫生检验时不能超标，否则禁止生产。中国《化妆品卫生标准》第 14 条规定：化妆品产品中汞、铅、砷、甲醇的重量限定为：汞≤70ppm；铅≤40ppm(染发剂除外)；砷≤10ppm；甲醇≤0.2%。日本规定：化妆品中砷含量在 10ppm 以内，铅含量在 30~40ppm 以内。

(9) 化妆品中微生物的检验：各国化妆品中微生物控制标准各不相同，但检验时均不能超标，否则禁止生产。《化妆品卫生标准》规定：①所有化妆品中致病菌不得检出(金黄色葡萄球菌、绿脓杆菌、大肠杆菌)。②口唇、眼部、婴儿用品含杂菌总数≤500 个/毫升或≤500 个/克。③其他化妆品含杂菌总数≤1000 个/毫升或≤1000 个/克。

(10) 安全性试验：化妆品安全性试验，一般采用德雷兹(Draize)试验法，即将兔子背部的毛剪去一部分，将涂有试样的纱布膏贴在兔子的皮肤上，24 小时后取下，评定其皮肤反应的红斑和浮肿程度；再将试样纱布贴上，48 小时、72 小时各评定一次，取 3 次评定结果的平均值，作为最后的评定结果。

8.4 石油化工类产品质量检验与管理程序

8.4.1 油品检验的现状

1. 我国进出口油品的品种和重量情况

2010 年全国主要油品进出口口岸进出口石油及其产品 25367 万吨，其中原油进口量为

23627万吨。我国进出口油品的口岸主要有：大连、黄岛、宁波、舟山、上海、蛇口、广州、茂名、惠州港、湛江、泉州、锦州、珠海、阿拉山口和满洲里等口岸。

出口目的地主要有：新加坡、韩国、越南、缅甸、中国香港、中国澳门等国家和地区。

进口油品的品种主要有原油、燃料油、汽油、航空煤油、柴油、基础油、润滑油和液化石油气等。

出口油品主要有汽油、柴油、航空煤油、工业白油、润滑油和溶剂油等。出口量最大的是汽油、柴油和航空煤油。

从近10年来我国进出口油品的品种和重量来看，我国进出口油品的口岸已经从过去以大连、秦皇岛、黄岛为代表的北方口岸逐步转移到以浙江、广东为代表的南方口岸，这不但与南方沿海经济的快速发展、我国石油工业的产业结构调整有关，而且还与广东沿海口岸对我国港澳地区、东南亚国家所处的地理位置优势密切相关。

广东口岸已成为全国进出口油品品种最多和总重量最大的口岸，2007年上半年，湛江口岸经湛江检验检疫局检验的进出口石油有120船次，392万吨，货值14.1亿美元，进出口的船次、货重和货值与2006年同期相比分别增长21.9%、28.4%和12.9%。

2. 油品检验的项目和执行标准现状

目前，检验检疫机构对进出口油品的检验依然是针对商品的品质规格项目上的检验。主要原因：一方面是由于缺少相关的技术法规文件，现有的汽油、柴油、航空煤油、燃料油等产品标准都是基于品质要求提出来的；另一方面，一些技术法规虽已出台，由于缺乏有效措施，在实际操作过程中出现困难，检验检疫部门对油品检验也没有统一的操作技术规范，导致检验依据注重买卖双方和产品性能的需要，忽视对环境和人身健康的要求。

原油是进口量最大的商品，但目前各口岸还没有统一的检验规范，通常只检验密度或API度、硫含量、水分杂质和盐含量，而其他项目则未有相关规定，检验检疫部门也没有统一的标准，因而存在做法不一致的现象。

检验检疫机构对测试方法的选择和结果判断也存在较大的差异，如对进口燃料油的检验，有的用50℃时测定的黏度来评价，有的用100℃时测定的黏度来评价，有的用贸易合同的指标或国家标准为依据来评定，执行标准和评价依据没有统一性，缺乏统一的合格评定程序。

3. 全国检验检疫系统油品检测能力现状

从主要油品实验室，辽宁检验检疫局、黄岛检验检疫局、宁波检验检疫局、上海检验检疫局、舟山检验检疫局、深圳检验检疫局、珠海检验检疫局和广东检验检疫局(包括广州检验检疫局、茂名检验检疫局、惠州港检验检疫局、湛江检验检疫局和番禺检验检疫局等，下同)的石油实验室的检验设备、人员和所承担的检验业务看，多数油品实验室都逐渐使用进口仪器按ASTM标准来检测油品，大多数是CNAL认可实验室，但也有普遍存在检测设备老化和人员不足等现象，缺乏对涉及安全和环保方面的研究。

由于油品的检验项目多(如航空煤油多达26个项目)、对仪器要求高、价格贵和运转成本高等原因，因此，绝大部分的油品实验室都不能对进出口油品的全部项目进行检验，都存在按厂检单出证的现象。

4. 当前油品检验的目的

目前，油品检验的主要目的仍然是作为判断商品是否符合合同规定，而没有转移到针对涉及安全、卫生、健康、环保和反欺诈的检验上来，这与我国加入 WTO 时的承诺、与新《商检法》的要求存在较大差距。

有些局的油品检验仍然将对外贸易合同约定的检验标准作为检验的依据，这与法定的检验是国家行使其职能的性质不相符合。如对进口燃料油的检验，不是依据我国燃料产品技术标准《燃料油》(SH/T 0356—1996)(测定 40℃、100℃时的黏度)的要求进行合格评定，而是根据外贸合同约定的指标(如测定 50℃时的黏度)进行检验和评定。

5. 石油及其产品进出口变化趋势

我国为履行加入 WTO 的承诺，2003 年成品油的配额增加了 15%，从 2004 年起，取消了进口成品油的配额，成品油的进口量大幅增加。2003 年 1~9 月进口原油 7000 多万吨据海关统计，比 2002 年大幅度增加。

按我国石油化工工业中短期发展规划，我国将重点在沿海地区发展石油化工工业，近期实施的有：在浙江沿海建我国第一个 2000 万吨的战略储备油基地、惠州湾石化工程、广石化扩建、茂名乙烯扩厂建工程等，这使我国需要进口更大量的石油及其产品，随着经济水平的快速发展，广东沿海地区将成为我国最大的石油加工和成品油出口基地，预计我国石油消耗总量将持续增加。

6. 加入 WTO 后油品检验重点的变化

我国加入 WTO 后，及时对《商检法》进行了修改，新《商检法》中明确规定，中国实施进出口商品检验的目的是：保护人类健康和安全、保护动物或者植物的生命和健康、保护环境、防止欺诈行为、维护国家安全。这 5 项商品检验的原则全面反映了商品检验的基本原则，是商品检验的法定目标。

油品检验不仅仅是一种商业性的目的，而是社会经济和人们健康在检验方面的全面要求，在日常检验工作中，首先考虑的是"安全、卫生、环保、健康、反欺诈"，而不是贸易双方的利益。

7. 油品检验的展望

石油及石油产品是关系到国计民生的重要战略物资，每个国家都尽力维护和控制本国石油企业和市场，我国也不例外。WTO 规定其成员国必须在符合 WTO 原则范围内才能保护本国利益，因此，我国必须利用《技术性贸易壁垒协定》(即 TBT 协定)，尽快建立我国的技术规范、技术标准、环保标准和合格评定程序等，运用非关税壁垒来维护和调控，促进石化行业的健康、有序的发展，从而维护国家经济安全、保护人类和保护我国环境。

8.4.2 检验工作内容的调整

在《商检法》中，明确规定了我国实施进出口商品检验的目的，因此，对列入《法检目录》的商品检验，必将从以"对外贸易发展的需要"为目的的检验工作调整到符合 WTO 原则的程序上来。

8.4.3 制定和执行统一的标准

油品检验的依据是国家制定的有关油品标准的强制性要求。目前，我国现有的标准不全，需要建立完善的标准体系。

8.4.4 检验市场的激烈竞争，检验检疫面临更大挑战

激烈的市场竞争，对检验检疫机构从技术能力和服务质量都提出了更高的要求。一方面要求实验室要有高水平的专业技术人员、先进的检测设备和全方位的技术能力范围，同时还要求实验室有良好的质量体系的运行和良好的服务。检验检疫机构的执法行为将得到加强，检测方面的服务行为将受到市场竞争的冲击，检验检疫机构在商品品质规格和数量重量鉴定方面的检测服务市场份额将缩小。要在检测市场上保留和取得相当的份额，必须遵行市场规律，主动参与竞争。

8.4.5 研究和实行出口油品新的检验监管模式

针对出口成品油装船时间紧、检验项目多、耗时长的特点，为加快检验放行速度，需研究和实行新的油品检验监管模式，以适应国际贸易快速发展的需要。

8.4.6 油品质量检验中的几个误区

油品化验是按统一规定的试验方法检验其理化性质是否符合相关质量指标的工作。油料化验工作是油料技术工作的重要组成部分，是评定油品质量、发现问题、防止事故的基本手段。化验结果是判断油品质量，正确使用的主要依据。要得到准确可靠的结果，必须确使化验操作过程规范化，做到这一点除了需要强烈的责任心，还需要对试验方法的每个步骤正确地理解和把握。现就几个有争议的步骤和值得注意的细节探讨如下，供大家参考。

(1) 测定润滑脂工作锥入度试验中，在《润滑脂和石油脂锥入度测定法》(GB/T 269—1991)第 7.3.1 条测定工作锥入度的试验步骤中，指明试料准备好后，按 6.3.1 规定测定试料锥入度。即把脂杯放在平台上，释放锥杆，然后读数。对于再次测定，不少人认为锥入度大于 200 单位的，应更换试样。这一做法的依据是该方法的第 6.3.2 条："如果试料锥入度超过 200 单位，则应小心地把锥体对准容器中心，此试料只能作一次试验。""此试料只能作一次试验"这一规定仅适用于测定试样的不工作锥入度。因为重复测定不工作锥入度的试样不可以在上一次测定后的试样上再补平，该方法 6.3.2 条和 6.3.3 条明确规定，要么重新取样再做(超过 200 单位的)，要么在每隔 120 度的三个半径上各测一次(没超过 200 单位的)，否则试样的性质会有所变化。而在测定工作锥入度时则要求保留从脂杯中刮出的试样，以便在下次试验时用来填满脂杯。况且在 7.3.2 条中明确规定"立刻在同一试料中相继地进行两次以上的测定。"相反，如果每次试料只做一次则会因为每次工作存在人为差异而增大测定误差。至于 6.3.1 条中所述"按 6.3.2 或 6.3.3 规定仔细地调节仪器，使锥尖刚好与试料表面接触。"是指在调节锥尖位置时可依据两条，即如果所测试样锥入度大于 200 单位，则应使锥尖对准容器中心(6.3.2 条)；如果不大于 200 单位，则 3 次试验的测定点位于容器各隔 120° 的 3 个半径的中点上(6.3.3 条)。也就是说，在测定试样的工作锥入度时，不管试样的锥入度值是否大于 200 单位，连续 3 次测定都应在同一试料中完成。

(2) 依据 GB/T510—1983 凝点测试中,确定石蜡凝点范围时,试验温度如果低于-20℃,重新测定前应将装有试样和温度计的试管放在室温下,待试样温度升到-20℃才将试管浸在水浴中加热。这一点常被测试者忽略,往往将试样从冷井里拿出来后直接放入 50℃水浴中。由于试样的预热处理和冷却速度不同,石蜡的结晶过程和晶体形成的网状骨架也不同,因此必须严格按照规定调整预热温度和冷却速度。

(3) 依据 GB/T 5096—1985 测定油品腐蚀项目时,当试片介于两种相邻的腐蚀级别时,应按严重的腐蚀级别判断试样。当重复测定的两个结果不相同时应重新进行测定,如果重新试验的两个结果仍不相同,再按变色严重的腐蚀级别来判断。而实际工作中,不少检验人员都直接判断为严重级别而不重新试验,这种做法欠妥当。总之,正确地理解和把握石油产品试验方法标准中规定的每一个步骤,是得出可靠结论的前提,对油料的使用、更新,对国家的经济、能源等方面都有着极其重要的作用。

8.4.7 汽柴油质量检验中应注意的几个问题

汽柴油是关系到国计民生的重要工业产品,由于周转环节较多,为保证终端销售产品的质量,汽柴油输转各环节的质量监督非常重要,而质量监督的主要手段就是检验,正确的检验是判定产品质量的科学依据,但是怎样才能保证检验操作正确无误呢?

石油产品的试验方法基本上都是条件试验,正确检验必须注意以下 4 个方面:①必须使用现行有效标准;②对标准要研究透彻,正确理解,保证所有试验条件必须满足方法标准中规定的要求;③仪器必须在正常状态下使用,所有计量器具都应在检定周期内,即具有可溯源性;④应定期或及时采取质量保证措施,以检验检测工作的质量。

1. 采用标准

(1) 必须使用现行有效标准。标准是检测和判断产品质量的依据,质量检验工作中标准的选用非常重要。一般情况下,产品标准中都规定了各项指标所采用的试验方法,所以根据油样所执行的产品标准要求,就可选用相应的试验方法,但是产品标准中仅注明了方法的标准号,没有年代号,而我国目前汽柴油质量不断提高,产品标准和检验方法标准的更新速度也在加快,因此,应注意采用现行有效的标准。

(2) 正确理解方法标准。正确理解有两层意思:一是使用人员必须深入研究标准的条文。标准是在大量试验的基础上建立起来的,条件的规定都有一定依据,必须在理解的基础上严格遵循方法的要求进行操作。二是要互相交流。实际工作中总有这种情况,对标准中的条文,不同的使用者有不同的理解,从而造成相同的标准,不同的操作,使条件试验中条件不统一引起争议。目前,为加大与国际接轨的力度,我国的标准大多是把国外标准直译过来,再根据我国实际情况作一些适用性试验。出现理解障碍的时候,建议请教标准起草人或查找国外原文帮助理解,下面将易引起问题的几个方法列出来,供探讨,希望检测时引起注意。

① 馏程。"当在蒸馏烧瓶中的残留液约为 5mL 时,做加热的最后调整,使从蒸馏烧瓶中 5mL 液体残留物到终馏点的时间符合规定的范围"。问题主要是对"做加热的最后调整"这句话的理解上,不能简单理解为加强热,而是调整加热速率,保证使蒸馏烧瓶中从 5mL 液体残留物到终馏点的时间符合标准规定。试验证明,做加热的最后调整要根据仪器、油

样情况而定，可能是加大，也可能是减小，还可能保持原加热速率不变。控制不好对结果影响很大，有时会出现两个高峰点，而平时习惯做法是在出现高点后温度一下降就停止加热，而不管时间是否符合要求，把高点记录为终馏点，这样会使试验结果产生误差。

② 实际胶质。操作中要注意气流量和温度的控制必须符合规定，否则重复性不理想。每个空气喷射口的空气流速都应在高温情况下保持在(1000±150)毫升/秒，在室温情况下为(600±90)毫升/秒；每个出口气流量最好都使用经校准的流量计进行检查，不能认为总气流量满足要求即可。另外值得注意的是，对于五孔胶质测定仪，当只做两个平行试验时，另两个喷气孔也应安装好锥形转接器，以免空气流量不准。还应注意的是，实际胶质的精密度图表中，横坐标和纵坐标的单位不一致，前者是毫克/100毫升，后者是毫克，后者可理解为直接称量的胶质质量。

③ 机杂、水分。机杂和水分是关于汽柴油洁净性、可以从外观直接判断油品质量的重要指标。检验汽油可采用目测方法，检验柴油必须按照规定方法进行。进行机杂试验时除应按照规定方法和常规恒重要求外，还应注意：①样品摇动后要迅速称量，②试样过滤后，滤纸上油渍的检查不能采用目测，建议采用干净滤纸局部压在刚冲洗过的试验滤纸上，拿起后风干，看有无油渍，若有油渍，应继续冲洗。

④ 凝点。《石油产品凝点测定法》GB 510—1983 中关于冷浴的设置，写明"冷却剂的温度要比试样的预期凝点低 7~8℃"，对此，不同的人有不同的理解。有的认为是在固定的冷浴中进行试验，如 0 号柴油冷浴应固定在-7℃或-8℃，有的认为冷浴温度随着试样温度的降低进行调整，即观测凝点的温度与冷浴温度之差保持在-8~-7℃。后者理解比较合理。

⑤ 冷滤点。试样的冷滤点受试验条件影响很大，包括冷浴温度的高低、抽吸的次数、油样是否过滤等。冷浴温度的设置易误解的地方在 7.4，"试样冷滤点为…℃时。"有的理解为试样预期的冷滤点，如 0 号柴油冷滤点预期为 40℃；有的理解为抽吸时的试样温度，若检测-10 号柴油时，按前者理解，试杯直接放在-34℃的浴中测试，按后者理解，试杯先放在-17℃的浴中，测试过-3℃后，再将试杯放入-34℃的浴中试验。两种操作因冷却速度不同，会得出不同的结果，从而造成误差，普遍的理解认为应把第一次试验结果作为试样的实际冷滤点，再按试验方法要求进行两次重复试验；抽吸的次数过多或过少也会影响检测结果，过多会使结果偏低，过少会使结果偏高，建议以 5~6 次为宜；试样的过滤与否也是影响试验结果的关键因素之一，标准中规定"试样中若有杂质，必须将试样加热到 15℃以上，用不起毛的滤纸过滤。"因为目测柴油中的杂质会因人而异，建议做冷滤点的试样都应经过过滤。另外，标准中"一般经测定 20 次后的不锈钢丝滤片要重新更换"的表述要根据实际情况进行，若有堵塞情况要及时更换。

⑥ 闪点。因为实测闪点与预期闪点之间有差值，开始点火温度与实测闪点往往不是相差 10℃，点火次数也会过多或过少，从而造成测定误差。根据对国外标准的研究和经验认为，把第一次试验结果当作预期闪点重新进行两次试验，所得结果才是比较科学的。另外，"在最初闪火之后，如果进行点火却看不到闪火，应更换试样重新试验，只有重复试验时依然如此，才能认为测定有效。"这句话在实际中往往做不到，实际情况是出现闪火后再次点火往往看不到闪火，再下一次点火才出现闪火。一般把这样的第一次闪火也作为闪点。

以上仅列举一部分问题，在实际工作中对出现的问题应及时发现及时交流，对自己的检测结果才可做到心中有数。

2. 仪器设备

仪器设备是实现检测的载体，方法标准中的条件要通过仪器来保证，尤其是汽油组成的检测、金属含量和辛烷值的测定、柴油十六烷值的检测，其测定准确度与仪器的精度直接相关。因此仪器必须在正常状态下使用，应使用权威部门或有证书的在有效期内的标准油进行校正，所有计量器具都应在检定周期内，即具有可溯源性。对容易产生漂移的仪器应及时进行比对或期间核查，以有效保证仪器处于正常状态。

3. 应定期或及时采取质量保证措施

质量保证是验证检测能力的有效手段和措施。质量保证措施包括：①进行实验室间的比对试验；②利用标准油进行质量控制；③对在稳定期的样品进行重复性试验；④分析样品不同检测项目数据之间的相关性；⑤利用相同或不同方法反复进行检测。有效利用上述措施，可始终有效保证检测部门的检测质量，并及时发现问题、解决问题，尤其是对自动化程度较高的仪器和条件有限不能正常受检的仪器设备。实验室比对是实验室广泛采用的一种能力验证方法，通过国家认可的实验室可以参加国际认可委组织的比对，有资质实验室之间可以互相比对，普通实验室可以与有资质的实验室进行比对，实验室内不同检测人员之间也可以进行比对。通过比对可以从总体上考察实验室比对项目的操作水平。

作为检测人员，除操作技能外还应掌握一定的石油产品理论知识，包括汽柴油从原油到炼制、调和到储存、运输各环节的理论知识和要求，以及产品的组成和性能。汽柴油虽然是复杂有机成分的混合物，但其各项指标之间是互相联系的，具有一定油品知识和经验的技术人员，可以从各项检测数据分析检测结果的相关性，从而在一定程度上判断检测结果是否正确。综上所述，做好汽柴油质量的检测，除了严格按照方法步骤要求耐心细致地开展检测工作外，还要从仪器设备、能力验证等方面保证检测质量，并要不断总结经验，掌握一定的油品理论知识，提高分析解决问题的能力，更重要的是随着汽柴油质量的不断升级换代，要及时了解标准的发展，学习新方法、新理论、新技能，以确保试验结果的准确性和可靠性。

阅读资料

柴油的分类及适用性 柴油按直馏分类可分为轻柴油和重柴油两种，轻柴油是内燃机车、柴油汽车等普通高速(转速在 1000 转/分钟以上)柴油机燃料，重柴油是中速(转速在 500～1000 转/分钟)和低速(转速在 300～400 转/分钟)柴油机燃料。柴油有以下几个特点：

(1) 蒸发性和雾化性。为了保证高速柴油机的正常运转，轻柴油要有良好的蒸发性，以便与空气形成均匀的可燃混合气，柴油的蒸发性用馏程和闪点两个指标来评定。①馏程：200～365℃；②闪点：又叫闪火点，它是在规定条件下，加热油品所逸出的蒸汽组成的混合物与火焰接触瞬间闪火时的最低温度，以℃表示。柴油的闪点既是控制柴油蒸发性的项目，也是保证柴油安全性的项目。

(2) 流动性。柴油的流动性主要是用黏度、凝点和冷滤点来表示。①黏度是柴油重要的使用性能指标，在标准要求的黏度范围内，才能保证柴油对发动机燃油系统的良好润滑，保证柴油有较好的雾化性能和供给量，从而保证柴油有较好的燃烧性能。②凝点是指在规定条件下，柴油遇冷开始凝固而失去流动性的最高温度，是柴油储存、运输和收发作业的界限温度。③冷滤点是指柴油在条件下不能通过滤网的最高温度。同种柴油的冷滤点高于凝点 4～6℃。

(3) 燃烧性。柴油的燃烧性也叫发火性或抗爆性，它表示柴油自燃的能力。评定柴油燃烧性能的指标是十六烷值。十六烷值是指和柴油燃烧性能相同的标准燃料中所含正十六烷的体积百分数。使用十六烷值高的柴油易于启动，燃烧均匀而且完全，发动机功率大，油耗低。

(4) 安定性。柴油的安定性是指柴油在储运和使用过程中抵抗氧化的能力。评定轻柴油安定性的指标主要用总不溶物和10%蒸余物残炭表示，其值越大，说明柴油的安定性越差，越易氧化变质，颜色加深，变黑，胶质增大，越容易在发动机生成积碳，对柴油的储存和使用有很大影响。

(5) 腐蚀性。不论是轻柴油还是重柴油，都不能有大的腐蚀性，否则会腐蚀发动机，缩短使用寿命。柴油的腐蚀性用含硫量、酸度、铜片腐蚀3个指标控制。

资料来源：http://www.05935.com/wy/chaiyoubiaohaodeyisi.

本 章 小 结

通过学习本章我们可以了解到一些重要出入境商品的质量检验与管理，如粮食类、果蔬类、日化品以及石油化工类产品的质量检验与相关管理程序。在激烈的国际贸易竞争中，价格竞争已退居次要地位，而商品质量的好坏则逐步成为竞争中的决定性因素。在此情况下，加强进出口产品质量管理对促进我国对外贸易健康快速发展的重要意义日趋凸显。因此，掌握粮食、果蔬类、日化品、石油化工类等重要的出入境商品的质量检验方法、注意事项以及管理程序等对进行出入境商品检验检疫工作的进行有重要的作用。

 关键术语

商品质量检验(product quality inspection)
管理程序(management program)

习　　题

一、判断题

1. 口味鉴定时，所有粮食和油料均可取少量试样于口中咀嚼辨别口味。　　　(　　)
2. 物理检验的项目主要有粗糙率、纯仁率、杂质、不完善粒、含砂量、磁性金属物、面筋等。　　　(　　)
3. 粮食、油料质量检验项目中的水分、灰分、脂肪酸值、含油量是标准规定的化学检验项目。　　　(　　)
4. 粮食、油料的水分含量是指自由水的含量。　　　(　　)
5. 经鉴定确定为已陈化变质、不符合食用卫生标准的地方储备粮，经筛选仍可以流入口粮市场。　　　(　　)
6. 只有检验合格的粮油产品才能参加拍卖，保证出库的储备粮油质量安全。　(　　)
7. 经港澳中转进入内地的水果不必再经国家质检总局认可的检验检疫机构进行预检。
　　　(　　)

8. 进境水果经检验检疫发现疫情并经除害处理合格的,准予放行。（   ）
9. 化妆品必须具有幽雅芬芳的香气,香味可根据不同的化妆品呈不同的香型,但必须优厚持久,没有强烈的刺激性。（   ）
10. 化妆品只需要经过质量检验即可,不需要再进行理化微生物检验。（   ）

二、单项选择题

1. (   )方法是最快的判断方法,也是准确度最低的一种检测手段。
   A．感官检验　　B．物理检验　　C．化学检验
   D．微生物检验　E．仪器检验
2. (   )是稻谷定等的基础项目。
   A．纯粮率　　B．含砂量　　C．磁性金属物　　D．粗糙率
3. (   )是花生、葵花籽、棉籽、桐籽等带壳油料定等的基础项目。
   A．纯粮率　　B．含砂量　　C．纯仁率　　D．粗糙率
4. (   )是衡量油料等级,确定油料价格的重要指标。
   A．水分　　B．含油量　　C．灰分　　D．脂肪酸值
5. 油品中,(   )是进口量最大的商品。
   A．汽油　　B．柴油　　C．航空煤油　　D．原油

三、多项选择题

1. 粮食检验的方式主要有(   )。
   A．感官检验　　B．物理检验　　C．化学检验
   D．微生物检验　E．仪器检验
2. 粮食检验的方法中,化学检验的具体方法有(   )。
   A．生化检验　　　　　　B．电测法
   C．染色体标本检测　　　D．核磁共振法
3. 含砂量的检验方法有(   )。
   A．四氯化碳法　　B．筛选法　　C．感官法
   D．灰化法　　　　E．分离器分离法
4. 出口果蔬产品中,(   )产品存在一定的植物检疫风险,其他大类产品可以适当关注。
   A．腌渍果蔬　　　　　　B．自然晾晒脱水果蔬
   C．速冻果蔬　　　　　　D．籽仁和干坚果
   E．保鲜果蔬　　　　　　F．机械脱水果蔬
5. 化妆品质量检验的方面有(   )。
   A．包装、装潢　　B．使用说明　　C．色泽
   D．组织形态　　　E．气味

四、简答题

简述中国进境水果检疫准入程序。

习题参考答案

第1章 出入境商品质量检验概述

一、判断题

1. ×；2. √；3. √；4. ×；5. √

二、单项选择题

1. D；2. D；3. A；4. A

三、简答题

1. 答：①列入《出入境检验检疫机构实施检验检疫的进出境商品目录》内的货物；②入境废物、进口旧机电产品；③出口危险货物包装容器的性能检验和使用鉴定；④进出境集装箱；⑤进境、出境、过境的动植物、动植物产品及其他检疫物；⑥装载动植物、动植物产品和其他检疫物的装载容器、包装物、铺垫材料；进境动植物性包装物、铺垫材料；⑦来自动植物疫区的运输工具，装载进境、出境、过境的动植物、动植物产品及其他检疫物的运输工具；⑧进境拆解的废旧船舶；⑨出入境人员、交通工具、运输设备以及可能传播检疫传染病的行李、货物和邮包等物品；⑩旅客携带物(包括微生物、人体组织、生物制品、血液及其制品、骸骨、骨灰、废旧物品和可能传播传染病的物品以及动植物、动植物产品和其他检疫物)和携带伴侣动物；⑪国际邮寄物(包括动植物、动植物产品和其他检疫物、微生物、人体组织、生物制品、血液及其制品以及其他需要实施检疫的国际邮寄物)；⑫其他法律、行政法规规定需经检验检疫机构实施检验检疫的其他应检对象。

2. 答：①制定法律法规；②计量管理；③通关管理；④出入境动植物检疫管理；⑤进出口商品检验管理；⑥进出口食品安全管理。

3. 答：世界各国的法律法规和国际通行做法、有关规则、协定等，都赋予检验检疫机构以公认的法律地位；国际贸易合同中对检验检疫一般也有明确的条款规定，使检验检疫工作受到法律保护，所签发的证件具有法律效力。①我国法律规定赋予了入境检验检疫的法律地位；②出入境商品鉴定人；③出入境商品检验在国民经济中的地位。

4. 答：①出入境商品质量检验体现了国家的权威性；②出入境商品质量检验是提供国际贸易间证明、推动国际贸易顺利进行的需要；③出入境商品质量检验是提高本国出口产品质量、扩大对外出口的需要；④出入境商品质量检验为国际商品进入我国提供质量保障。

第 2 章　出入境商品质量检验依据与项目

一、判断题

1. √；2. ×；3. ×；4. ×；5. √

二、单项选择题

1. C；2. B；3. A；4. A；5. D

三、简答题

1. 答：根据 2005 年我国颁布实施的《中华人民共和国进出口商品检验法实施条例》中规定，国家质检总局主管全国进出口商品检验工作。国家质检总局设在省、自治区、直辖市以及进出口商品的口岸、集散地的检验检疫局及其分支机构(检验检疫机构)，管理所负责地区的进出口商品质量检验工作。此外，国家商检部门许可的检验机构，可以接受对外贸易关系人或者外国检验机构的委托，办理进出口商品检验鉴定业务。

2. 答：法定检验项目包括：①进出口食品检验检疫；②出口危险货物包装容器的性能检验和使用鉴定；③进出口动物产品检验检疫；④对装运出口易腐烂变质食品、冷冻品的集装箱等运载工具的适载检验。

3. 答：进出口商品检验的项目包括如下：①品质检验；②数量和重量检验；③溢短装条款；④包装检验；⑤安全性能检验；⑥食品安全检验。

4. 答：溢短装条款是指在矿砂、化肥、粮食、食糖等大宗散装货物的交易中，由于受商品特性、货源变化、船舱容量、装载技术和包装等因素的影响，要求准确地按约定数量交货，有时存在一定困难，为了避免因实际交货不足或超过合同规定而引起的法律责任，方便合同的履行，对于一些数量难以严格限定的商品，通常是在合同中规定交货数量允许有一定范围的机动幅度，这种条款一般称为溢短装条款。它一般包括机动幅度、机动幅度的选择权以及计价方法。

5. 答：普通商品的包装检验包括对包装标识检验、包装材料检验以及运输包装的检验。危险品的包装检验与普通商品的包装检验要求不一样，必须要进行单独的包装检验鉴定工作后才能放行。必须符合遵循以下原则：①符合《国际海上危险货物运输规则》规定。②出口危险货物生产包装容器的企业，必须申请商检机构进行包装容器的性能鉴定。生产出口危险货物的企业，必须申请商检机构进行包装容器的使用鉴定，否则不准出口。③生产危险货物出口包装容器的企业，必须向商检机构申请包装容器的性能鉴定。包装容器经商检机构鉴定合格并取得性能鉴定证书的，方可用于包装危险货物。生产出口危险货物的企业，必须向商检机构申请危险货物包装容器的使用鉴定。危险货物包装容器经商检机构鉴定合格并取得使用鉴定证书的，方可包装危险货物出口。④质检部门负责发放危险化学品及其包装物、容器的生产许可证，对危险化学品包装物、容器生产企业的产品质量实施监督，负责对进出口危险化学品分类、标签、包装及安全数据表实施符合性检验。

6. 答：出口商品及其运载工具属下列情况之一者必须向商检机构申请报检，受理报检的范围包括：①列入《法检目录》内的出口商品；②出口食品的卫生检验；③出口危险货物包装容器的性能鉴定和使用性能鉴定；④装运出口易腐烂变质食品、冷冻品的船舱、集装箱等运输工具的适载检验；⑤对外贸易合同(包括信用证、购买证等)规定由商检机构检验出证的出口商品；⑥出口动物产品的检疫和监督消毒；⑦其他法律或行政法规规定须经商检机构检验出证的出口商品；⑧《法检目录》内出口商品的包装容器的性能鉴定；⑨与进口国政府有约定，必须凭我国商检机构签发的商检证书方准进口的商品；⑩边境小额贸易、边境民间贸易、边民互市贸易和边境地区的地方贸易等贸易方式出境商品。

对于下列情况之一者，商检机构不受理商品检验的报检申请：①实施法定检验的出口商品，未经检验已装运出口的；②已被吊销质量许可证、卫生注册证书的；③按分工规定，不属于商检工作范围的；④其他不符合商检机构检验和签证规定的商品。

四、综述题

1. 答：进出口商品检验的地位体现在如下方面：

(1) 进出口商品检验的地位的确立。国际贸易中签订的契约(合同)，赋予商检工作的法律地位。当事人依据国际贸易惯例和有关法律法规签订的合同，一经有效成立，就在缔结合同的当事人中间确立了法律约束力，任何一方都必须遵守合同规定，凡违背合同规定的，必须承担法律责任。在一份完善的国际贸易合同文本中，除了规定有商品的名称、质量、规格、数量、重量、包装、单价和总值、交货日期、支付条件、运输、保险条款外，还应明确规定有检验条款。一般在这些检验条款中都明确规定商品的质量、数量、重量和包装等由第三方公证检验机构检验鉴定并签发证书。有的合同中还明确了凭商检证书检验确定的质量等级、数量、重量进行结算；有的在合同中列明了如发生质量变异、残损等，凭商检证书进行索赔等内容。这就在买卖双方的合同中，确定了商品检验工作的法律地位，合同中规定的检验机构签发的检验鉴定证书对当事人具有法律约束力。

(2) 进出口商品鉴定人。商检机构除有进出口商品检验主管机关的地位外，还具有第三者的公证鉴定人的地位。商检机构对外签发的各种检验鉴定证明书，是国际贸易中办理进出口商品交换、结算、计费、结汇、通关、计税、索赔、仲裁、运输、保险等的有效凭证。在国际上起到公证的证明作用，便利对外经济贸易的顺利进行，维护有关各方的合法权益和国家信誉，促进生产和对外经济贸易的发展。

(3) 进出口商品检验在国民经济中的地位。商检机构最初是为履行某种政府职能而设立的，但商检这一新兴产业的独立与壮大却是商品经济发展的必然产物。商检业务最初是在流通领域对最终产品实施检验，以维护贸易关系人的合法权益。随着国际贸易的增长和商品买与卖的分离，使得国际买卖双方风险增大。于是贸易关系人不仅要求商检机构对进出口商品提供有关品质、数量、包装等方面的证明，更需商检深入到生产过程中进行指导和监督，把质量隐患消灭在萌芽状态，从根本上减少经济损失。商检业务从现代经济产业分类来说，是属于第三产业中为生产和交换提供技术服务的部门。在新形势下，商检的政府管理将转向加强宏观调控,由检验市场为基础性调节作用,以检验实体为依托,形成商检的产业地位,发挥其在国民经济中应有的作用。

进出口商品检验的作用体现在如下方面:

(1) 进出口商品质量检验体现了一个国家的权威性。商检在现代市场经济条件下,逐步向现代化的检验服务产业迈进。商检工作质量关系着国家的兴衰荣辱。我国对外经济贸易工作任务艰巨,商检部门作为对外贸易的重要组成部分,在促进和保证我国外贸出口顺利发展方面,担负着重要责任。做好进出口商品检验工作,对维护国家利益和信誉有重要意义,从而促进对外贸易的顺利发展。通过检验,共查出不合格进口商品 1.8 万批,经及时出具商品检验证书供有关单位对外索赔。加强进口商品检验,不仅能发现不合格商品,向国外索赔,挽回经济损失,而且维护了国家经济利益。

(2) 进出口商品质量检验是提供国际贸易间证明、推动国际贸易顺利进行的需要。自改革开放以来,我国逐渐加快对外开放的步伐,尤其是在 2001 年我国正式加入 WTO 以后,国际贸易量逐年都有较大增幅,相应进口国外商品和推出国内本土商品的机会变得非常频繁,尤其是在加入 WTO 初期,国外客户对检验的各项需求大大地推动了我国商检工作的进展。近年来,国际商品的频繁交易更增加了进出口商品质量检验的力度和要求,这无疑为我国境内企业在商品出口环节提供有效证明,同时也加强进口商品的质量监控与管理。

(3) 进出口商品质量检验是提高本国出口产品质量、扩大对外出口的需要。国际市场竞争非常激烈,竞争的焦点是商品质量。在对外贸易中,只有坚持"质量第一""以质取胜",才能在国际市场竞争中立于不败之地。商检机构从事进出口商品检验工作,拥有多方面的技术人才和仪器设备,比较了解国外有关法令、法规和标准等要求,也比较了解国内出口商品质量等方面存在的问题。因此,能够利用这些有利条件,把出口商品检验工作做到生产过程中去,从根本上保证出口商品质量,真正起到对进出口商品的验收和质量把关的作用。

(4) 进出口商品质量检验为国际商品进入我国提供质量保障。我国是发展中国家,需要大量进口先进技术设备和部分原材料。如果进口商品质量不合格,会影响用货单位再生产的进行。有了商检这种特殊的第三产业,就能把住进口商品质量关,保证国内急需的进口商品的质量及其先进性、可靠性等要求。

2. 答:水果类商品在通过我国海关进行出口时,需执行出口商品检验流程(如下图所示)。首先企业需要针对所出水果货物对我国商检机构提出报检并提交相应需审核的单据、表、证件等,待商检部门对提交的报检材料进行审核,如果审核不合格需要企业重新完善材料后再进行报检;若报检材料符合商检机构要求则根据报检品种会提交相应检验部门确认施检方式、拟定检验方案后,实施检验检疫,检验合格后出具检验检疫鉴定结果,然后检务部门复审检验结果后进行计费、收费,最后出具书面证书,办理放行手续。如商检部门对出口商品检验检疫不合格时,会出具不合格单,如果根据我国标准及相应规定可以返工处理的,在处理之后再进行检验检疫,合格后仍会出具书面证书办理放行,如果不适于返工修改或者调整后仍然不合格的,则不准出口。

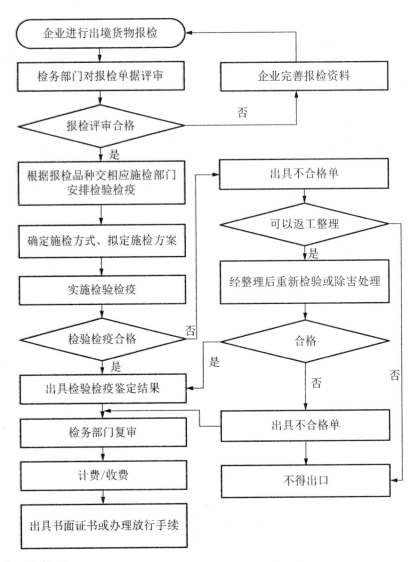

五、案例分析题

答：在本案例中，江西检验检疫局充分发挥了地方检验检疫的良好功能，并具体从事了如下工作对企业及相关单位起到了指导和示范的作用：①实施柑橘种植基地化管理和注册登记制度，这无疑将农户组织起来，将分散的果园集中起来形成规模化种植，有利于政府监管及农户自身的盈利。②从源头介入把握出口柑橘质量。在柑橘种植期间，江西检验检疫局介入监管，一是帮助企业建立健全质量安全管理体系，在江西省推广良好农业操作规范体系(GAP)；二是通过日常监管、农药残留监控、实时监测等方式全面掌握果园农药残留和有害生物发生情况，指导果园科学用药，合理规避出口风险；三是在出口旺季，分别在柑橘出口企业相对集中地南丰县和安远县实施驻点检验，靠前服务，加快柑橘通关速度。③凸显地方政府作用，强化部门间协作机制，将当地政府纳入出口柑橘质量安全的管理体系中来；充分利用地方政府管理优势，在果园注册登记要素的认定、疫情监测、有害生物调查、标准化种植经验的推广方面，与当地政府建立了密切协作机制。④利用信息技术优势，减轻企业出口负担，帮助企业合理规避风险。根据不同输入国要求确定农药残留重点检测项目,有效降低柑橘企业出口成本,加快柑橘出口验放速度。以出口脐橙为例,目前欧盟对柑橘农残的限量要求达 162 项,经过风险分析,江西检验检疫局确定的脐橙重点检测项目 13 项。⑤加强与口岸局的联系和协作。规范了出口柑橘检验检疫秩序。⑥开展免费技术培训,培养农业生产技术和管理骨干、种植能手,提高农户的技术水平和专业素养。

综上所述,我国的行政管理部门要加强政府职能的实施,逐步细化工作,加强基础调研与工作指导,为企业和农户提供政策、方针及技术指导,加强国际及区域内的合作,统筹安排我国商品的出口质量管理与把关;作为企业和农户而言,重抓质量为首,尤其是从生产的源头抓起,规范质量管理体系的运行,及时掌握各种质量管理及监控信息,加强自身技术水平及专业素养的提高,逐步规范与完善企业或小养殖户的各种质量管理制度,形成标准化、制度化与可追溯化。

第3章 出入境商品质量检验抽样方法

一、判断题

1. ×;2. √;3. √;4. ×;5. ×

二、单项选择题

1. C;2. B;3. D;4. A;5. C

三、简答题

1. 答:常见的随机抽样方法有:简单随机抽样、分层随机抽样和系统随机抽样。

(1) 简单随机抽样:从含有 N 个个体的总体中抽取 n 个个体,使包含有 n 个个体的所有可能的组合被抽取的可能性都相等。它是一个基本的随机抽样方法,是其他随机抽样方法的基础。

(2) 分层随机抽样:分层随机抽样也称为分类随机抽样,即先将总体分成互不交叉重叠的若干层,使同一层内产品质量尽可能均匀整齐,在各层内分别随机抽取一些产品,合在一起组成一个样本。

(3) 系统随机抽样:系统随机抽样也称为等距随机抽样或机械随机抽样,即将总体单体按某一标志(如时间)排序,然后按一定间隔来随机抽取样本的单位。

2. 答:批内不合格品数占批量总数中的百分比。

$$不合格品率 = \frac{批内不合格品数}{批量} \times 100\%$$

3. 商品检验的抽样程序的步骤如下:

(1) 抽样人员接到《检验申请单》后,首先要研究抽样商品的类型(分离个体还是散料商品)和质量特征以及商品堆放条件,同时查明合同等有关资料对抽样检验的要求,并在搞清抽样依据的基础上,确定抽样方法和抽样量。

(2) 按抽样商品的特性,准备好抽样工具和盛样品容器以及其他人身保护器具、计算工具等。特别是对抽样工具要严格按要去检查,对盛样容器必须按不同商品的要求严格处理,并按《检验申请单》约定时间准时到达商品堆存地点。

(3) 抽样人员到现场后,首先要查看商品标记和号码是否与有关单证所列完全一样,防止批次发生混乱。对散装商品还要校对数量,对包装商品的包装按合同和有关规定进行认真检查,发现问题应按有关规定处理后再进行抽样。对外包装破损的进口商品,应按残损鉴定的规定办理。

(4) 检查商品的外观,如有受潮受损、外观质量低劣、参差不齐、混入夹杂物等情况时,应由货主重新整理后才能抽样。对进出口商品,如发现同批商品质量有显著差异时,可考虑分层分别抽样。对特殊情况,可另行抽取参考样品,供检验时研究处理,这应属于特殊处理。

(5) 上述步骤完成之后,可按规定抽取确定的样品。对计数的贵重商品抽样后应由货主补足数量,无法补足的应在包件上加盖戳记,应进行封识的商品按规定办理。

(6) 按规定抽样后,有些商品的样品还要进行混合缩分,为达到均匀一致,不改变样品的实质,一定要按规定严格细致地操作,金属材料等样品液要按规定进行机械加工。

(7) 抽样过程中要详细做好记录,如对货物堆存情况、外观状况、运输标记、包装情况、包装号码、开件数量、样品数量、标志封识、抽样时的天气情况等都应有记载,以供发生问题时参考。

第4章　出境商品检验与管理规范

一、判断题

1. ×；2. ×；3. √；4. √；5. √

二、单项选择题

1. D；2. A；3. B；4. C；5. C

三、案例分析题

答:该企业的做法是不符合规范的。正确的证书更改程序是:在检验检疫证书签发后,报检人员要求更改证单内容的,经审批同意后方可办理更改手续。报检人员申请更改证单时,应将原证书退回,填写更改申请单,书面说明更改原因及要求,并附有关函电等证明单据。

第5章　入境商品检验与管理规范

一、判断题

1. ×　【解析】根据《中华人民共和国进出境动植物检疫法》的规定,口岸动植物检验检疫部门发现有国家列明的禁止进境物的,作退回或者销毁处理。

2. √　【解析】盛装危险货物的包装容器,称为危险货物包装容器。危险货物包装容器被列入法定检验范围,对于不符合安全条件的危险品包装容器,不准装运危险货物。

3．× 【解析】法定检验以外的进口商品，根据国家规定实施抽查检验。

4．√ 【解析】检验检疫类别为"M/N"，表示对应商品须实施进出口商品检验。

5．× 【解析】虽未列入《法检目录》，但其他法律、行政法规规定须经检验检疫机构实施检验。

6．× 【解析】办理外商投资财产价值鉴定的报检人员应向口岸或到达站检验检疫机构申请，经口岸或到达站检验检疫机构审核有关单据并确认符合要求后接受其报检申请，签发《入境货物通关单》，企业凭此单向海关办理通关放行。

7．× 【解析】外商投资企业进口货物可自愿申请价值鉴定。

二、单项选择题

1．A 【解析】根据我国出入境检验检疫相关法律法规的规定，入境货物检验检疫的一般工作程序是：报检后先放行通关，再进行检验检疫。

2．B 【解析】国家质检总局依照《商检法》第四条规定，制定、调整必须实施检验的进口商品目录并公布实施。

3．B 【解析】"检验检疫类别"代码中，"R"表示对应商品须实施进口食品卫生监督检验；"Q"表示对应商品须实施出境动植物、动植物产品检疫。

4．A 【解析】"检验检疫类别"代码中，"M"表示进口商品检验；"P"表示进境动植物、动植物产品检疫；"Q"表示出境动植物、动植物产品检疫。所以，该商品入境时应实施商品检验和动植物检疫。

5．C 【解析】在《法检目录》中，"成套设备"对应的"检验检疫类别"为"M"。A项"A"为"成套设备"的"海关监管条件"。

6．A 【解析】B项"N"表示对应商品须实施出口商品检验；C项"P"表示对应商品须实施进境动植物、动植物产品检疫；D项"Q"表示对应商品须实施出境动植物、动植物产品检疫。

三、多项选择题

1．ABCD 【解析】出入境检验检疫工作流程包括报检/申报、计费/收费、抽样/采样、检验检疫、卫生除害处理(检疫处理)、签证放行的全过程。

2．ABCD 【解析】根据报检对象的不同，我国出入境检验检疫工作程序可分为出入境货物检验检疫工作程序、出入境集装箱检验检疫工作程序、出入境快件检验检疫工作程序、出入境邮寄物检验检疫工作程序以及出入境交通工具和人员检验检疫工作程序5种。

3．ABCD 【解析】《中华人民共和国国境卫生检疫法》第四条规定："入境、出境的人员、交通工具、运输设备，以及可能传播检疫传染病的行李、货物、邮包等物品，都应当接受检疫，经国境卫生检疫机关许可，方准入境或者出境。具体办法由本法实施细则规定。"

4．ABC

5．ABCD 【解析】根据有关法律法规的规定，题目所述4项货物均列入《法检目录》内，进口时应由我国检验检疫机构实施强制性检验检疫。

6．ABCD 【解析】根据《中华人民共和国国境卫生检疫法》的规定，对来自疫区的、被传染病污染的以及可能传播检疫传染病或者发现与人类健康有关的啮齿动物和病媒昆虫的集装箱、货物、废旧物等物品，应当实施消毒、除鼠、除虫或者其他必要的卫生处理后方准入境。

7．ABC　【解析】国家法律、行政法规规定，必须经检验检疫机构检验的其他进出口商品也必须实施法定检验。

8．ABC　【解析】国境卫生检疫机关对来自疫区的、被检疫传染病污染的或者可能成为检疫传染病传播媒介的行李、货物、邮包等物品，应当进行卫生检查，实施消毒、除鼠、除虫或者其他卫生处理。

四、简答题

1．答：入境货物报检可分为入境一般报检、入境流向报检和异地施检报检。

(1) 入境一般报检是指法定检验检疫入境货物的货主或其代理人，持有关单证向报关地检验检疫机构申请对入境货物进行检验检疫以获得入境通关放行凭证，并取得入境货物销售、使用合法凭证的报检。

(2) 入境流向报检亦称口岸清关转异地进行检验检疫的报检，指法定入境检验检疫货物的货主或其代理人持有关单据在卸货口岸向口岸检验检疫机构报检，获取《入境货物通关单》(四联)并通关后，由入境口岸检验检疫机构进行必要的检疫处理，货物调往目的地后，法定入境检验检疫货物的收货人或其代理人再向目的地检验检疫机构申报，由目的地检验检疫机构进行检验检疫监管的报检。

(3) 异地施检报检是指已在口岸完成入境流向报检，货物到达目的地后，该批入境货物的货主或其代理人在规定的时间内(海关放行后20日内)，向目的地检验检疫机构申请对入境货物实施检验的报检。

2．答：(1) 入境报检时，应填制《入境货物报检单》，并提供外贸合同、发票、提(运)单、装箱单等有关证单。

(2) 按照检验检疫的要求，提供其他相关特殊证单。

① 凡实施安全质量许可、卫生注册或其他需审批审核的货物，应提供有关证明。

② 申请品质检验的，还应提供国外品质证书或质量保证证书、产品使用说明书及有关标准和技术资料；凭样成交的，须加附成交样品；以品级或公量计价结算的，应同时申请重量鉴定。

③ 入境废物，还应提供国家环保部门签发的《进口废物批准证书》和经认可的检验检疫机构签发的装运前检验合格证书等。

④ 申请残损鉴定的，还应提供理货残损单、铁路商务记录、空运事故记录或海事报告等证明货损情况的有关单证。

⑤ 申请数/重量鉴定的，还应提供数/重量明细单、磅码单、理货清单等。

⑥ 货物经收、用货部门验收或其他单位检测的，应随附验收报告或检测结果以及数/重量明细单等。

⑦ 入境动植物及其产品，还必须提供产地证、输出国家或地区官方的检疫证书；须办理入境检疫审批的，还应提供入境动植物检疫许可证。

⑧ 过境动植物及其产品，应提供货运单和输出国家或地区官方出具的检疫证书；运输动物过境的，还应提交国家质检总局签发的动植物过境许可证。

⑨ 入境旅客、交通员工携带伴侣动物的，应提供入境动物检疫证书及预防接种证明。
⑩ 因科研等特殊需要，输入禁止入境物的，须提供国家质检总局签发的特许审批证明。
⑪ 入境特殊物品的，应提供有关的批件或规定的文件。
⑫ 开展检验检疫工作要求提供的其他特殊证单。

五、案例分析题

答：主因："一证多主"责任不明是导致违法违规行为的主因。一份完整的"3C"产品认证证书包含申请人、制造商、生产企业等多个责任主体，这些责任主体既可以是同一企业，也可以是3个分属各地不同的企业。如果3个责任主体责任意识不强或沟通不畅，极易导致违法违规行为的发生。在宁波保税区强制性认证执法查获的违规案例中，使用已暂停"3C"证书报检进口的共有7起，占违规案例的比例达到58.3%。大部分属于企业人员责任意识不强，未能及时发现"3C"证书的有效性，导致违规行为的发生，也有个别企业对强制性产品认证制度不了解、不重视入境验证工作，屡次发生同一违规行为。

制度：①政策漏洞过多。政策开口过多，为不法商人规避风险提供了可能。我国目前对列入《目录》内的产品实施强制认证，但对于符合免办条件的可以申请《免予办理强制性产品认证证明》；对于列入《目录》内但不在适用范围的商品，以及成套设备夹带，可以申请开具《进口 CCC 认证商品确认报检联系单》；对于自用行李物品等可以通过特殊申明无须办理强制性产品认证；对于保税区内企业自用办公用品免予办理强制性产品认证。②缺乏协作机制。不同行政执法主体间缺乏协作机制，后续监管制度不完善。强制性认证产品涉及生产、进口、销售等多个机构，检验检疫部门主要在进口环节对强制性认证产品进行监管，而对于流通领域的执法主要由工商、技术监督等部门完成。检验检疫部门对于已经违法销售流入流通领域的商品，后续监管难度非常大，同样，工商部门通过流通领域发现的入境监管问题，因涉及检验检疫、海关等部门处置难度也很大。③"境内关外"的漏洞。"境内关外"的特殊政策容易造成监管漏洞。保税区属于境内关外的特殊监管区域，进入区内商品享受免证、保税的优惠政策。对于区内企业，既有保税料件又有国内采购料件生产的产品，可以依料件分别完税的方式内销进口。如果企业的成品属于强制性认证产品，但其料件属于非法检，企业便能在不报检的情况下，将大量未获认证的产品进入国内市场，对消费者造成侵害。

第6章 出入境商品强制性产品认证与管理

一、判断题

1. √；2. ×；3. ×；4. ×；5. √；6. √；7. ×；8. √；9. √；10. ×；11. ×；12. ×；13. ×；14. √；15. √

二、单项选择题

1. B 【解析】国家认证认可监督管理委员会主管全国认证认可工作，负责全国强制性产品认证制度的管理和组织实施工作。

2. C 【解析】认证标志的名称为"中国强制认证"英文缩写为"CCC"，也可简称为"3C"标志。

3．D 【解析】检务部门在接受涉及强制性产品认证范围内的产品入境报检时，按照《受理强制性认证产品报验工作指南》的要求，加强对证单的审核，认真核对《强制性产品CCC认证证书》或者《免予办理强制性产品CCC认证证明》，确保证书中的产品与所报检的产品一致，防止个别报检单位弄虚作假。

三、多项选择题

1．ABD 【解析】强制性产品的认证是国家对涉及人类健康和安全，动植物生命和健康，以及环境保护和公共安全的产品实行必须认证的一种制度，叫作强制性产品认证制度。这里既可以出判断题，也可出多选题。

2．BCD 【解析】《强制性产品认证目录》中产品认证的环节有型式试验、抽样检测、工厂审查。

3．BCD 【解析】《强制性产品认证目录》中产品认证的程序包括以下全部或者部分环节：①认证申请和受理；②型式试验；③工厂审查；④抽样检测；⑤认证结果评价和批准；⑥获得认证后的监督。

4．ACD

5．ABCD

6．ABCD 【解析】符合以下条件的，可免予办理强制性产品认证：①科研、测试所需的产品；②考核技术引进生产线所需的零部件；③直接为最终用户维修目的所需的产品；④工厂生产线/成套生产线配套所需的设备/部件(不包含办公用品)；⑤仅用于商业展示，但不销售的产品；⑥暂时进口，须退运出关的产品(含展览品)。以整机全数出口为目的而用一般贸易方式进口的零部件。以整机全数出口为目的而用进料或来料加工方式进口的零部件。

四、案例分析题

答：我国的产品认证制度起步较晚，在法的层面上，支撑我国产品认证制度的法律体系主要有两部法律，一个是《产品质量法》，另一个是《标准化法》，在行政法规层面上主要两个条例和一个特别规定，分别是《认证认可条例》《标准化法实施条例》以及《国务院关于加强食品等产品安全监督管理的特别规定》。

产品质量认证采用的是第一方自我(检验)合格申明+第三方检验(验证)的认证模式。一般产品的质量合格是指满足《产品质量法》第二十六条规定要求，而"3C"认证产品不仅要满足《产品质量法》第二十六条规定要求，而且要求通过第三方检验验证取得认证证书并在产品上加贴"3C"认证标志后方可出厂销售或者进口。

该案中，B公司明知生产的产品未经认证，故意冒用A公司名义、伪造质量证明进行销售，其目的是规避监督检查销售未经认证产品。其行为不仅违反了《产品质量法》相关规定。同时，违反了《认证认可条例》《标准化法实施条例》以及《国务院关于加强食品等产品安全监督管理的特别规定》相关规定。

《质量技术监督部门移送涉嫌犯罪案件立案追诉标准》规定的罪名主要有16个，本案可能适用其中的"生产销售伪劣产品罪"和"生产销售不符合安全标准罪"。

生产销售不符合安全标准罪追诉标准，必须满足3个条件之一：①造成人员重伤或者死亡；②直接经济损失 10 万元以上；③其他严重后果的情形。生产销售伪劣产品罪追诉标准，也必须满足三个条件之一：①伪劣产品尚未销售，伪劣产品货值 15 万元以上；②伪劣产品销售金额产品 5 万元以上；③伪劣产品销售金额不足 5 万元，但将销售金额乘以 3 倍后，与尚未销售的货值金额合计超过 15 万元。显然，该案尚未达到生产、销售不符合安全标准罪追诉标准。而该案是否达到生产、销售伪劣产品罪追诉标准还要看满足生产销售伪劣产品罪构成要件。《中华人民共和国刑法》第一百四十条规定的生产、销售伪劣产品罪，是指生产者、销售者的在产品中掺杂、掺假以假充真，以次充好、以不合格产品冒充合格产品，销售金额较大的行为。

第 7 章　出入境商品报关管理

一、判断题

1．√；2．×；3．√；4．√

二、单项选择题

1．A；2．D；3．D；4．A；5．A；6．A

三、简答题

1．答：关税是进出口商品经过一国关境时，由该国政府所设置的海关向其进出口商所征收的税收。

关税的征收是依据《海关法》《关税条例》，以及其他有关法律、行政法规进行的。关税的征收主体是国家，其他人不得行使该项权力。关税的征税对象是进出口货物、进出境物品。

2．答：

(1) 进口税以及出口税和过境税；

(2) 财政关税和保护关税；

(3) 进口附加税与差价税。

3．答：定义：保税物流园区是指经国务院批准，在保税区规划面积或者毗邻保税区的特定港区内设立的、专门发展现代国际物流业的海关特殊监管区域。它实行保税区的政策，以发展仓储和物流产业为主，按"境内关外"定位，海关实行封闭管理的特殊监管区域。在该区域内，海关通过区域化、网络化、电子化的通关模式，在全封闭的监管条件下，最大限度地简化通关手续。通过保税区与港口之间的"无缝对接"，实现货物在境内外的快速集拼和快速流动。

区别：(1) 国内货物进区视同出口：保税物流园区特有政策。

(2) 打印退税联：保税物流园区出口报关完成即可，保税区需要跟踪到货物出境。

(3) 出境报关：保税物流园区仅一次出境备案，保税区需两次出境备案。

(4) 出口报关：保税物流园区仅一次出口报关，保税区一次出口报关和一次进区报关共两次。

(5) 区内企业自用设备、办公和生活消费用品的产品认证：保税物流园区检验检疫机构免予强制性产品认证；免予实施品质检验；保税区需检验检疫机构必须强制性产品认证。

(6) 集装箱业务：保税物流园区可以拆、拼箱，并无堆存时间限制；保税区中转集装箱只能整箱进出，并要求14天必须报关。

四、论述题

1．答：1．定义异同

(1) A型保税物流中心：指经海关批准，由中国境内企业法人经营、专门人事保税仓储物流业务的海关监管场所。A型保税物流中心按照服务范围分为A型公用型物流中心和A型自用型物流中心。①公用型的物流中心，指专门从事仓储物流业中国境内企业法人经营，向社区提供保税仓储物流综合服务的海关里监管场所。②自用型的物流中心，指中国境内法人经营。仅向本企业或者本企业承包集团内部成员提供保税仓储物流服务的海关监管场所。

(2) B型保税物流中心：指经海关批准，由中国境内一家企业法人经营，多家企业进入并从事保税仓储物流业务的海关监管集中场所。

2．构成区别

A型保税物流中心是批由一家法人企业设立并经营的保税物流服务的海关监管场所。B型保税物流中心是指由多家保税物流企业在空间上集中布局保税物流的海关监管场所。

3．审批和验收程序

A型保税物流中心应由企业申请经直属海关审批并由直属海关会同省级国税，外汇管理部门验收。B型保税物流中心由直属海关授理审核后报海关总署审批，并由海关总署国家税务总局和国家外汇管理局等部门组成联合验收小组进行验收。

4．企业资格条件

A型保税物流中心因主要针对大型生产型的跨国公司和大型物流企业，因而对申请设立企业的资格要求较高，要求企业注册资本量低为3000万元人民币；B型保税物流中心经批准设立后，对企业的入驻资格要求较低，以注册资本为例，只需达到5万元人民币即可。

5．出口中心货物管理

无论保税物流中心A型还是B型，保税存储货物范围，辐射范围基本相同。可以面向国内外两个市场进行采购分拨，配送。但是货物存储期限不一，A型保税物流中心货物存储期限为1年；B型保税物流中心货物存储期限为2年，特殊情况可予延期。

保税物流中心分为自用型和公用型两种，A型通常是对来料进行流通性的简易加工，而B型则可设有对货物进行深入加工的保税仓库。

2．答：报关管理制度是实现海关职能的基础业务制度。它的根本作用在于确保海关对进出境运输工具、货物、物品的监管、征收税费、查缉走私、编制统计和办理其他海关业务任务的顺利完成。它是海关实现进出境监督管理职能、维护国家进出口经济贸易活动正常秩序的重要保证。

(1) 报关管理制度是完成海关各项工作任务的重要保证。海关监管、征税、查私、编制统计等任务的完成是通过对进出境活动的监督管理来实现的，向海关报关，办理进出境手续是进出境活动的主要部分，因此，报关单位的报关活动能否遵守有关法律、法规的要求，报关行为是否规范直接影响到海关工作的效率，关系到海关各项任务的完成，报关管理制度是完成海关各项工作任务的重要保证。

(2) 报关管理制度是维护国家进出口经济贸易活动正常秩序的重要保证。最大限度地方便合法进出，制止走私违法是维护国家进出口经济贸易活动正常秩序的需要。报关管理制度通过对报关主体资格的管理和规范报关行为，确保良好的报关秩序，是提高进出口通关效率的重要保障。

(3) 报关管理制度是报关单位及其报关员的报关行为准则遵守《海关法》及相关法律、行政法规的规定，是报关单位和报关员的基本义务，否则将承担相应的法律责任。报关管理制度明确规定了报关单位和报关员向海关办理报关手续的行为规范，给报关单位和报关员的报关活动提供了行为准则，为报关单位合法进出、守法经营创造了条件。

五、案例分析题

答：(1) 申请进口两台冲床的手续：先向主管海关太平海关申办"征免税证明"，再办理报关进口手续。因为该公司为1994年后成立的新三资企业，且产品有内销，故该设备属于应税设备，要先征税后放行。

(2) 申请新合同要先到经济发展局报批，申办"生产能力证明"后才可以向海关申报。按深圳海关现行有关规定，大A类企业及合同项下进口料件总值不超过1万美元的，可以免办加工贸易保证金台账手续。

(3) 进口生产原料要按比例分配，其中70%用进料对口的贸易方式申报，免证免税；30%用一般贸易的贸易方式申报，按规定要提供进口许可证、重要工业品进口登记证明、机电产品进口许可证的必须申办，且需要按章征税。(根据不同商品的监管条件，申请不同证明。)

(4) 不合格料件的退港需要提供原进口单证并取得检验检疫局的有关检验证明方可向主管海关逐单申报。

(5) 内销成品一批无须办理报关手续。若涉及使用进口保税料件的，需补交税款。

(6) 出口合同内的成品按进料对口的方式申报，需要到口岸转关的，按有关转关规定办理。出口风扇需提供出口许可证。

(7) 出口成品因质量不符合有关要求的，客户提出要退回工厂返工的，先向主管海关申请退厂返工的审批，再向口岸海关申报，贸易方式填报为"进料成品退换"，并应提供当时出口该批货物的报关单原件。

(8) 出口成品返工后需在3个月内复出境(且需在合同的有效期内)，持原返工的进口报关单及退厂返工审批表申报。

(9) 加签新成品比照申请新合同的手续办理。

第8章　重要出入境商品质量检验与管理

一、判断题

1. ×；2. √；3. √；4. ×；5. ×；6. √；7. ×；8. √；9. √；10. ×

二、单项选择题

1．A；2．D；3．C；4．B；5．D

三、多项选择题

1．ABCDE；2．BD；3．ACD；4．BE；5．ABCD

四、简答题

答：(1) 输出国官方向中国国家质检总局提出某种水果对华出口申请，并提交有关技术资料。

(2) 中方启动水果风险分析工作。

(3) 中方组织专家进行有害生物风险分析工作，并与输出方联系专家实地考察事宜。

(4) 中方向输出方提供风险分析报告，与输出方进行风险交流。

(5) 中方与输出方签署检疫议定书。

(6) 完成有关法律程序后允许进口。

参 考 文 献

[1] 张书敏.《实施卫生与植物卫生措施协定》法律问题研究[D]. 重庆：西南政法大学，2007.
[2] 崔俊霞，陈先锋，吴宝华，等. 入世对宁波植物产品进出口贸易的影响及其检验检疫对策[J]. 植物保护，2007，33(6)：116-120.
[3] 梁伟锋. 进口设备检验监管问题与对策[J]. 中国集体经济，2011(10)：165-166.
[4] 秦国勋，方贤星，夏新媛，等. 加强对进口大豆的检验检疫[J]. 植物检疫，2001, 15(5)：308-310.
[5] 任罡. 进口商品索赔期过短无异于放弃索赔权[J]. 中国检验检疫，1994(8)：37.
[6] 王君玮，张玲，王志亮，等. 非洲猪瘟传入我国危害风险分析[J]. 中国动物检疫，2009，26(3)：63-66.
[7] 余勇. 透析进口棉花质量"顽症"[J]. 中国纤检，2010(10)：34-35.
[8] 王润武，费卿. 谈入境钢材的检验监管[J]. 质量指南，2002(24).
[9] 冯毅，郭清山. 进出口商品报检实务[M]. 北京：中国对外经济贸易大学出版社，2005.
[10] 刘耀威. 进出口商品的检验与检疫[M]. 3 版. 北京：中国对外经济贸易大学出版社，2011.
[11] 洪雷. 进出口商品检验检疫[M]. 上海：上海人民出版社，2008.
[12] 叶盛基，张德民. 我国汽车行业质量认证综述[J]. 汽车研究与开发，2002(6)：14-18.
[13] 王乃传. 3C 产品认证 企业重新"洗牌"[J]. 珠江经济，2002(9)：42-43.
[14] 刘静. 浅议我国的"3C"认证制度[J]. 管理科学，2004(6)：70-71.
[15] 莫映茹. 3C 认证是"通行证"还是"逐客令"[J]. 两岸关系，2003：47-48.
[16] 傅辉. 流通领域查处"3C 产品"执法分析[J]. 福建质量技术监督，2010(6)：32-33.
[17] 黄申. 国家强制性产品认证(3C 认证)中的电磁兼容性要求[J]. 电子质量，2004(1)：39-41.
[18] 施京京. 中华人民共和国进出口商品检验法实施条例[J]. 中国质量技术监督，2005：10-13.
[19] 冯天忠. 我国内销商品和出口食品安全监管的法律法规体系比较与分析[J]. 安徽农业科技，2012，40(6)：3728-3731.
[20] 盛斌，钱学锋，黄玖立，等. 入世十年转型：中国对外贸易发展的回顾与前瞻[J]. 国际经济评论，2011(5)：84-101.
[21] 莫柳. 浅谈基于工作过程的报关与报检实务课程设计[J]. 物流工程与管理，2012，34(5)：213-216.
[22] 谢国娥. 海关报关实务教学的探讨与实践[J]. 现代经济信息，2008, (9)：151-152.
[23] 香江. 国际货运代理业务知识讲座(4)[J]. 集装箱化，2001(11)：18-19.
[24] 香江. 国际货运代理业务知识讲座(1)[J]. 集装箱化，2001(7)：27-39.
[25] 周大庆. 关税种类知多少[J]. 经济研究参考，2002(39):16-36.
[26] 韩大凡. 关税的作用、种类及税率[J]. 国际贸易，1982(3)：40-41.
[27] 魏立强. 对异地流向入境货物报检、施检的管理[J]. 山东商业职业技术学院学报，2010, 2(10)：15-17.
[28] 海关总署政策法规司. 2007 年贸易管制措施全解读[J]. 中国海关，2007(3)：18-22.
[29] 董维忠. 对我国保税区和保税物流园区发展的认识与建议[J]. 宏观经济研究，2005(5)：52-55.
[30] 李彦荣. 关税与非关税措施[J]. 科技情报开发与经济，2008，18(33)：100-101.

高等院校物流专业创新规划教材

序号	书 名	书 号	编著者	定价	序号	书 名	书 号	编著者	定价
1	物流工程	7-301-15045-0	林丽华	30.00	40	物流项目管理	7-301-21676-7	张旭辉	38.00
2	物流管理信息系统	7-301-16564-5	杜彦华	33.00	41	新物流概论	7-301-22114-3	李向文	34.00
3	现代物流学	7-301-16662-8	吴 健	42.00	42	物流决策技术	7-301-21965-2	王道平	38.00
4	物流英语	7-301-16807-3	阚功俭	28.00	43	物流系统优化建模与求解	7-301-22115-0	李向文	32.00
5	第三方物流	7-301-16663-5	张旭辉	35.00	44	集装箱运输实务	7-301-16644-4	孙家庆	34.00
6	采购管理与库存控制	7-301-16921-6	张 浩	30.00	45	库存管理	7-301-22389-5	张旭凤	25.00
7	物料学	7-301-17476-0	肖生苓	44.00	46	运输组织学	7-301-22744-2	王小霞	30.00
8	现代物流仿真技术	7-301-17571-2	王道平	34.00	47	物流金融	7-301-22699-5	李蔚田	39.00
9	物流信息系统应用实例教程	7-301-17581-1	徐 琪	32.00	48	物流系统集成技术	7-301-22800-5	杜彦华	40.00
10	物流项目招投标管理	7-301-17615-3	孟祥茹	30.00	49	商品学	7-301-23067-1	王海刚	30.00
11	物流运筹学实用教程	7-301-17610-8	赵丽君	33.00	50	项目采购管理	7-301-23100-5	杨 丽	38.00
12	现代物流基础	7-301-17611-5	王 侃	37.00	51	电子商务与现代物流	7-301-23356-6	吴 健	48.00
13	现代物流管理学	7-301-17672-6	丁小龙	42.00	52	国际海上运输	7-301-23486-0	张良卫	45.00
14	供应链库存管理与控制	7-301-17929-1	王道平	28.00	53	物流配送中心规划与设计	7-301-23847-9	孔继利	49.00
15	物流信息系统	7-301-18500-1	修桂华	32.00	54	运输组织学	7-301-23885-1	孟祥茹	48.00
16	城市物流	7-301-18523-0	张 潜	24.00	55	物流管理	7-301-22161-7	张佺举	49.00
17	营销物流管理	7-301-18658-9	李学工	45.00	56	物流案例分析	7-301-24757-0	吴 群	29.00
18	物流信息技术概论	7-301-18670-1	张 磊	28.00	57	现代物流管理	7-301-24627-6	王道平	36.00
19	物流配送中心运作管理	7-301-18671-8	陈 虎	40.00	58	配送管理	7-301-24848-5	傅莉萍	48.00
20	物流工程与管理	7-301-18960-3	高举红	39.00	59	物流管理信息系统	7-301-24940-6	傅莉萍	40.00
21	国际物流管理	7-301-19431-7	柴庆春	40.00	60	采购管理	7-301-25207-9	傅莉萍	46.00
22	商品检验与质量认证	7-301-10563-4	陈红丽	32.00	61	现代物流管理概论	7-301-25364-9	赵跃华	43.00
23	供应链管理	7-301-19734-9	刘永胜	49.00	62	物联网基础与应用	7-301-25395-3	杨 扬	36.00
24	逆向物流	7-301-19809-4	甘卫华	33.00	63	仓储管理	7-301-25760-9	赵小柠	40.00
25	供应链设计理论与方法	7-301-20018-6	王道平	32.00	64	采购供应管理	7-301-26924-4	沈小静	35.00
26	物流管理概论	7-301-20095-7	李传荣	44.00	65	供应链管理	7-301-27144-5	陈建岭	45.00
27	供应链管理	7-301-20094-0	高举红	38.00	66	物流质量管理	7-301-27068-4	钮建伟	42.00
28	企业物流管理	7-301-20818-2	孔继利	45.00	67	物流成本管理	7-301-28606-7	张 远	36.00
29	物流项目管理	7-301-20851-9	王道平	30.00	68	供应链管理(第2版)	7-301-27313-5	曹翠珍	49.00
30	供应链管理	7-301-20901-1	王道平	35.00	69	现代物流信息技术(第2版)	7-301-23848-6	王道平	35.00
31	物流学概论	7-301-21098-7	李 创	44.00	70	物流信息管理(第2版)	7-301-25632-9	王汉新	49.00
32	航空物流管理	7-301-21118-2	刘元洪	32.00	71	物流项目管理(第2版)	7-301-26219-1	周晓晔	40.00
33	物流管理实验教程	7-301-21094-9	李晓龙	25.00	72	物流运作管理(第2版)	7-301-26271-9	董千里	38.00
34	物流系统仿真案例	7-301-21072-7	赵 宁	25.00	73	物流技术装备(第2版)	7-301-27423-1	于 英	49.00
35	物流与供应链金融	7-301-21135-9	李向文	30.00	74	物流运筹学(第2版)	7-301-28110-9	郝 海	45.00
36	物流信息系统	7-301-20989-9	王道平	28.00	75	交通运输工程学(第2版)	7-301-28602-9	于 英	48.00
37	现代企业物流管理实用教程	7-301-17612-2	乔志强	40.00	76	现代仓储管理与实务(第2版)	7-301-28709-5	周兴建	48.00
38	出入境商品质量检验与管理	7-301-28653-1	陈 静	32.00	77	物流配送路径优化与物流跟踪实训	7-301-28763-7	周晓光	40.00
39	智能物流	7-301-22036-8	李蔚田	45.00					

如您需要浏览更多专业教材,请扫下面的二维码,关注北京大学出版社第六事业部官方微信(微信号:pup6book),随时查询专业教材、浏览教材目录、内容简介等信息,并可在线申请纸质样书用于教学。

感谢您使用我们的教材,欢迎您随时与我们联系,我们将及时做好全方位的服务。联系方式:010-62750667、63940984@qq.com、pup_6@163.com、lihu80@163.com,欢迎来电来信。客户服务QQ号:1292552107,欢迎随时咨询。